Guia Completo de Reiki

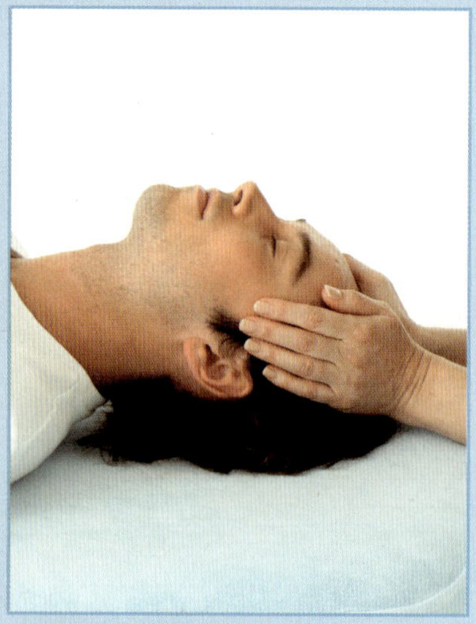
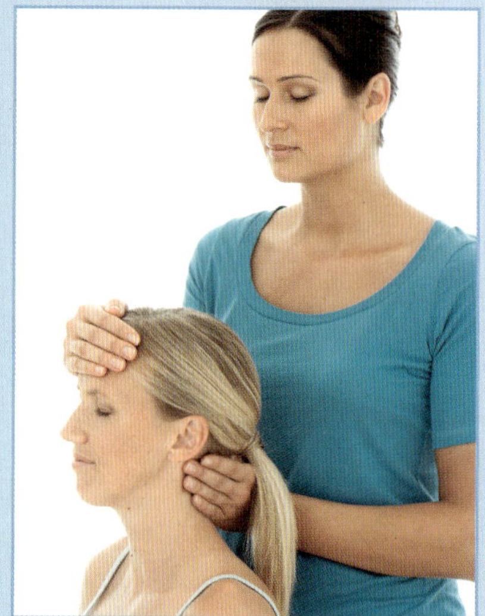

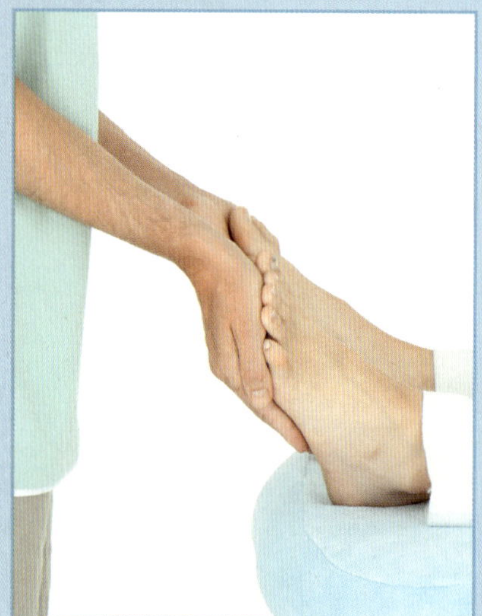

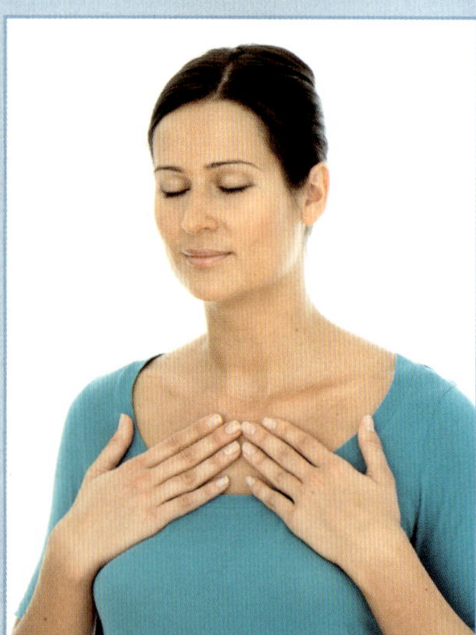
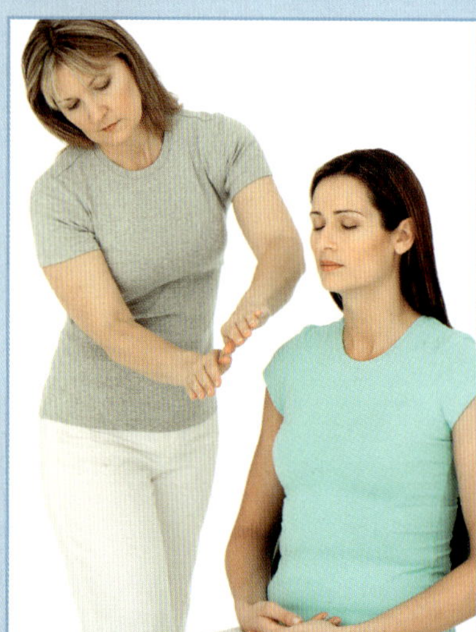
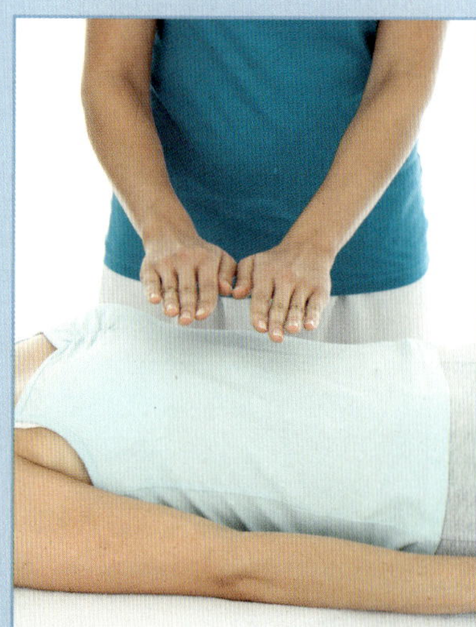

Guia Completo de Reiki

Um curso estruturado para alcançar a excelência profissional

Tradução
EUCLIDES LUIZ CALLONI
CLEUSA MARGÔ WOSGRAU

Tanmaya Honervogt

Editora
Pensamento
SÃO PAULO

Este livro é dedicado a Lucia, minha mãe muito amada.

Título original: *The Complete Reiki Tutor – A Structured Course to Achieve Professional Expertise.*

2ª edição, 2012.

An Hachette Livre UK Company

www.hachettelivre.co.uk
Publicado pela primeira vez na Grã-Bretanha em 2008 pela Gaia, uma divisão do Octopus Publishing Group Ltd.
2-4 Heron Quays, Londres E14 4JP
www.octopusbooks.co.uk

Todos os cuidados foram tomados na preparação deste livro, mas as informações nele contidas não substituem o atendimento direto de um médico qualificado. Antes de fazer qualquer alteração nos seus procedimentos pertinentes à saúde, consulte sempre um médico. Toda aplicação das idéias e informações aqui expostas é de total responsabilidade do leitor.

Dados Internacionais de Catalogação na Publicação (CIP)
(Câmara Brasileira do Livro, SP, Brasil)

Honervogt, Tanmaya
Guia completo de Reiki : um curso estruturado para alcançar a excelência profissional /Tanmaya Honervogt ; tradução Euclides Luiz Calloni, Cleusa Margô Wosgrau. — São Paulo : Pensamento, 2008.

Título original: The complete Reiki tutor
ISBN 978-85-315-1521-7

1. Energia vital 2. Reiki (Sistema de cura).

08-02319 CDD-131

Índices para catálogo sistemático:
1. Reiki: Energização: Ciências ocultas 131

Direitos de tradução para o Brasil
adquiridos com exclusividade pela
EDITORA PENSAMENTO-CULTRIX LTDA.
Rua Dr. Mário Vicente, 368 — 04270-000 — São Paulo, SP
Fone: (11) 2066-9000 — Fax: (11) 2066-9008
E-mail: atendimento@editorapensamento.com.br
http://www.editorapensamento.com.br
que se reserva a propriedade literária desta tradução.

Sumário

Introdução

Reiki é uma técnica simples e natural de cura, redescoberta no fim do século XIX pelo dr. Mikao Usui, que desenvolveu o método de tratamento como é aplicado até os dias atuais. Aplicando um tratamento de Reiki, você transfere Energia Vital Universal com a intenção de curar. Ao tornar-se um canal para essa energia por meio do processo de sintonização nos três graus, você sente a energia vital concentrada fluir pelos braços e mãos de modo espontâneo, uma habilidade preciosa que você conservará pelo resto da vida. Toda pessoa aberta e disposta a aceitar o fluxo dessa energia de cura passando por ela pode aprender Reiki.

O aprendizado do Reiki

O Reiki é fácil de aprender e simples de usar, e você pode aplicá-lo em qualquer lugar, a qualquer momento: as suas mãos estão sempre com você. Você também pode integrá-lo facilmente às suas atividades diárias e usá-lo em casa, no trabalho ou enquanto viaja. O Reiki é benéfico para tudo o que precisa de cura – seja ela emocional, física, mental ou espiritual. Essa poderosa energia natural está disponível o tempo todo e sustenta a nossa vida cotidianamente. O Reiki trabalha de forma holística, ajudando você a promover uma melhor saúde e bem-estar. Sua energia cura, harmoniza e equilibra a pessoa inteira.

O aprendizado do Reiki é especialmente proveitoso para profissionais da área da saúde e assistência social, como enfermeiras, médicos, psicólogos, psicoterapeutas, dentistas, quiropráticos, massagistas, professores e atendentes de pessoas de todas as idades. Quando você trata pessoas dentro da sua especialidade, o Reiki aumenta a qualidade do seu tratamento. Ele complementa os métodos de todas as formas de atendimento, inclusive da medicina convencional, das terapias naturais, da massagem e da psicoterapia. Ele pode ser aplicado em conjunto com qualquer tratamento e não é intrusivo.

O significado mais profundo do Reiki consiste em você se desenvolver o máximo possível, crescer espiritualmente e evoluir até participar da unidade do todo. O espaço interior a partir do qual você transmite a energia Reiki num tratamento ou sintonização sempre envolve amor, compaixão e respeito por você mesmo e pelo receptor. A cura sempre se realiza a partir do coração, que cria um espaço amoroso e acolhedor que compartilhamos uns com os outros. Viver essas qualidades e simplesmente "ser" elas é o significado último do Reiki.

A linhagem de Tanmaya

A linhagem de Tanmaya Honervogt procede diretamente da fonte do Reiki. Ela estudou com um dos poucos Mestres iniciados por Hawayo Takata, responsável pela introdução do Reiki no Ocidente. Ela é um elo na corrente da tradição espiritual iniciada pelo dr. Usui, criador do Reiki. Seus métodos de ensino mantêm-se fiéis aos nove elementos da tradição Usui, a qual inclui os símbolos originais do Reiki, as posições de mãos e as sintonizações de energia.

A linhagem de Tanmaya pode ter esta representação:

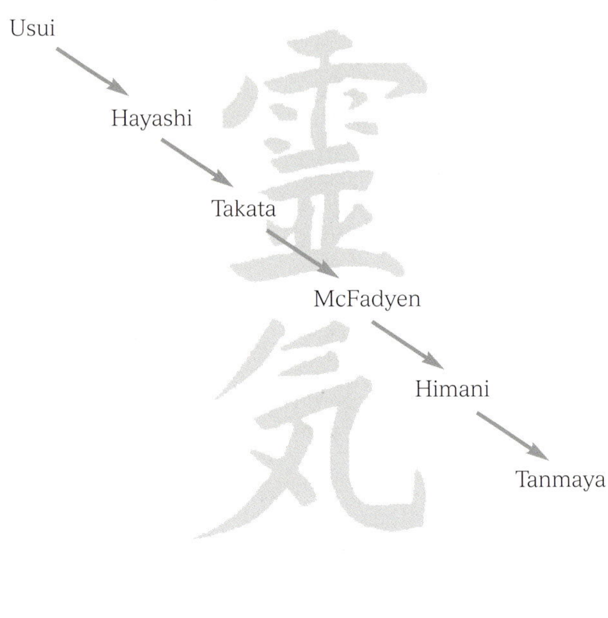

Você pode aplicar Reiki em qualquer situação do dia-a-dia, em casa ou no trabalho, para canalizar a energia de cura que, por sua vez, harmoniza todo o corpo, a mente e as emoções.

Como usar este livro

Este livro destina-se a todas as pessoas que têm interesse pela cura e pelo desenvolvimento espiritual, sejam elas iniciantes ou praticantes, e talvez professores já experientes de Reiki.

Este livro oferece a você uma visão completa e renovada deste excepcional método de cura, abrangendo todos os aspectos fundamentais da arte de cura do Reiki. Ele lhe fornece uma base sólida, desde o autotratamento até o tratamento de outras pessoas, e desenvolve o conteúdo de ensino dos três níveis de treinamento (Primeiro, Segundo e Terceiro Graus). Todas as posições de mãos necessárias para tratar moléstias comuns e possíveis causas emocionais da doença são examinadas e ilustradas. Ele também investiga os aspectos espirituais do Reiki em profundidade, capacitando praticantes de todos os níveis a encontrar nova inspiração para seu desenvolvimento pessoal e espiritual e possibilitando novas intuições que podem ser aplicadas a questões pessoais e a fases da vida comuns a todos nós.

O livro tem sempre presente a constante interação entre corpo, psique e emoções, e explica a relação que existe entre os padrões de pensamento negativos e a doença física, e como podemos tratar a nós mesmos positivamente com o Reiki. O nosso estado natural como seres humanos é ser saudáveis e satisfeitos, e o Reiki pode curar-nos, harmonizar-nos e equilibrar-nos para esse fim.

Este livro põe à sua disposição todos os ensinamentos do Reiki, com o objetivo de que possam ajudá-lo e capacitá-lo a desenvolver uma relação consciente, amorosa e prazerosa com você mesmo, com os outros e com a vida. Ele oferece orientações para a sua jornada espiritual e contribui para o seu bem-estar pessoal, sempre lembrando que o poder do Reiki é um instrumento essencial para rea-

APRENDER PASSO A PASSO

Todas as rotinas do Reiki são divididas em vários passos, cada um acompanhado por uma ilustração que mostra exatamente onde você deve posicionar as mãos em si mesmo, no caso de autotratamento, ou na pessoa que você está tratando.

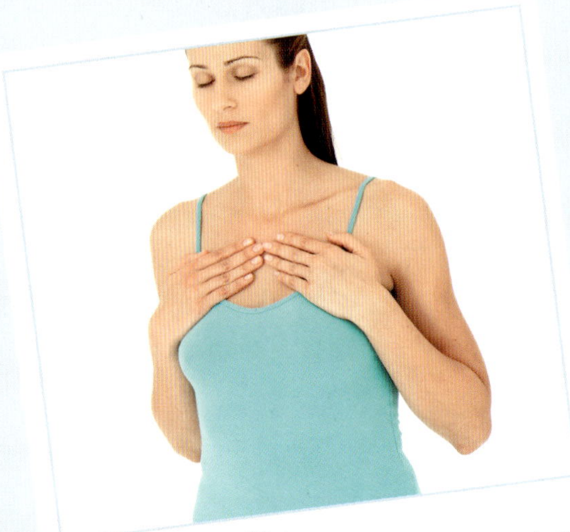

Posição Frontal Um
Coloque as mãos nos lados direito e esquerdo da parte superior do peito, com os dedos se tocando logo abaixo da clavícula. Essa posição fortalece o sistema imunológico, regula o coração e a pressão sanguínea, estimula a circulação linfática, aumenta a capacidade de amar e usufruir a vida e transforma a negatividade.

proximá-lo dos seus recursos pessoais e reconduzi-lo à sua verdadeira essência. Ele lhe dá condições de finalmente despertar para a sua própria verdade, para ser "quem você realmente é": um ser (espírito) divino, vivendo uma preciosa experiência humana (física).

ADVERTÊNCIA

As posições de tratamento, exercícios e meditações descritos neste livro têm por objetivo a cura, o relaxamento e o aumento do bem-estar. No entanto, a autora adverte que, em caso de doença, o interessado deve sempre consultar um médico ou um agente de saúde. As posições de mãos do Reiki descritas podem ser aplicadas como forma de tratamento complementar a qualquer outra terapia. O Reiki combina bem com outras formas de medicina alopática, sem interferir nos resultados desejados. Ele ajudará a restringir efeitos negativos e a abrandar o sofrimento na maioria dos casos.

A autora e o editor eximem-se de qualquer responsabilidade pela aplicação do método de Reiki descrito neste livro.

As origens do Reiki

O Reiki encontra as suas origens nas escrituras budistas antigas; foi nelas que um sacerdote cristão japonês, o dr. Mikao Usui, encontrou os símbolos e mantras, a fórmula e a chave, que se tornaram as raízes e os fundamentos do sistema de cura Reiki. Depois de jejuar e meditar no alto de uma montanha sagrada, ele entrou num estado de consciência expandida, quando recebeu a revelação do significado e da aplicação dos símbolos e mantras. Simultaneamente, ele se sentiu tomado por uma poderosa força de cura. Surgiu assim o Sistema Usui de Reiki.

A lenda do Reiki

A história das origens do Reiki tem sido transmitida verbalmente, de Mestre para aluno, sob a forma de "lenda". O Reiki foi descoberto nos fins do século XIX por um sacerdote cristão japonês, Mikao Usui (1865–1926), que era também diretor de uma pequena universidade em Tóquio.

A busca de Usui

Certo dia, alguns alunos veteranos provocaram Usui perguntando-lhe se ele acreditava nos milagres de cura de Jesus e se ele próprio era capaz de demonstrar essas curas e de ensiná-las a eles. O dr. Usui não teve resposta, mas o incidente produziu grandes mudanças em sua vida. Ele dedicou muitos anos a pesquisar como Jesus e Buda tinham sido capazes de curar, uma busca que o levou a perscrutar tanto escrituras cristãs como budistas. Ele estudou sânscrito – o antigo idioma sagrado da Índia – que lhe deu condições de ler e compreender os escritos budistas originais, e passou um tempo considerável num mosteiro budista, onde o superior o orientou a meditar para que pudesse encontrar as respostas que procurava.

Iluminação

Usui iniciou um período de meditação e jejum de 21 dias numa montanha sagrada, o monte Kurama, perto de Quioto. No último dia, ele entrou num estado de consciência desperta, alcançando a iluminação, quando então viu os símbolos que conhecera nas escrituras budistas. Nesse momento, ele se sentiu tomado por uma força intensa e carregado de uma poderosa energia de cura. A aplicação, o conhecimento e o significado dos símbolos e mantras ficaram claros para ele. Diz a história que ele viu um raio de luz brilhante no céu deslocando-se instantaneamente em sua direção; o raio o atingiu no meio da testa (terceiro olho), e ele entrou num estado de consciência expandida. Logo em seguida apareceu-lhe uma imensa luz branca na qual reconheceu os símbolos que encontrara nos sutras sânscritos (escrituras budistas), reluzindo em dourado.

Cura

Durante a descida da montanha, Usui bateu e machucou um dedo do pé, que começou a latejar e sangrar. Ao envolver o pé com as mãos, o sangue estancou imediatamente e a dor desapareceu. Essa foi sua primeira experiência com a energia de cura rápida e espontânea do Reiki. Pouco depois, ele eliminou a dor de dente de uma jovem e curou a artrite do superior do mosteiro. Agora ele sabia que finalmente encontrara o que estivera procurando: alcançar a iluminação e ter acesso à energia de cura. Ele deu a essa energia o nome de "Reiki".

Em 1922, Usui abriu a primeira clínica de Reiki em Tóquio. Muitas pessoas o procuravam para tratar-se e ele começou a dar cursos para transmitir os seus conhecimentos. Em 1923 houve um grande terremoto, quando milhares de pessoas morreram, ficaram feridas ou adoeceram em conseqüência do desastre. Usui aplicou Reiki em centenas delas, e o imperador Meiji o homenageou por sua dedicação. As pessoas demonstraram grande respeito por sua sabedoria, conhecimento e compaixão, e ele ficou sendo conhecido como "Sensei" (professor), célebre em todo o Japão por seu extraordinário poder de cura.

Chujiro Hayashi

Alguns anos antes de sua morte, Usui passou seu conhecimento e ensinamentos ao dr. Chujiro Hayashi (1879–1940), um oficial da marinha aposentado. O dr. Hayashi instituiu uma clínica de Reiki em Tóquio, aberta a todos os interessados em receber tratamento ou aprender Reiki. Os praticantes trabalhavam em grupos, muitas vezes dia e noite, e faziam visitas domiciliares. Hayashi deixou documentos e relatórios provando que o Reiki chega à causa dos sintomas físicos, supre o corpo com a energia necessária e restitui-lhe a saúde.

Hawayo Takata

Uma jovem japonesa, Hawayo Takata (1900–1980), paciente de vários problemas sérios de saúde, inclusive de um tumor, atendeu à sua intuição, e em vez de se submeter a uma cirurgia foi procurar tratamento no Japão. Em visitas a parentes, ela ouviu falar da clínica de Reiki de Hayashi. Takata freqüentou a clínica durante vários meses para receber aplicações de Reiki e o resultado foi a cura. Ela ficou tão impressionada que pediu a Hayashi que lhe ensinasse a técnica do Reiki, com o que ele concordou. Como sua aluna, ela recebeu aulas durante um ano. Takata voltou en-

Templo budista, originalmente construído no século VIII, no monte Kurama. Essa é a montanha onde Usui recebeu a energia de cura do Reiki.

tão para sua casa no Havaí, onde abriu a primeira clínica de Reiki no Ocidente e trabalhou com muito sucesso como agente de cura. Hayashi visitou Takata em 1938 e nessa ocasião transmitiu-lhe os últimos ensinamentos (nível de Mestre) para que ela pudesse ensinar outras pessoas.

A senhora Takata também viajou muito pelos Estados Unidos e Canadá, tratando pessoas e orientando-as a tratar a si mesmas e a outros com Reiki. Ela ensinou o sistema Reiki em três níveis, ou graus, como aprendera com Hayashi. Nos seus últimos anos de vida, ela começou a ensinar o nível de Mestre, em geral em forma de aprendizado em que os alunos trabalhavam com ela durante quase um ano. Quando faleceu, ela havia iniciado 22 Mestres de Reiki. Com eles, a técnica difundiu-se muito e ficou conhecida em todo o mundo ocidental.

A história do dr. Usui

Mikao Usui nasceu em 15 de agosto de 1865 na vila de Yago, sul do Japão. Ele foi um aluno inteligente e aplicado, casou e teve dois filhos e exerceu diversas atividades: funcionário público, jornalista, comerciante e secretário do prefeito de Tóquio.

Sua vida

Durante algum tempo da sua vida, Usui viajou para o Ocidente (Estados Unidos e Europa) e também para a China com o objetivo de estudar. Ele era um homem honesto e dedicado, interessado em história, nas grandes religiões do mundo, como o cristianismo e o budismo, em medicina e psicologia. Ele era também um buscador e interessava-se profundamente pela meditação (um estado sereno de não pensar, não querer, não fazer – o estado de relaxamento absoluto) e pela descoberta da verdade. Durante os estudos ele descobriu escrituras budistas antigas, e para poder lê-las estudou sânscrito. Num desses escritos antigos, ele se deparou com os símbolos e mantras que são a chave do sistema Reiki. Depois do seu despertar místico (iluminação) no monte Kurama em 1922, ele passou vários anos planejando, praticando e ensinando o sistema Reiki.

USUI REIKI RYOHO GAKKAI

Em 1926 Mikao Usui fundou o Usui Reiki Ryoho Gakkai (Sociedade para o Estudo do Método de Cura do Reiki Usui). Ele criou essa organização para manter vivos os ensinamentos do Reiki, o que realmente aconteceu por meio dos membros da Sociedade Gakkai, que continuaram a praticar e ensinar Reiki. Os primeiros integrantes, em pequeno número, foram ensinados por Usui e são conhecidos como "presidentes" da sociedade. Seus nomes são:

1 Usui
2 Ushida
3 Taketomi
4 Watanabe
5 Wanami
6 Sra. Koyama
7 Kondo

A Sociedade Gakkai continua muito ativa e reúne-se regularmente em Tóquio e em outras cidades do Japão. Os membros da sociedade se encontram para fazer meditações de limpeza, purificação e fortalecimento de suas habilidades de cura.

Reconhecimento

Usui foi muito enaltecido pelo imperador Meiji do período da Restauração Meiji (1868–1912). Durante o seu reinado, o Japão liberou suas fronteiras pela primeira vez em muitos séculos e deu início a um novo período de abertura.

A ênfase do ensinamento de Usui não recaía apenas sobre a cura física, mas também sobre o despertar espiritual. Ele destacava a importância de viver uma vida sincera e espiritualizada e adotou os "Princípios de Vida" do imperador Meiji como fundamento para o seu trabalho de cura e como orientações para a vida, ao lado dos "Princípios do Reiki" (ver p. 21). Enquanto viajava pelo Japão, ensinando e fazendo palestras sobre o Reiki, ele sofreu um derrame e morreu em 1926 com 61 anos de idade. Ele está enterrado com sua mulher e filho no templo budista Shoji, nos subúrbios de Tóquio.

Descobertas posteriores

São inúmeras as histórias sobre Mikao Usui e a história do Reiki. Um quadro ligeiramente diferente da descoberta e desenvolvimento do Reiki configurou-se no final da década de 1990 no Japão, decorrente das pesquisas de dois Mestres de Reiki, o Mestre alemão Arjava Petter e sua esposa japonesa Chetna Kobayashi. Suas pesquisas revelaram que Usui foi um monge budista, não sacerdote cristão. Ficou claro também que Usui transmitiu os seus ensinamentos para 17 pessoas, e não apenas para Chujiro Hayashi, conforme divulgado por Hawayo Takata. Descobriu-se também que o ensino do Reiki continuou durante e depois da Segunda Guerra Mundial e que nem todos os Mestres de Reiki morreram na guerra.

"Se o Reiki se espalhar pelo mundo, ele tocará o coração do homem e a moral da sociedade. Ele será útil para muitas pessoas, curando não apenas a doença, mas a Terra como um todo."

Inscrição na lápide do dr. Usui

Desenvolvimento no Ocidente

Até a morte da sra. Hawayo Takata em 1980, o Reiki era conhecido no Japão, nos Estados Unidos, no Havaí e no Canadá, mas com o falecimento dela muitas mudanças aconteceram na pequena comunidade reikiana. Hoje, o Reiki é conhecido no mundo todo e existem vários milhares de Mestres de Reiki. Ele tem se difundido particularmente na Espanha, Alemanha, Suíça, Inglaterra, Suécia, França, Itália, Estados Unidos, Canadá, Nova Zelândia e Austrália; nos continentes asiático e africano, o Reiki está se tornando mais popular.

Sucessores

Parece que a sra. Takata não deixou instruções claras quanto à sua sucessão. Contudo, sua neta, Phyllis Lei Furumoto, foi reconhecida pela maioria dos 22 Mestres de Reiki como sucessora de Takata, e fundou uma organização chamada Aliança do Reiki em 1983. Essa associação de Mestres reconheceu Phyllis como Grã-Mestra, tendo como objetivo manter a essência do Reiki intacta e apoiar todos os professores do sistema de Reiki Usui.

A sra. Takata ensinava Reiki como uma tradição oral e em geral não permitia que os alunos anotassem. Isso produziu variações no modo como o Reiki era ensinado, e por isso os Mestres da Aliança de Reiki resolveram padronizar o sistema. Eles chegaram a um acordo quanto ao modo como o método devia ser ensinado e quanto à forma exata que cada símbolo devia assumir. Eles também aceitaram a estrutura de preços estabelecida pela sra. Takata, como reconhecimento externo do valor da dádiva inestimável do Reiki. Morando no Ocidente, ela percebeu que os alunos associavam o dinheiro com valor e importância.

De acordo com a tradição do Reiki, somente o Grão-Mestre estava habilitado a transmitir os conhecimentos pertinentes por meio do treinamento de outros Mestres. Em 1988, porém, numa reunião da Aliança de Reiki, Phyllis declarou que qualquer Mestre experiente que se considerasse preparado para ensinar e assumir total responsabilidade por sua ação poderia daí em diante iniciar outros Mestres. Essa importante decisão possibilitou muitas mudanças relacionadas com a forma de ensino do Reiki e com os seus símbolos, além de uma grande expansão do método no mundo inteiro.

Hawayo Takata também recomendou a muitos dos seus Mestres que iniciassem pelo menos um Mestre durante sua vida para que a tradição do sistema se mantivesse viva.

Ramificações do Reiki

Pelos inícios dos anos 1990, um número crescente de Mestres já havia se afastado do sistema tradicional ensinado por Hawayo Takata, com autorização dos Mestres da Aliança de Reiki para trabalharem de forma independente. Esses Mestres normalmente alteravam o método de ensino do Reiki. Alguns adotavam posições de mãos a mais ou acrescentavam símbolos extras e reduziam o tempo dedicado à prática entre um grau e outro. Além disso, o método de ensino do grau de Mestre também mudou consideravelmente. Alguns Mestres permitiam que seus alunos recebessem a iniciação nos três graus bastante rapidamente – às vezes os três no período de um ano, de alguns meses ou mesmo de apenas algumas semanas. Com um número cada vez maior de novos Mestres ensinando o Primeiro e o Segundo Graus de Reiki, a técnica se difundiu rapidamente por todo o mundo.

OUTROS MÉTODOS DE REIKI

Rainbow Reiki, Osho Neo-Reiki, Angelic Ray-Key, Blue Star Reiki, Tera-Mai Reiki, Golden Age Reiki, Satya Reiki, Tara Reiki, Vajra Reiki, Braha Satya Reiki, Dorje Reiki, Imara Reiki, Johrei Reiki, New Life Reiki, Reido Reiki, Reiki Plus, Reiki Tummo, Saku Reiki, Ascension Reiki, Amanohuna Reiki, Buddho-Enersense, Ichi Sekai Reiki, Mahatma Reiki, Jinlap Maitri Reiki, Lightarian Reiki, Mari-el, Medicine Dharma Rei Kei, Reiki-Ho, Raku Kei Reiki, Usui-Do Reiki e Sun Li Chung Reiki.

Sistemas de Reiki

Nos últimos 20 anos, novas tendências e sistemas de Reiki apareceram no Ocidente, apesar de se basearem todos no sistema Usui original. Seus criadores introduziram novos símbolos e diferentes sintonizações, além de estilos diversos de ensino e preferências pessoais, acrescentando inclusive às vezes elementos extras, como anjos, cristais, mestres ascensionados, meditação budista e xamanismo.

Diferentes sistemas

Esses sistemas de cura, embora legítimos, não são o Reiki que a sra. Takata trouxe do Japão para o Ocidente. As mudanças criaram uma energia diferente daquela do Reiki Usui original. Eles usam a palavra "Reiki" como identificação e possivelmente para beneficiar-se da reputação do sistema Usui original. Veja uma seleção dos sistemas existentes:

Reiki Jin-Kei Do

A palavra japonesa *Jin* significa compaixão; *Kei* significa sabedoria e *Do* quer dizer caminho. Essa forma de Reiki enfatiza a dimensão espiritual, usando o sistema como caminho para a iluminação e também para a cura. Sua linhagem oriental tem origem em Usui, Hayashi, Tekeuchi (aluno de Hayashi) e o dr. Ranga Premaratna, seu líder atual. Os métodos de ensino contêm muitas práticas e meditações budistas porque seus Mestres são normalmente budistas.

Seichem Reiki

A linhagem deste método remonta à dra. Barbara Weber Ray, tendo sido criado por Patrick Ziegler, um dos alunos dela. Ele é ensinado ao longo de cindo graus principais e adota uma combinação do Reiki Usui e outras formas provenientes do Egito, com alguns símbolos adicionais.

Karuna Reiki

Criado por William Lee Rand nos Estados Unidos em 1993, este sistema se baseia em novos símbolos de cura, que são canalizados. Seu processo de sintonização é diferente do Reiki Usui, aplicando um símbolo de Usui, dois símbolos tibetanos e nove novos símbolos. No nível do praticante, o método pode ser ensinado a alunos que querem integrá-lo à sua prática de cura, mas é transmitido principalmente nos níveis de Mestre e professor de Reiki.

Reiki Usui Tibetano

Este sistema é uma combinação de Reiki Usui tradicional, Raku Kei Reiki e os ensinamentos do seu próprio fundador, William Lee Rand. É ensinado em quatro graus com um sistema de sintonização diferente do Reiki Usui tradicional, embora também ensine o sistema Usui para Mestres.

Usui Shiki Ryoho Reiki

Este é o sistema Usui tradicional de cura, cuja linhagem inicia-se com Usui, continua com Hayashi e Takata, e chega até Phyllis Lei Furumoto e os outros 22 Mestres de Reiki iniciados por Hawayo Takata. Phyllis e Paul Mitchell instituíram "A Função do Grão-Mestre", que incorporou aspectos importantes do ensinamento, como a prática da cura, desenvolvimento pessoal, disciplina espiritual e os nove elementos (tradição oral, disciplina espiritual, história, princípios, estrutura das aulas, custos, iniciação, símbolos e tratamento) do sistema de Reiki Usui. Ele é ensinado em três graus e adota quatro símbolos. O Reiki Usui tradicional é usado por Mestres ligados à Aliança de Reiki e alguns Mestres de Reiki independentes.

Outros ramos de Reiki

Existem muitas outras formas de Reiki, e todas têm seu próprio valor. Para encontrar o sistema mais adequado para você, confie em sua intuição e escolha o que mais o atrair.

Linhagem do Reiki

Para manter intacta a energia pura do Reiki, é importante que a linhagem do Mestre com quem você estuda remonte às origens – seja Usui, Hayashi ou Takata. Estabelece-se assim um elo entre todos os Mestres. Para dar um exemplo, a autora, Tanmaya Honervogt, é Mestra e Professora de Reiki independente que ensina o sistema Usui tradicional e recebe sua linhagem diretamente de Usui por intermédio de Hayashi, Takata e Mary McFadyen (ver p. 6).

Energia diluída

Se uma linhagem é diluída por Mestres de outros sistemas de cura, o receptor não recebe a "coisa verdadeira": a energia pura do sistema Reiki. Por exemplo, a sintonização pode ser apenas um ritual, desprovido da profundidade espiritual que deveria ter. Um Mestre-Professor com uma linhagem diluída pode transmitir energia e ensinar um sistema de cura, mas essa energia não será a mesma que a energia pura do Reiki. Um aluno de Reiki treinado no Primeiro Grau por um Mestre do sistema Usui (linhagem Usui, Hayashi, Takata) e no Segundo Grau por outro de linhagem diluída relaciona-se com uma energia diferente, fato que influenciará sua aplicação dos tratamentos; a qualidade do Reiki recebido no Primeiro Grau (com o Reiki verdadeiro) também será afetada. A energia Reiki que flui depois das iniciações do Primeiro e do Segundo Graus só será "pura" se a linhagem de todos os Mestres envolvidos não for interrompida por outros sistemas de cura.

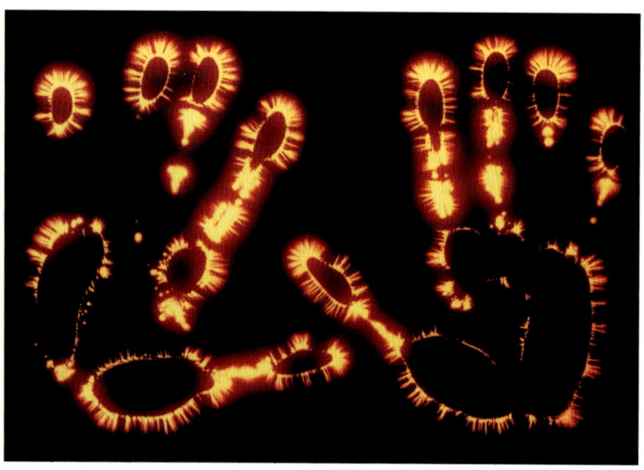

O Reiki atualmente e sua importância

O Reiki é uma energia dinâmica. Essa energia tem diferentes nomes, dependendo do contexto cultural (ver p. 26), mas o mais conhecido é provavelmente a palavra japonesa *Ki*. Desde Einstein e a descoberta da física quântica, sabemos que tudo o que existe é energia: "Energia é tudo o que existe." A única diferença é que a matéria física (como uma mesa, cadeira ou carro) e a energia invisível (som, luz, ondas de rádio ou radiação) vibram em diferentes freqüências e velocidades. A ciência provou que uma energia invisível flui através de todos os seres vivos, interligando-os.

Em 1961, o cientista russo Semyon Kirlian inventou uma máquina para tornar visível essa "energia invisível", fotografando. Foram realizados testes com pessoas antes e depois de um tratamento de Reiki, descobrindo-se que a freqüência da energia depois da aplicação das energias de cura era bem maior. Fotografias Kirlian também demonstraram que essa energia é constituída de padrões harmoniosos.

A necessidade da cura

Estamos vivendo numa época em que a cura é mais necessária do que nunca antes. O planeta precisa dela, do mesmo modo que todos os seres vivos. A cura é uma forma de amor e procede do coração, o elo de ligação que nos une a todos. O Reiki abre um espaço onde a nossa separatividade não encontra lugar; podemos entrar em contato com o que realmente somos – nossa verdadeira essência – e tornar esse espaço interior disponível para sentir a Unidade com tudo o que existe.

A fotografia Kirlian revelou que a natureza da "energia invisível" que todos os seres vivos possuem pode ser positivamente influenciada pela aplicação de tratamentos de Reiki.

O Reiki nos põe em contato com o nosso centro do coração (quarto chakra) e com outras pessoas através do coração com amor e compaixão.

O Reiki é importante atualmente porque podemos usá-lo para curar e amar a nós mesmos. Precisamos assumir responsabilidade pela nossa vida e pelo que atraímos para ela. Precisamos pensar em nós mesmos como seres amáveis e ser agradecidos pelo que já temos. Tratando-nos com Reiki, podemos começar a nos valorizar. Dando Reiki a outras pessoas, nós nos lembramos que não somos indivíduos separados e que podemos compartilhar o amor que temos.

A comunidade de Reiki

O Reiki é hoje conhecido em todos os países do mundo, com vários milhares de Mestres. Alguns formaram organizações, outros trabalham independentemente. A Aliança de Reiki conta hoje com quase 1.000 Mestres-Professores associados. Quase todos os países são membros de organizações nacionais de Reiki (ver p. 251) e realizam reuniões regulares e encontros anuais para Mestres e praticantes de Reiki.

A Reiki Outreach International (ROI) foi fundada por Mary McFadyen em 1990 e tem mais de 2.000 membros em todo o mundo. Seu objetivo é abordar questões mundiais, como guerras, catástrofes naturais e epidemias, ajudar, curar e mudar essas situações para o melhor possível. Os praticantes, sozinhos ou em grupo, concentram-se sobre temas escolhidos e enviam energia de cura para situações calamitosas em qualquer parte do planeta. Muitos alunos de Reiki reúnem-se em pequenos grupos, chamados "grupos de troca de Reiki" ["Reiki sharings"]. Esses grupos são organizados em esfera local, com reuniões realizadas regularmente (uma ou duas vezes por mês, digamos) ou de acordo com a necessidade.

Os preceitos e princípios do Reiki

Esses princípios foram adotados por Usui, que se inspirou no imperador Meiji do Japão. Usui tomou consciência de que se uma pessoa quer realmente mudar de vida, ela deve assumir responsabilidade por aquilo que cria na sua vida e precisa participar do seu processo de cura. Ele transmitiu esses princípios como "orientações para a vida".

A compreensão e a aplicação dos princípios hoje

Parte da disciplina espiritual do Reiki consiste em trabalhar com os princípios diariamente. Na lápide de Usui está escrito que o aluno deve compreender essas orientações em toda a sua profundidade, por toda a vida, e que todos os dias, da manhã à noite, ele deve meditar sobre elas e entoá-las. Embora tenham mais de 80 anos, esses princípios ainda transmitem uma mensagem importante para todos. Eles alcançam profundezas muito maiores do que os seus sentidos literais, e a meditação sobre cada um deles ajuda o aluno a perscrutar o seu significado.

"Só por hoje"

Esta é uma instrução para viver no momento presente – o único tempo que existe. Passado e futuro não existem. A mente está sempre divagando, ocupando-se com pensamentos do passado ou fantasias do futuro. Em vez disso, precisamos ter consciência do presente. Existem meditações muito proveitosas para alcançar essa consciência; por exemplo, a meditação budista que consiste em observar o ar entrando e saindo pelas narinas durante a respiração. Você também pode se fazer perguntas para trazer a atenção de volta ao presente, como: "O que está acontecendo neste momento dentro de mim?", "O que estou pensando?", "O meu corpo está relaxado?", "O que estou sentindo?"

"Só por hoje, não se irrite"

A raiva é uma energia poderosa, e nós não devemos usá-la destrutivamente. Em geral, ela é uma reação que temos quando as nossas expectativas não se realizam ou quando nos sentimos magoados. A raiva pode ser desencadeada por um incidente de pouca importância e a razão verdadeira pode ser inconsciente. Os que provocam a nossa raiva não são necessariamente a sua causa principal. Sob cada sentimento de raiva está uma camada mais profunda de sentimento ferido. Não se sinta culpado com relação à raiva. Primeiro, perceba-a e responsabilize-se por ela. Segundo, descubra a causa. Terceiro, aborde-a e trate-a apropriadamente, sem causar mal. Precisamos dar-nos permissão para liberar sentimentos raivosos. O Reiki e técnicas de meditação irão ajudá-lo a compreender e a praticar o perdão.

A meditação pode ajudá-lo a chegar a uma consciência do aqui e agora – um preceito essencial do Reiki – e também dar-lhe condições de enfrentar e dissipar a força destrutiva da raiva.

"Só por hoje, não se preocupe"

Com o que geralmente nos preocupamos? Coisas que podem dar errado no futuro e coisas que deram errado no passado. A nossa preocupação está ligada ao medo do desconhecido. A preocupação é um padrão de pensamento, um hábito, que resulta de nos sentirmos separados dos outros e do universo. É uma crença negativa que nos impede de confiar em nós mesmos. A preocupação não leva a lugar nenhum. Quando entendemos que ficar ansioso não ajuda em nada, podemos eliminar a ansiedade. Qualquer que seja o problema que enfrente, faça o melhor que puder e depois relaxe e confie.

O Reiki pode acalmar a sua mente ansiosa e relaxar o seu corpo, fortalecendo assim a confiança em si mesmo. Isso lhe permite deixar-se levar pelos acontecimentos, sabendo que no fim tudo redundará no melhor. Mesmo que as coisas sejam desagradáveis, mais tarde você talvez compreenda que na verdade o que ocorreu foi uma experiência importante e que o acontecimento indesejado foi inclusive uma "bênção disfarçada". Através do Reiki, da prática da meditação e da oração, aprendemos a confiar no processo da vida e descobrimos que a vida sabe mais do que nós e sempre zela por nós. Somos amados por "Deus" e pela vida.

A preocupação é outra forma de energia negativa tratada pelo Reiki. Com a tranqüilidade mental e o relaxamento físico que o Reiki proporciona, você aprenderá a colocar a sua confiança na vida.

OS PRINCÍPIOS DO REIKI

A forma mais comum da Aliança de Reiki:

- Só por hoje, não se irrite.
- Só por hoje, não se preocupe.
- Respeite seus pais, seus professores e as pessoas idosas.
- Ganhe a vida honestamente.
- Demonstre gratidão a todos os seres vivos.

Demonstrar respeito e carinho aos seus pais por tudo o que fizeram por você e comunicar-lhes seu amor e cuidado por eles são atitudes que constroem uma base sólida para a cura e a felicidade.

"Respeite seus pais, seus professores e as pessoas idosas"

Somos todos professores e alunos uns dos outros. Isso significa respeitar todos aqueles que desempenham um papel importante na nossa vida. Nós trocamos experiências e aprendemos uns com os outros, e amamos e apoiamos uns aos outros. Este princípio quer dizer que toda situação pode ensinar-nos alguma coisa. Respeite todas as pessoas que você encontrar e valorize a si mesmo pela dádiva preciosa que você é. Aprendemos tanta coisa de nossos pais e professores! Mesmo que nem sempre concordemos com suas ações, precisamos ter consciência de que eles foram influenciados por seus próprios pais. Em vez de condená-los, ofereça-lhes compreensão e compaixão. Mostre-se agradecido pelo bem que lhe fizeram e expresse o seu zelo, amor e respeito por eles. Com o Reiki e a meditação, podemos curar feridas e incompreensões passadas e expressar o nosso amor àqueles que são importantes na nossa vida no presente.

"Ganhe a vida honestamente"

Este princípio significa ser honesto consigo mesmo e realizar o seu trabalho da melhor maneira possível. Isso inclui fazer o que você quer fazer e ter prazer no que faz. É importante respeitar o seu trabalho e agradecer a si mesmo fazendo o melhor possível. Isso lhe dá satisfação, e você amará e respeitará a si mesmo. Se você faz um trabalho de que não gosta, com o tempo prejudicará a si mesmo, podendo inclusive adoecer. Para ser honesto consigo mesmo e com os outros é preciso ter coragem. Isso significa defender-se e impedir que as pessoas o usem ou que invadam as suas fronteiras. A honestidade gera clareza e pode representar um desafio nos relacionamentos, pois ela produz choques profundos com as pessoas amadas. Precisamos admitir nossas projeções e desejos irrealizados observando atentamente a nossa vida e reconhecendo com honestidade onde nos encontramos. Assim o relacionamento o ajuda a crescer valorizando e respeitando um ao outro. O Reiki e a meditação podem ajudá-lo a ter clareza sobre "o que você realmente quer na vida" e a fazer mudanças para avançar na vida e em seu desenvolvimento espiritual.

"Demonstre gratidão a todos os seres vivos"

A chave para a felicidade é a gratidão. Podemos ser agradecidos a todo momento pelo que a vida nos dá. É próprio da natureza humana achar que as coisas estão aí à nossa disposição, prontas, que são normais. Vivemos através dos nossos hábitos, cegos para os milagres da vida. Mas a vida é sempre desconhecida, e isso a transforma numa aventura estimulante. Quando nos permitimos sentir isso, passamos a vibrar com energia e alegria. Precisamos estar abertos para receber os presentes que a vida nos oferece e confiar que ela tomará conta de nós. Cada manhã, podemos agradecer o novo dia. Através da gratidão, estamos em comunhão com a existência, participamos e sentimos: "Estou vivo; estou pronto para o que a vida me oferecer hoje, para cada novo acontecimento, mesmo que possa parecer difícil. Acredito que a existência me ama e me ampara em meu crescimento. A vida confia em mim e eu confio na vida, e a vida sempre sabe mais do que eu." Com gratidão desenvolvemos uma humildade no sentido de "Seja feita a vossa vontade". Queremos entregar-nos; então a vida se transforma numa oração. O Reiki e a meditação nos ajudarão a desenvolver a gratidão e a sensibilidade para nos tornarmos mais conscientes quando padrões velhos e arraigados de "considerar as coisas como normais" nos prendem. Nós merecemos amar, e ser amados, e inundados pela abundância da existência.

Através do Reiki você pode despertar um sentido de encantamento pelo mundo ao seu redor e aprender a apreciar todos os prazeres simples que a vida tem a oferecer a cada dia.

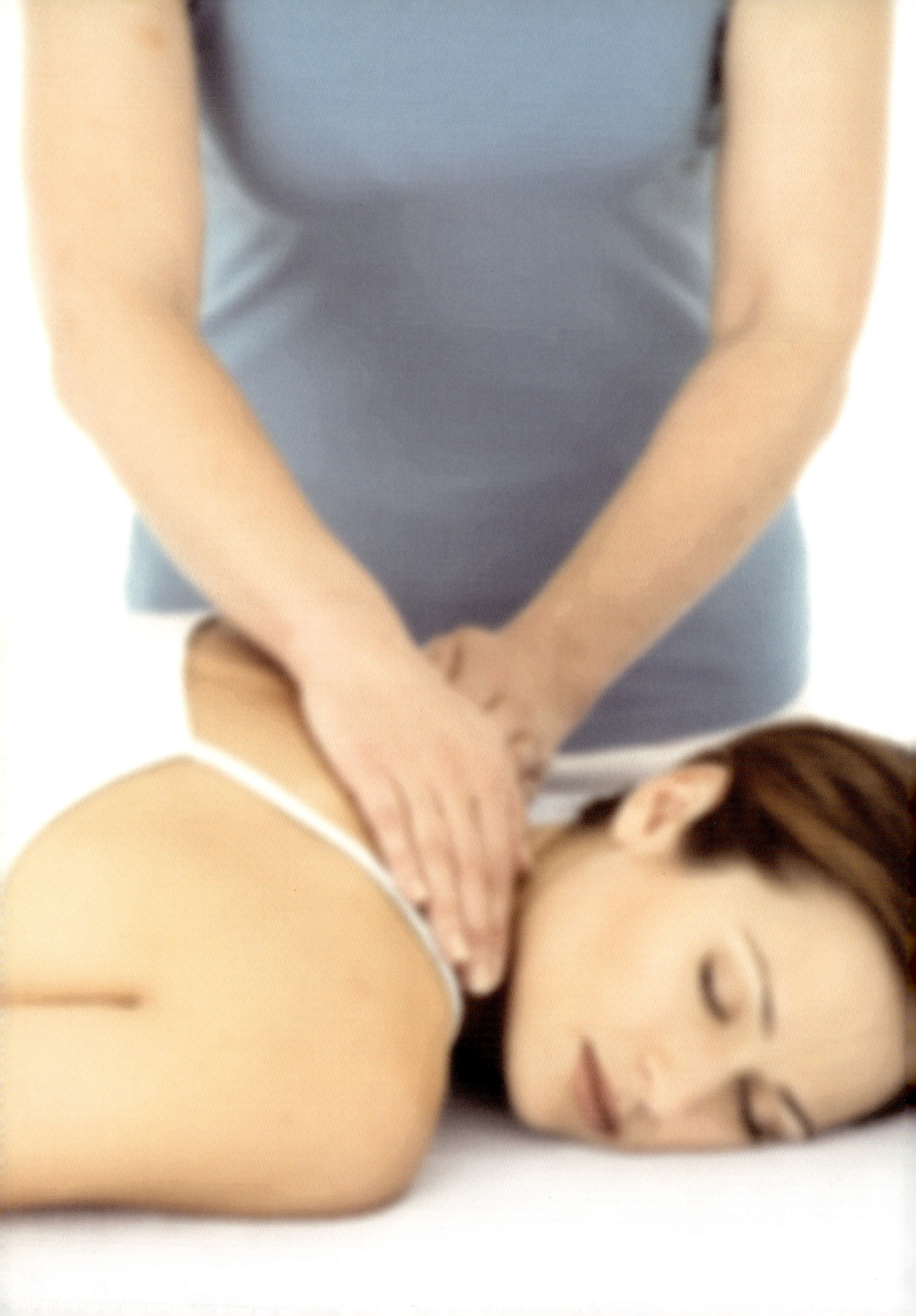

A teoria do Reiki

O Reiki procede diretamente da fonte de toda a vida e de toda a “vitalidade”. De acordo com crenças individuais e com a interpretação da linguagem, ele provém da Fonte, da Força Vital, do Universo ou de Deus. Esse poder se manifesta através do Reiki por meio de um recipiente vazio (o “doador”) para dirigir amor, luz e energia de cura para o “receptor”. O Reiki age como amor incondicional, mudando e curando tudo o que toca; ele é o amor incondicional do Universo, de Deus, agindo automaticamente com amor.

O que é o Reiki?

O Reiki é um método de cura simples e natural. Ele é ao mesmo tempo suave e poderoso, infundindo plenitude tanto no doador como no receptor. O Reiki é uma antiga técnica de imposição das mãos e não tem relação formal com nenhuma religião, culto, dogma ou sistema de crenças humano.

Definição

A palavra *Rei-ki* é japonesa; significa "Energia Vital Universal". Essa energia é definida como o poder que age em toda matéria criada. A palavra se compõe de duas partes: *Rei* descreve o aspecto ilimitado, universal dessa energia; *ki* é a energia da força da vida em si que flui em todos os seres vivos. Segundo as culturas, diferentes palavras descrevem essa energia. Por exemplo, os cristãos chamam essa força da vida de "Luz"; os chineses a conhecem como *Chi*; os japoneses como *Ki*; para os hindus é *Prana*; e existem muitos outros termos, como *Mana*, bioplasma, "energia cósmica" e "força vital". Todos nós nascemos com essa energia; ela nos une a todos os seres vivos e nos mantém vivos. Quanto mais nos aproximamos da sua forma básica, mais eficaz ela se torna e é mais fácil utilizá-la.

Como o Reiki trabalha?

O dr. Usui desenvolveu um método para transferir essa Energia Vital Universal com o objetivo de curar a nós mesmos e aos outros. "O processo de sintonização" (ver p. 52) é a chave especial que nos dá acesso ao sistema Reiki, transformando-o numa forma singular de cura, diferente de todas as outras técnicas de imposição das mãos. Para tornar-se um "canal" para a energia Reiki, o candidato recebe uma sintonização ao poder do Reiki. Essa sintonização recebe também o nome de "transmissão de energia" ou "iniciação", e só pode ser realizada por um Mestre-Professor de Reiki habilitado. O processo de sintonização assume normalmente a forma de uma cerimônia simples em que o Mestre aplica os símbolos e mantras confidenciais do Reiki para transmitir energia ao aluno. Cada transmissão de energia abre o "canal de cura interno" e sintoniza o aluno com a freqüência vibratória desse canal. Essa transmissão amplifica o fluxo de energia e eleva a freqüência vibratória da energia do corpo. A energia entra no corpo do aluno pelo topo da cabeça e flui pelos centros de energia superiores, conhecidos como "chakras". Ela continua descendo pelos braços e sai do corpo irradiando-se pelas mãos. Depois de se tornar um canal, o aluno sente a energia vital concentrada fluir espontaneamente pelos braços e pelas mãos. Ele mantém essa capacidade pelo resto da sua vida.

Quem pode aprender Reiki?

Qualquer pessoa que esteja aberta e disposta a deixar que essa energia de cura flua através dela pode aprender Reiki. Todos podem se tornar um canal para essa forma de cura, inclusive as crianças. Podemos usar o Reiki para complementar as propriedades curativas de todas as modalidades de prática médica, tanto ortodoxas como alternativas, e podemos aplicá-lo associado a qualquer outro tratamento. Como é uma energia de cura vibracional, o Reiki não é intrusivo e passará pelas roupas, bandagens, faixas, emplastros, moldes e mesmo metais.

O que é a cura do Reiki?

A raiz da palavra "healing" (cura) deriva da palavra "whole" (todo). Quando estamos ligados ao "todo", nossa energia flui e nós nos sentimos vivos, vibrantes e saudáveis. Quando situações físicas, mentais ou emocionais drenam ou bloqueiam a nossa energia, nós adoecemos. Todo praticante de Reiki atua como um "canal" para a energia vital, primeiro para que essa energia flua através dele, e segundo para que ela passe para o receptor – a pessoa que precisa de cura. Ao tocar o corpo do receptor doente, o praticante se transforma num elo com a fonte de cura. O Reiki nos põe em contato com a fonte e com o "todo", com "Deus" ou a força da vida. Essa técnica suave e poderosa de "imposição das mãos" traz plenitude tanto para quem recebe como para quem transmite essa energia. O Reiki nunca é transmitido a menos ou a mais do necessário, pois ele se adapta às necessidades do receptor e restabelece o equilíbrio natural do corpo.

Pelo processo de sintonização, o aluno de Reiki se torna um canal para uma energia de cura vibracional que flui pelos braços e pelas mãos.

Os quatro níveis do Reiki

O Reiki afeta cada receptor de modo diferente, mas sempre age onde ele mais o necessita. Ele opera nos níveis da mente, do corpo, das emoções e do espírito, efetuando uma limpeza minuciosa. Ele leva a um relaxamento profundo, produzindo uma sensação de paz e bem-estar. A energia Reiki é agradável e holística, revitalizando corpo e alma.

No nível físico

O Reiki ajuda a pessoa a manter a saúde física fortalecendo o sistema imunológico. Ele libera a energia bloqueada e favorece a eliminação das toxinas do corpo. Ele pode aliviar a dor e os sintomas de stress, além de ser rejuvenescedor. O Reiki também repõe a energia consumida nas atividades do dia-a-dia. Se há energia em excesso (ou em falta) numa determinada região, essa parte do corpo está em desequilíbrio, o que representa possibilidade de doença. O Reiki restabelece o equilíbrio natural e mantém a capacidade do corpo de curar a si mesmo. Ele é usado para tratar inúmeros distúrbios físicos, como dores de cabeça, enxaquecas, sinusite, resfriados freqüentes, gripe, tosses, dores nas costas, cistite, dor de estômago, infecções, cálculos renais e biliares, dores nas articulações (ver Capítulo 7, p. 156). No caso de uma pessoa doente, o Reiki pode facilitar a recuperação da saúde física completa ou pode reduzir os sintomas. A energia Reiki é proveitosa em muitas situações de doença, tanto aguda como crônica, e sempre contribui para a cura. Doenças crônicas normalmente demoram mais para curar e precisam de aplicações mais freqüentes.

No nível emocional

O Reiki exerce um efeito relaxante, calmante sobre o sistema nervoso e traz equilíbrio para emoções desordenadas. Ao receber um tratamento ou participar de um treinamento de Reiki, as suas emoções podem ser profundamente afetadas. Bloqueios emocionais podem ser liberados, e como conseqüência lágrimas podem correr ou o riso do alívio pode surgir espontaneamente. O Reiki nos ajuda a ter mais consciência dos nossos processos emocionais interiores. Entramos em contato mais próximo com sentimentos reprimidos: tristeza, medo ou raiva. Essas energias "negativas" precisam ser percebidas e admitidas antes de ser transformadas em suas contrárias positivas: alegria, coragem e compaixão. Sem expor essas energias e dar-lhes a atenção e expressão que precisam, não conseguimos liberá-las e usá-las como força criativa.

A energia Reiki equilibra e harmoniza, e é muito proveitosa em casos de trauma (físico e emocional) e depois de acidentes (ver p. 161). Hoje o stress é uma experiência comum na vida cotidiana; precisamos aprender a repor as energias para manter os níveis de stress ao mínimo possível, e o Reiki pode ajudar-nos a fazer isso, pois essa energia nos leva a liberar e relaxar. Ao mesmo tempo, ela pode influenciar e mudar atitudes mentais sugerindo novas perspectivas e reações positivas a situações estressantes.

No nível mental

O Reiki age relaxando e acalmando a atividade da mente. A redução dessa atividade ajuda o receptor a ter maior clareza, talvez com relação a um problema da vida no momento ou tomando consciência de processos internos, como a respeito de um sistema de crenças pessoal negativo. Durante um tratamento de Reiki, não é raro o receptor tomar decisões que produzem mudanças e melhoram a vida.

No nível espiritual

A recepção e a aplicação de Reiki restabelecem nossa ligação com a Fonte e com o amor incondicional. O Reiki nos convida a pensar e a sentir-nos "mais expandidos" e "maiores". Ele aumenta a nossa consciência e nos põe em contato com a nossa verdadeira essência divina. Depois de um tratamento de Reiki, o receptor quase sempre sente que está em contato com alguma coisa mais profunda do que o seu eu habitual – como se tivesse entrado num nível mais profundo, onde ele se une ao seu ser interior.

O Reiki age sobre o corpo como um todo equilibrando as emoções, tornando a mente clara e restabelecendo a ligação com o "verdadeiro" eu, que por sua vez influencia o bem-estar físico.

Canais e canalização

Um canal é um conduto metafísico por onde a energia passa; dizemos que uma pessoa pode se tornar um "canal" para essa energia. Quem recebe os ensinamentos e a sintonização do Reiki torna-se um canal para a energia Reiki, e assim está habilitada a passar essa energia para outras pessoas.

Acesso ao Eu Superior

Quanto mais nos colocamos à disposição como canais para o Reiki, mais ele preenche a nossa vida, enriquecendo cada aspecto dela. A força que recebemos através da sintonização assemelha-se à abertura de um canal dentro de nós, um canal que nos liga ao nosso Eu Superior, Alma ou Espírito, que por sua vez está ligado à Fonte, à essência divina, a Deus. O Eu Superior representa o nosso nível supraconsciente (ver p. 85). Ele é o nosso "verdadeiro" eu; alerta e cheio de luz, ele pode ver as coisas claramente. Por exemplo, ele conhece o nosso verdadeiro propósito na vida e as experiências que escolhemos para aprender certas lições. Essa parte orienta-nos, dando-nos intuição e percepção, sempre nos amando e apoiando para o nosso bem maior.

Contato com a energia Reiki

Num tratamento de Reiki, o praticante atua como um canal para conduzir a Energia Vital Universal para o receptor. A partir do momento em que você é sintonizado com a energia Reiki no curso do Primeiro Grau (ver p. 66), você tem acesso a essa energia para tratar a si mesmo e aos outros. O "sucesso" de uma sintonização não depende de você, pois não é necessária nenhuma preparação, conhecimento ou habilidades especiais para se tornar um canal de Reiki. A energia Reiki emana de uma fonte universal inexaurível e dinamiza a sua capacidade de ter acesso a ela. Cada sintonização nos três graus do Reiki abre cada vez mais o seu canal de cura interior. Quanto mais freqüentemente você atua como canal, mais fácil e intensamente a energia flui através dele. Mesmo que deixe de praticar por algum tempo, você não perde essa capacidade, embora depois de um longo intervalo talvez seja necessário dissolver certos bloqueios. Imagine um cano: se a água passa por ele regularmente, ela é clara e limpa; mas se apenas passa de vez em quando, substâncias nocivas podem se acumular e impedir-lhe a passagem.

Abertura da intuição

A prática do Reiki abre a sua intuição. Depois de algum tempo, você começa a confiar mais em si mesmo, sabendo exatamente onde posicionar as mãos no corpo do receptor, no ponto onde são mais necessárias. A intuição faz parte da nossa Inteligência Superior e está vinculada ao nosso Eu Superior. Desse nível podemos receber orientação interior. Podemos fazer qualquer pergunta e receberemos a resposta. Todos temos consciência de situações em nossa vida em que sabemos intuitivamente, desde uma camada profundamente entranhada, o que é correto fazer, embora a mente lógica possa ser cética. Mais tarde compreendemos que a nossa decisão intuitiva estava correta e nos sentimos aliviados por ter confiado nela. No corpo físico, a intuição está ligada ao lado direito do cérebro e ao lado esquerdo do corpo.

Depois de receber o treinamento no Reiki, você se torna um canal para a energia de cura do Reiki, e quanto mais você o pratica, mais o canal se expande e maior se torna o fluxo da energia.

Pessoas criativas em seu trabalho muitas vezes dizem que a inspiração para uma nova tarefa "surgiu do nada", num momento em que estavam totalmente relaxadas; de repente uma solução se apresentou de modo espontâneo. Einstein, Édison e Arquimedes encontraram a última peça do quebra-cabeça de descobertas que mudariam o mundo quando se encontravam num estado de profundo relaxamento físico e mental. Em decisões e dilemas importantes somos guiados por nossa Inteligência Superior, quando a nossa mente lógica está aquietada e a intuição pode guiar-nos.

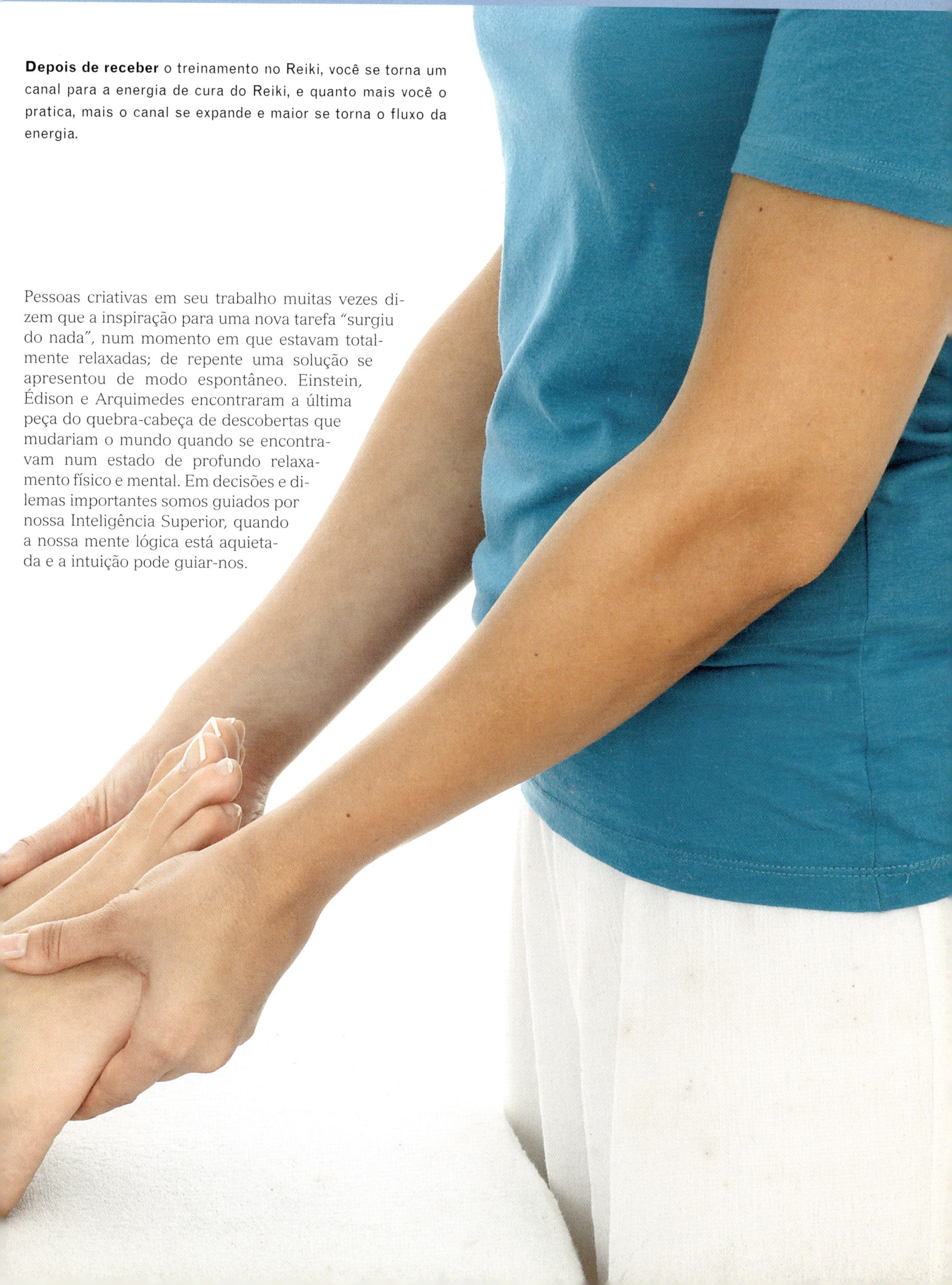

Sabedoria e linguagem do corpo

O nosso corpo tem a sua própria sabedoria, a qual nos envia sinais e transmite mensagens. De uma perspectiva holística, toda doença tem uma razão que se oculta sob o sintoma percebido. Tratando apenas o sintoma, a doença pode abrandar, mas acabará voltando se não for tratada também a causa-raiz. Outros pontos também merecem consideração.

Descobrindo a causa oculta

Toda doença é resultado de um desequilíbrio na vida. O Reiki pode ajudar a descobrir a causa oculta da doença (o desequilíbrio), pois ele sempre opera sobre a pessoa como um "todo", integrando todos os níveis do corpo: a mente, as emoções e o espírito.

Como praticante de Reiki, é útil estimular o receptor a observar o estilo de vida que leva e qualquer aspecto da vida que possa precisar de mudança para "o bem maior". Como o Reiki trabalha nos níveis emocional, mental e espiritual, tanto a doença como a causa são tratadas.

O corpo como templo

Embora possa ser um lugar-comum dos tempos modernos, de um ponto de vista espiritual o corpo é realmente um "templo", servindo-nos de abrigo e morada. Podemos também ver o corpo como um amigo que sempre quer ajudar-nos e apoiar, mantendo-nos saudáveis e felizes. Se alguma coisa "dá errado" ou não segue na direção que a vida quer que sigamos, seja em nosso modo de pensar ou de forma mais geral, recebemos sinais do corpo; em outras palavras, uma mensagem do nosso amigo.

O corpo está tentando dizer-nos alguma coisa quando sentimos dor, temos uma infecção ou um sintoma físico. Podemos não compreender essa mensagem, e a reação habitual é procurar livrar-nos do sintoma físico o mais rápido possível. No entanto, se queremos de fato que o corpo seja curado apropriadamente – e não apenas que o sintoma seja tratado – precisamos ouvir o corpo e compreender a causa oculta. Quando estamos dispostos, ouvindo com sensibilidade os sinais que o corpo emite, podemos captar mensagens no "corpo de energia" (ver p. 34) antes que um desequilíbrio se manifeste em forma física como enfermidade ou doença.

PERGUNTAS A FAZER

As perguntas a seguir podem ajudar a descobrir a possível causa oculta da doença:

- O que estou ignorando na minha vida?
- O que está tentando atrair a minha atenção?
- O que esta doença, dor ou infecção quer comunicar?
- O que a parte afetada do corpo quer de mim?
- Do que preciso tomar consciência e aprender?
- O que preciso fazer para ficar totalmente saudável e pleno novamente?
- O que devo fazer para amar, aceitar e curar a mim mesmo?

"O Reiki ajuda as pessoas a alcançar a paz interior e o conhecimento interior de si mesmas de modo a não precisar depender dos outros para curar-se."

Bernard

Para compreender e combater a doença física, precisamos entrar em sintonia com os sinais e mensagens do corpo, que podem prevenir-nos com relação a possíveis problemas de saúde.

O campo de energia humano

Podemos definir o campo de energia humano, em geral chamado de "aura", como um campo energético que envolve e interpenetra o corpo físico.

A aura

O corpo físico é uma estrutura que pode ser vista e sentida, e cada célula dele vibra com energia (de baixa freqüência) que se manifesta em matéria física visível. A aura é um campo eletromagnético que pulsa com energia e luz e é constituído de diferentes camadas, chamadas "corpos de energia", que se interpenetram e envolvem umas às outras. As dimensões do campo energético dependem do desenvolvimento espiritual da pessoa.

Em geral a aura envolve o corpo todo e alcança a distância correspondente aos braços estendidos. Numa pessoa de espiritualidade altamente desenvolvida, como um santo ou místico, ela pode estender-se até 20 metros ou mais além do corpo físico. Os artistas às vezes representam essa aura como um halo dourado em torno da cabeça e do corpo em pinturas de profetas, santos e anjos. A maioria das pessoas tem uma aura oval (elíptica) que se estende além da cabeça e dos pés. A aura de cada pessoa tem sua própria freqüência energética e vibratória, e é única, do mesmo modo que a impressão digital.

A sensação do corpo de energia

O corpo de energia tem sete camadas, e cada camada sucessiva é composta de substâncias mais sutis e vibrações mais elevadas que a camada que a envolve. Cada corpo energético tem aparência diferente e funções específicas. As camadas internas mais próximas do corpo físico contêm a energia mais densa e podem ser sentidas com as mãos. Algumas pessoas (como os clarividentes) conseguem ver a aura e dizem que ela é como um campo de energia de múltiplas camadas que pulsa com cores de acordo com o estado de espírito e a saúde da pessoa.

O que a aura contém?

Contém informações, sendo um sistema de alta sensibilidade e percepção. Ela pode mudar de cor, expandir-se ou contrair-se, dependendo do estado de saúde da pessoa, de como ela se sente emocionalmente e de como interage com os outros. Por meio do campo de energia estamos em constante comunicação com tudo o que está à nossa volta; além disso, com ele transmitimos e também recebemos mensagens do corpo energético de outras pessoas.

Consciente ou inconscientemente, usamos a aura como um mecanismo sensível. Por exemplo, quando uma pessoa entra numa sala cheia, ela pode sentir-se atraída a sentar perto ou distante de uma determinada pessoa, sem saber por quê. Isso acontece porque a aura da pessoa que chega capta a energia das outras pessoas.

O campo de energia humano contém e reflete nossa energia emocional, criada por nossas experiências (positivas ou negativas). Experiências que contêm energia emocional se acumulam no nosso sistema energético; elas podem ser profundas e traumáticas, incluindo lembranças de vidas passadas, relacionamentos passados e presentes, padrões de crença e atitudes que foram se armazenando durante o nosso desenvolvimento. Imagens positivas e negativas conservam-se no nosso campo energético e criam uma memória no tecido celular e no campo de energia. Nossas emoções vivem fisicamente no nosso corpo e interagem com as nossas células e tecidos.

Sensibilidade maior

O primeiro (etérico), segundo (emocional) e terceiro (mental) campos energéticos estão associados e têm relação com o mundo físico, enquanto os três corpos energéticos superiores (quinto/espiritual, sexto/cósmico e sétimo/nirvânico) metabolizam energias relacionadas com o mundo espiritual.

À medida que nos tornamos mais sensíveis à existência dos nossos corpos de energia, formamos uma consciência maior do modo como eles nos influenciam. À medida que nos desenvolvemos espiritualmente, nos harmonizamos mais com as energias ao nosso redor. Sentimos vibração e energia, e quanto mais aprendermos a sutilizar os nossos campos energéticos, mais perceberemos a comunicação entre os de outras pessoas.

É importante purificar os nossos corpos energéticos e dar-lhes o alimento correto para harmonizá-los e possibilitar que a nossa energia flua livremente, mantendo-nos saudáveis e equilibrados.

Como o Reiki afeta os corpos de energia

O Reiki afeta os nossos corpos de energia e dirige-se para a aura e para o corpo físico. Desse modo ele movimenta a

Cada um de nós possui uma aura, ou campo energético, com uma freqüência vibratória única. Usamos esse corpo de energia para nos comunicar com o mundo à nossa volta e com outras pessoas através dos campos energéticos delas.

energia estagnada do corpo e dissolve bloqueios, limpa e equilibra os chakras, energiza os meridianos e estimula os órgãos do sistema endócrino. Os meridianos são canais de energia que se distribuem por todo o corpo, levando a força da vida para todas as regiões. Os meridianos principais acompanham a dimensão vertical do corpo e se ligam aos principais órgãos. Os meridianos menores, chamados nadis, entrecruzam o corpo e interligam todas as suas partes.

O Reiki age para curar e harmonizar a pessoa como um todo. Como é dirigido por uma sabedoria superior, ele flui automaticamente para as áreas do corpo que mais precisam dele. Ele age holisticamente na pessoa inteira e produz um efeito profundo de limpeza no corpo físico e na aura, e também nos níveis mental, emocional e espiritual.

Os chakras e o sistema endócrino

Chakra é uma palavra sânscrita que significa "roda" ou "vórtice". Os chakras são centros de energia vital que se relacionam com os corpos energéticos da aura humana. Cada chakra está ligado a um dos sete corpos energéticos. Por exemplo, o primeiro corpo de energia (etérico) está associado ao primeiro chakra, o segundo corpo (emocional) ao segundo chakra, e assim por diante (ver p. 34).

Chakras principais e secundários

Existem sete chakras principais localizados nos sete principais campos de energia. Além desses, existem mais de 20 chakras secundários ou menores, como os da palma das mãos, dos joelhos e da sola dos pés. Um chakra saudável vibra com regularidade em movimento circular; ele se assemelha a um funil, ampliando-se à medida que se distancia do corpo. Os chakras são vórtices que regem o nosso bem-estar físico, emocional, mental e espiritual.

Chakras saudáveis e doentes

Quando um chakra é saudável, equilibrado e aberto, as partes específicas do corpo a ele ligadas também são saudáveis. Quando um chakra está bloqueado, lesado ou fechado, o equilíbrio nele está perturbado e isso se reflete na saúde da parte do corpo físico a ele ligada. Nossos chakras são afetados por tudo o que nos acontece. Se coisas boas acontecem – por exemplo, se nos apaixonamos – sentimos luz, brilho e temos muita energia. O contrário ocorre quando nos sentimos "acabrunhados", emocionalmente deprimidos ou mal-humorados, fato que tem um efeito prejudicial sobre o nosso sistema energético.

Quando a energia encontra algum obstáculo em seu fluxo natural – por exemplo, quando reprimimos um sentimento ou deixamos de agir por causa do medo – o corpo pode criar uma barreira protetora na forma e textura do nosso tecido (como tecido denso, rígido ou tenso). Um competente terapeuta corporal, observando a estrutura física dos músculos, ossos e tecidos, pode dizer onde energias não expressas estão acumuladas. Isso não resulta necessariamente em doença, mas representa uma limitação da expressão através do corpo físico e pode causar desconforto em áreas correlatas.

Cada chakra reflete um aspecto do nosso desenvolvimento pessoal. Um distúrbio no primeiro chakra (chakra da raiz ou da base) pode se manifestar como problema para encontrar emprego ou ganhar dinheiro. Essa lição tem a ver com "manter-se sobre os próprios pés". A energia precisa fluir constantemente pelo nosso sistema para que possamos continuar num estado de saúde ótimo. Um desequilíbrio de energia ou um bloqueio nos chakras pode causar doenças.

O sistema endócrino do corpo

Você pode incluir a harmonização de cada chakra num único tratamento de Reiki. As posições de mãos básicas do Reiki seguem a localização dos sete chakras principais e correspondem ao sistema glandular endócrino do corpo (ver diagrama na p. ao lado). O sistema endócrino regula o equilíbrio dos hormônios e do metabolismo. Num nível energético, as glândulas endócrinas correspondem aos sete chakras principais.

Os hormônios produzidos pelas glândulas de secreção interna do sistema endócrino correm diretamente para a corrente sangüínea ou para a circulação, levando energia vital para o corpo, seja para estimular ou conter a atividade de outros órgãos e tecidos. Os hormônios são produzidos em diminutas quantidades, mas seus efeitos são profundos: alguns são duradouros, outros apenas temporários. O sistema endócrino fornece força aos chakras e, ao mesmo tempo, leva suas energias sutis (energias carregadas com uma vibração mais elevada e que permeia e envolve o corpo físico) de volta para o corpo. O tratamento de Reiki age através da interação entre os chakras e as glândulas endócrinas.

Usui e Takata sempre enfatizaram a importância da harmonia do sistema endócrino e do equilíbrio dos chakras. Todo excesso ou deficiência de atividade de uma glândula afeta todo o sistema. Os nossos hormônios regulam os pro-

AS PRINCIPAIS GLÂNDULAS ENDÓCRINAS

Cada glândula influencia a produção de hormônios específicos:

- A glândula pineal secreta um hormônio que ajuda a regular padrões de sono e vigília.
- A glândula pituitária, muitas vezes chamada de "glândula mestra", produz hormônios que controlam várias outras glândulas endócrinas.
- Os hormônios da glândula tireóide (e paratireóide) controlam o ritmo com que as células queimam o combustível extraído dos alimentos para produzir energia.
- A glândula timo exerce um papel importante no desenvolvimento do sistema imunológico no início da vida.
- As glândulas supra-renais têm uma função importante na regulação da resposta do corpo ao stress, equilibrando o sistema imunológico e o metabolismo.
- As gônadas (testículos no homem e ovários na mulher) secretam os hormônios sexuais testosterona no homem e estrogênio e progesterona na mulher, que controlam o desenvolvimento sexual, o impulso sexual e a fertilidade.
- As ilhotas de Langerhans, células especializadas localizadas no pâncreas, funcionam como glândulas endócrinas. Elas secretam a insulina necessária para o metabolismo do açúcar.

Os hormônios secretados por essas glândulas endócrinas têm um efeito extraordinário sobre a psicologia humana, e desequilíbrios neles podem causar tanto problemas físicos como emocionais.

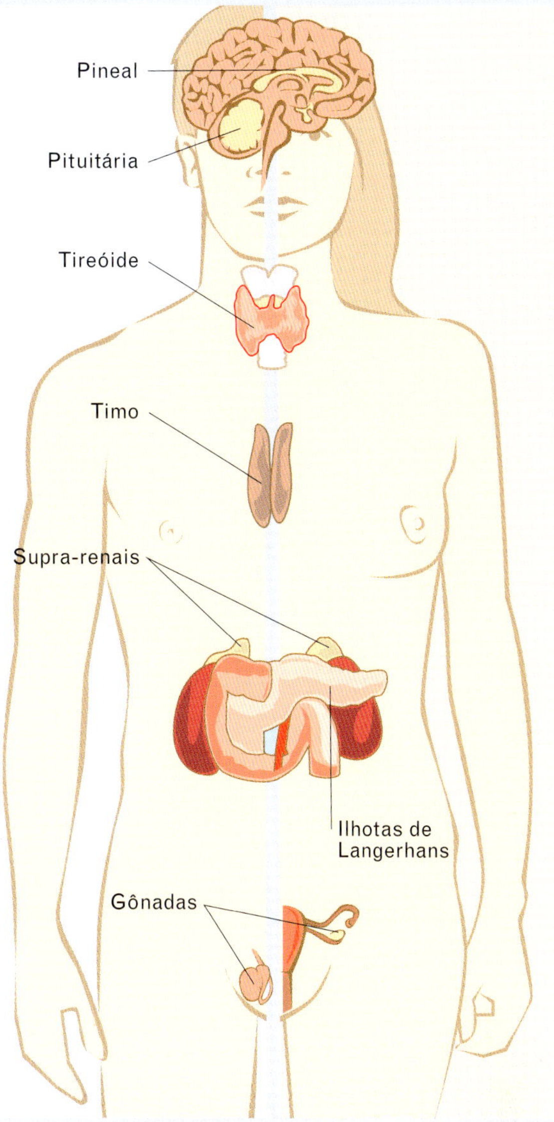

cessos vitais do corpo, como o metabolismo, o crescimento, o envelhecimento, a resistência ao stress, a capacidade do corpo para curar a si mesmo e a reprodução.

O sistema endócrino trabalha em conjunto com o sistema nervoso autônomo para controlar o ambiente interno do corpo e age como parte do seu sistema de comunicação. O stress é uma das principais causas de perturbação do equilíbrio do metabolismo do corpo. As posições de mãos básicas do Reiki (ver pp. 128-40) acompanham a localização das glândulas endócrinas. Tratamentos completos de Reiki aplicados ao corpo reduzem a tensão e o stress e fortalecem a capacidade natural do corpo de curar a si mesmo.

"O tratamento do Reiki opera através da interação entre os chakras e as glândulas endócrinas."

Qualidades e funções dos sete chakras principais

Todos os chakras (com exceção do chakra da coroa) estão ligados a determinadas partes do corpo. Quando a energia de um chakra não está em equilíbrio, podem ocorrer distúrbios na parte correspondente do corpo. Por exemplo, um desequilíbrio no chakra da raiz tem relação com as mãos e com os pés e reflete a nossa insegurança no mundo.

Para que servem os chakras?

Cada chakra está ligado a um órgão específico e a uma área do corpo e tem influência sobre a sua função. Os chakras se abrem tanto para a parte anterior como posterior do corpo. Os aspectos da parte anterior dos chakras relacionam-se com as emoções, e os aspectos da parte posterior com a vontade da pessoa. Todos os chakras são aberturas que deixam a energia entrar e sair da aura, como também entrar e sair do corpo físico. Cada chakra absorve Energia Universal (*ki, chi ou prana*), divide-a em partes constitutivas e então a envia pelos canais de energia (nadis) para o sistema nervoso, para as glândulas endócrinas e para o sangue, com o objetivo de alimentar o corpo.

"Os chakras são vórtices que governam o bem-estar físico, emocional, mental e espiritual."

Os sete principais chakras distribuem-se desde o chakra da raiz (primeiro) na região do osso pubiano até o chakra da coroa (sétimo) no topo da cabeça.

CHAKRA DA RAIZ OU PRIMEIRO CHAKRA (MULADHARA)

Localização	Base da coluna, onde o sacro se une ao cóccix (parte posterior do corpo); área do osso pubiano (parte anterior do corpo)
Relação com	Pés e pernas
Cores	Vermelho e amarelo
Elemento	Terra
Partes/órgãos do corpo	Glândulas supra-renais, bexiga, genitais, espinha, quadris
Funções	Expressão criativa, abundância, sede da energia Kundalini (energia intensa que normalmente repousa como uma serpente na base da espinha, mas pode ser despertada por meio da meditação)
Temas da vida relacionados	Vontade de viver, sobrevivência, poder, agressão, segurança, *grounding*, dinheiro, emprego, fertilidade, lar, sentido de pertencer, confiança, reação de "luta ou fuga", aceitação de si mesmo
Possíveis problemas quando está desequilibrado	
Emocional	Medo de estar no mundo, sentir-se ameaçado nas áreas acima, agressividade, atitude defensiva, incoerência, inconstância, tendência a acessos de pânico
Físico	Distúrbios digestivos: diarréia crônica, enterite, constipação, hemorróidas, impotência; problemas com: ânus, intestino grosso, cóccix, sacro, espinha, região lombar
Desequilíbrios	
Quando pouco ativo	Inseguro, passivo, reprimido, dificuldade de dizer "não", tendência ao pânico, choroso, solitário, ausente, probabilidade de ser vacilante
Quando muito ativo	Muito agressivo, orgulhoso, dificuldade de dizer "sim", inflexível, dogmático
Em equilíbrio	Fiel a si mesmo, firme, inabalável

CHAKRA DO SACRO OU SEGUNDO CHAKRA (SVADHISTHANA)

Localização	Entre o osso pubiano e o umbigo (uns 5 cm abaixo do umbigo)
Relação com	Calcanhares e pulsos
Cores	Laranja e vermelho
Elemento	Água
Partes/órgãos do corpo	Órgãos reprodutores, testículos (no homem), ovários (na mulher), funções líquidas do corpo, órgãos digestórios, rins, trato urinário, região lombar
Funções	Sentimentos, centro emocional e foco das energias sexual e sensual
Temas da vida relacionados	Vitalidade, alegria de viver, sexualidade, sensualidade, refinamento de sentimentos, relacionamentos, compartilhamento, intimidade, prazer, sensações, apetite, desejos, auto-estima
Possíveis problemas quando está desequilibrado	
Emocional	Falta de amor-próprio e de auto-aceitação, problemas com temas nas áreas acima, dificuldade em digerir as emoções, incapacidade de comprometimento, insatisfação sexual (frigidez, impotência e ejaculação precoce)
Físico	Problemas com: genitais, próstata, órgãos reprodutores, intestinos grosso e delgado, bexiga, apêndice, estômago, nervo ciático, região lombar, sacro, região sacral
Desequilíbrios	
Quando pouco ativo	Sentimento de culpa, baixa auto-estima, medo de ser punido ou reprimido
Quando muito ativo	Viciado em prazer, voluptuoso, usa outros para prazer sexual
Em equilíbrio	Aberto, receptivo, gosta de se divertir

CHAKRA DO PLEXO SOLAR OU TERCEIRO CHAKRA (MANIPURA)

Localização	No plexo solar, entre o umbigo e a base da caixa torácica
Relação com	Pernas e antebraços
Cores	Amarelo e vermelho
Elemento	Fogo
Partes/órgãos do corpo	Estômago, fígado, glândulas supra-renais, vesícula biliar, pâncreas, plexo solar, baço, sistema digestório, região dorsal
Funções	Centro do poder e da sabedoria
Temas da vida relacionados	Poder pessoal, domínio, vontade, controle, autodeterminação, força, propósito, medo e ansiedade, fraqueza
Possíveis problemas quando está desequilibrado	
Emocional	Sensação de estar bloqueado, culpa e vergonha, racionalização dos sentimentos, dependência nas relações
Físico	Problemas com: os órgãos acima, duodeno, sistema linfático, rins, região lombar; energia reprimida no nível celular pode causar câncer, artrite, anorexia, bulimia, úlceras
Desequilíbrios	
Quando pouco ativo	Passivo, fraco, emocionalmente reprimido e isolado, com forte ligação e apego a pessoas e coisas, sugando energia, temeroso, obediente, dificuldade de relacionar-se com pessoas
Quando muito ativo	Reações exageradas, gosta de dramatizar, manipulador, dominante, tirânico, autoritário, sofre de baixa auto-estima, competidor, controlador dos outros, insidioso
Em equilíbrio	Espontâneo, desapegado de pessoas e coisas, auto-estima saudável, autocontrole, eficiente no mundo

CHAKRA DO CORAÇÃO OU QUARTO CHAKRA (ANAHATA)

Localização	Meio do peito
Relação com	Joelhos, cotovelos, região pélvica
Cores	Verde e rosa
Elemento	Ar
Partes/órgãos do corpo	Coração, glândula timo, pulmões, circulação e pressão sangüínea, sistema imunológico, parte superior das costas, braços, mãos
Funções	Amor, compaixão
Temas da vida relacionados	Ser capaz de dar e receber amor, amor incondicional, unidade, compaixão, bondade, amor-próprio, paz, confiança, desenvolvimento espiritual, perdão
Possíveis problemas quando está desequilibrado	
Emocional	Medo do amor e da intimidade, medo de ser tocado fisicamente, medo de acolher outros, psicopata em potencial
Físico	Problemas com: coração ataques cardíacos, pressão sangüínea e circulação, doenças do sistema imunológico e da glândula timo, artérias, seios, quadris, pulmões, brônquios, esôfago, diafragma, espinha torácica
Desequilíbrios	
Quando pouco ativo	Medo de amar, relutante em dar amor, pragmático e egoísta quando há fraqueza no coração, perdido em emoções, incompreensões e desavenças
Quando muito ativo	(Não se aplica)
Em equilíbrio	Mostra sentimentos impessoais e amor incondicional, cria empatia, responsável, cheio de boa vontade, compassivo, dedicado e humilde, mente aberta e voltada para os outros, dá com desapego sem esperar recompensas

CHAKRA DA GARGANTA OU QUINTO CHAKRA (VISHUDHA)

Localização	Região da garganta
Relação com	Região pélvica e ombros
Cores	Azul
Elemento	Éter
Partes/órgãos do corpo	Garganta, voz, glândula tireóide, região superior dos pulmões e braços, trato digestivo, pescoço, mandíbula, esôfago, metabolismo
Funções	Comunicação
Temas da vida relacionados	Auto-expressão, comunicação, ser capaz de receber e aceitar amor e devoção, criatividade, senso de responsabilidade, abundância
Possíveis problemas quando está desequilibrado	
Emocional	Rigidez, relutância em comprometer-se, frustração na comunicação, medo de expressar-se e de desenvolver a própria individualidade
Físico	Problemas com: garganta, pescoço, ombros, tireóide, glândula timo, pulmões, sistema imunológico, brônquios, sistema nervoso, boca, dentes, língua, maxilar, traquéia, espinha cervical
Desequilíbrios	
Quando pouco ativo	Incapaz de comunicar-se (engolindo o que quer dizer), sem expressão criativa e verbal, desprovido de devoção
Quando muito ativo	Excessivamente interessado nas coisas do mundo, demasiadamente imparcial (objetivo)
Em equilíbrio	Capaz de desenvolver e aperfeiçoar a auto-expressão criativa, capaz de dizer o que precisa dizer, boa auto-imagem e aceitação interior, devotado, confiável e pacífico; cantar (e talvez pintar) ajuda a equilibrar o chakra da garganta

CHAKRA DO TERCEIRO OLHO OU SEXTO CHAKRA (AJNA)

Localização	Entre as sobrancelhas, em torno de 2,5 cm acima do centro das sobrancelhas
Relação com	Testa
Cores	Índigo e pedra-da-lua
Elemento	(Nenhum)
Partes/órgãos do corpo	Glândula pituitária, cérebro inferior, hipotálamo, olhos, nariz, espinha, ouvidos, sistema nervoso autônomo
Funções	Centro intuitivo, sede da vontade e da clarividência
Temas da vida relacionados	Controle do pensamento, visão interior e compreensão, telepatia, inspiração, despertar espiritual, imaginação, intuição, personalidade integrada
Possíveis problemas quando está desequilibrado	
Emocional	Sentir-se racional e julgador, ilusões, alucinações, esconder os sentimentos atrás de pensamentos
Físico	Tumores cerebrais, derrames, insônia, desequilíbrios hormonais, dores de cabeça, enxaquecas, sinusite, tontura, depressão; doenças do sistema nervoso autônomo, dos ouvidos, dos olhos, da espinha e do sistema endócrino; problemas com o hemisfério esquerdo do cérebro e o olho direito
Desequilíbrios	
Quando pouco ativo	Sem identidade, confuso
Quando muito ativo	Controlador, ambicioso, com ego forte e ações programadas, não respeita os outros
Em equilíbrio	Sente a alegria divina, despertar espiritual, consciência de Deus e configuração feliz; a meditação facilita a abertura do chakra do terceiro olho

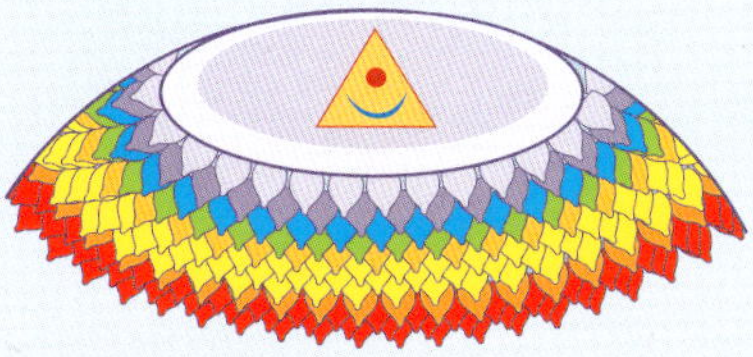

CHAKRA DA COROA OU SÉTIMO CHAKRA (SAHASRARA)

O chakra da coroa é o chakra mais elevado e não pode ser influenciado em termos de abertura ou fechamento. Ele se abre automaticamente quando desenvolvemos a espiritualidade. Quando estamos espiritualmente despertos, este chakra está aberto e há consciência cósmica, unidade com o divino e com todas as coisas; temos vitalidade e somos alegria, aceitação e jovialidade

Localização	No topo (coroa) da cabeça
Relação com	Glândula pineal
Cores	Violeta (púrpura) e branco
Elemento	(Nenhum)
Partes/órgãos do corpo	Glândula pineal, cérebro superior, sistema nervoso
Funções	Ligação com o Eu Superior
Temas da vida relacionados	Consciência da unidade, auto-realização, consciência espiritual, sabedoria, consciência ampliada, intuição, ligação com o Eu Superior, com o guia interior e com o amor oniabrangente
Possíveis problemas quando está desequilibrado	Quando o chakra não é desenvolvido, a pessoa é muito materialista (apega-se ao plano material)
Possíveis doenças	Distúrbios no funcionamento do cérebro e dos nervos, tumores, derrames, problemas com a espinha; desordens psicóticas graves, totalmente alienado, em choque profundo, incapacidade de encarar a realidade

O equilíbrio da energia dos chakras

Para manter a sua saúde física, emocional, mental e espiritual, é importante chegar a um equilíbrio entre as energias dos chakras. Cada um reflete qualidades especiais, funções e aspectos de crescimento pessoal.

Desequilíbrio nos chakras

Quando damos demasiada atenção a um chakra, isso pode levar a desordens e distúrbios físicos. Por exemplo, atenção excessiva ao segundo chakra pode manifestar-se como adição ao prazer – talvez fazer sexo em excesso, comer em demasia, beber muita bebida alcoólica ou mesmo ingerir drogas. Você pode equilibrar essas energias aplicando Reiki no chakra da garganta (quinto) ou do sacro (segundo). Por meio da auto-expressão criativa e de atividades como cantar, escrever ou pintar, essa fixação pode ser dissipada. Alguém com um problema físico em alguma parte do corpo normalmente apresenta um desequilíbrio (ou problema físico) na região do chakra correspondente. Por exemplo, alguém com problemas constantes na região da garganta pode também ter problemas físicos na região lombar ou nos órgãos reprodutores, áreas essas correspondentes ao segundo chakra. Posicionando as mãos e aplicando Reiki na região da garganta e lombar (tratando pela frente do corpo), podemos equilibrar e harmonizar as energias nesses dois chakras (o segundo e o quinto). O sétimo chakra é o mais elevado e é diferente de todos os outros; ele não precisa ser influenciado ou equilibrado. Nós não o tocamos, pois ele não precisa de energia adicional.

Quando há muita energia na cabeça e pouca no corpo, coloque uma das mãos na testa (sexto chakra) e a outra em todos os chakras, um após o outro, começando no primeiro. Desse modo a energia é retirada da área da cabeça e levada para as demais regiões do corpo. O mesmo procedimento é seguido para o primeiro chakra. Coloque uma das mãos sobre o primeiro chakra e equilibre todos os outros com ele, um depois do outro. Também obtemos um relaxamento profundo equilibrando o sexto chakra com o segundo.

HARMONIZAÇÃO DOS CHAKRAS

Para obter um bom equilíbrio, é importante que cada chakra se harmonize com o que está imediatamente acima. Também é fundamental que os três chakras inferiores se harmonizem com os três superiores. A energia do primeiro chakra (sobrevivência, segurança, confiança) precisa se harmonizar com a energia do quarto chakra (amor, confiança, compaixão). A energia do segundo chakra (satisfação, sensualidade, desejo) precisa ser equilibrada com a energia do quinto chakra (expressão, criatividade, devoção), e o terceiro chakra (poder, vontade do ego, domínio) com a energia do sexto (visão interior, vontade de Deus, compreensão).

primeiro, chakra da raiz > quarto, chakra do coração
segundo, chakra do sacro > quinto, chakra da garganta
terceiro, chakra do plexo solar > sexto, chakra do terceiro olho

EQUILÍBRIO ALTERNADO DOS CHAKRAS

Uma maneira simples de manter todos os chakras equilibrados é apresentada na seqüência de posições a seguir, em que equilibramos os chakras alternadamente. Posicione as mãos sobre os dois chakras até sentir a mesma energia em ambos. Você pode sentir uma diferença de temperatura nos dois pontos, variando de quente a frio; espere até sentir que as duas mãos estão igualmente quentes. Isto pode levar de 2 a 5 minutos.

primeiro, chakra da raiz > sexto, chakra do terceiro olho
segundo, chakra do sacro > quinto, chakra da garganta
terceiro, chakra do plexo solar > quarto, chakra do coração

Posições para equilibrar os chakras - Autotratamento

Esta forma de tratamento de Reiki ajuda-o a revitalizar e equilibrar os chakras para que a sua energia possa fluir livremente e assim mantê-lo saudável. Mantenha as mãos em cada posição especificada de 3 a 5 minutos.

Instruções

1 Coloque uma das mãos sobre o sexto chakra (testa), e a outra sobre o primeiro chakra (região do osso pubiano). Essa posição equilibra a energia da cabeça e das regiões inferiores do corpo. Normalmente temos energia em excesso na cabeça e muito pouca no baixo-ventre. Essa posição possibilita um contato maior com a sua energia sexual.

2 Coloque uma das mãos sobre o quinto chakra e a outra sobre o segundo. Essa posição equilibra as emoções e a vitalidade com a área da auto-expressão e da comunicação. Você se sentirá mais ligado às suas emoções e desejos e será capaz de expressá-los com mais facilidade, de modo criativo.

3 Posicione uma das mãos sobre o quarto chakra e a outra sobre o terceiro. O coração representa amor e compaixão e o plexo solar simboliza a sua força e poder pessoal. Se esses centros estão equilibrados, as decisões certas são tomadas por meio do amor e da compreensão.

4 Uma das mãos repousa sobre o segundo chakra e a outra sobre o sexto chakra. Essa posição produz um relaxamento profundo, permitindo-lhe liberar pensamentos e emoções.

5 Depois de equilibrar todos os chakras, movimente o corpo suavemente, mexa os dedos dos pés e das mãos e espreguice-se. Volte ao seu estado de consciência normal.

Efeitos do Reiki

O efeito mais importante do Reiki produz-se no nível mental e espiritual, porque as nossas forças mentais são muito fortes. O Reiki promove o desenvolvimento espiritual e os iniciados ganham uma clareza maior sobre si mesmos e suas vidas. Eles sentem como que uma expansão da consciência, e isso leva a percepções intuitivas pessoais, as quais por sua vez produzem mudanças de vida positivas. Eles sentem força e coragem e ficam repletos de energia para tomar as decisões certas e realizar o que é melhor para si mesmos e para os outros.

Para facilitar o processo de limpeza profunda que um tratamento ou uma sintonização de Reiki efetua, é recomendável beber muita água (ver p. 52).

A cura e o processo de limpeza

O Reiki ajuda a resolver situações difíceis nos relacionamentos e com freqüência aproxima as pessoas; ele promove o desenvolvimento espiritual sempre que lhe damos liberdade para agir. O Reiki sempre trabalha para o "nosso bem maior" e facilita mudanças em nossa vida – por exemplo, mudanças nos relacionamentos, no trabalho, em casa e em qualquer situação particular.

Uma limpeza profunda ocorre sempre que recebemos um tratamento de Reiki ou entramos em sintonia com a energia Reiki (ver também pp. 71 e 76). No nível físico, o Reiki elimina as toxinas do corpo e favorece o processo de limpeza. Para ajudar o processo de limpeza no nível físico, é recomendável beber muita água depois da sintonização e do tratamento de Reiki.

Efeitos de limpeza

No nível emocional, o Reiki libera a energia bloqueada que ficou presa nos músculos, nos tecidos, nos órgãos e nos ossos. Essa energia pode mudar e soltar-se, de modo a fluir livre novamente. No início isso pode ser desagradável para o receptor (ver p. 71), mas depois da sintonização, muitos iniciados têm um encontro emocional e espiritual profundo consigo mesmos. Um espaço de paz, quietude e meditação se abre, envolvendo Mestre e aluno. Depois de cada grau de Reiki e de cada sintonização, o aluno vive inúmeras mudanças positivas. Muitos dizem que sentem mais paz, têm menos medo e se tornam mais pacientes; eles dormem melhor, se sentem mais positivos e, de modo geral, têm mais energia. Com freqüência os alunos sentem a temperatura do corpo subir, especialmente nas mãos, como se algo estivesse queimando dentro deles.

Muitos alunos de Reiki sentem vários efeitos emocionais e físicos depois de cada sintonização, inclusive uma profunda sensação de paz e facilidade para dormir profundamente.

Como o conhecimento do Reiki se acumula

Normalmente, o Reiki é ensinado em três níveis ou graus principais (Primeiro, Segundo e Terceiro). Em cada nível você recebe uma ou mais sintonizações. A cada grau você se torna um canal mais amplo pelo qual a energia de cura do Reiki pode fluir. Cada transmissão de energia (iniciação) expande o seu canal de Reiki e aumenta o volume da energia que flui através de você.

Sintonizações

No Primeiro Grau você recebe quatro sintonizações no decorrer de dois dias, de modo que o seu corpo pode se abrir lentamente para a vibração mais elevada da energia que se acumula com cada sintonização. No Segundo Grau, há apenas uma sintonização, mas muito intensa, porque você recebe o poder dos três símbolos do Reiki. Às vezes isso pode estimular reações de cura muito fortes no corpo físico, como febre ou a sensação de doença iminente. Essas reações geralmente duram pouco tempo, e podem acontecer da noite para o dia e desaparecer na manhã seguinte. O iniciado no Terceiro Grau recebe uma única sintonização que expande o canal de cura e aprofunda a meditação (ver p. 114).

O que é uma sintonização?

No Reiki, sintonização significa "iniciação" ou "ficar sintonizado para" tornar-se um canal para a Energia Vital Universal. Você recebe uma sintonização com o poder do Reiki (também chamada "transmissão de energia" ou "iniciação"). Aplicando uma antiga técnica, o Mestre de Reiki transmite energia ao aluno. O processo de sintonização normalmente assume a forma de uma cerimônia simples em que o Mestre usa os símbolos e mantras confidenciais do Reiki. Cada transmissão de energia abre o canal de cura interior e amplifica o fluxo de energia. A energia entra no corpo pelo topo da cabeça e passa pelos centros de energia superiores (chakras). Ela continua descendo pelos braços e sai pelas mãos.

A sintonização é a chave especial do sistema Reiki, o que o torna um método de cura único, bem diferente de outras técnicas de imposição das mãos. Usui descobriu os símbolos e mantras nas escrituras sagradas sânscritas, mas só conseguiu aplicá-los à cura depois de passar pela experiência da iluminação no monte Kurama (ver p. 12). Sem a sintonização, que é uma transmissão de energia, os símbolos não ativam a energia Reiki. A iniciação no Reiki cria um canal permanente em seu corpo energético; é por esse canal que a energia Reiki flui. No fim das sintonizações de cada grau, o Mestre "sela" o canal. Desse momento em diante, o aluno tem sua ligação direta com o canal da energia Reiki.

Os efeitos da sintonização

O principal efeito de uma sintonização é que ela limpa e purifica todo o corpo energético, uma vez que cada sintonização aumenta o nível vibratório em que normalmente funcionamos. O resultado disso é um processo de limpeza de 21 dias realizado pela energia Reiki (ver p. 76). É bom favorecer esse processo aplicando-se um tratamento completo de Reiki diariamente (ou pelo menos durante meia hora) e ingerindo mais água do que normalmente (2 a 3 litros diários).

"O Primeiro Grau de Reiki me deu uma grande confiança e um lugar no mundo que eu não conhecia até então. Ele me dá força. O Segundo Grau me mostra que houve um desequilíbrio profundo e grave na minha vida, que sempre esteve comigo. Ele mostra a necessidade e me dá os instrumentos para corrigir as coisas."

Sarah

Na Sintonização do Segundo Grau, num único processo muito intenso o Mestre aplica os símbolos do Reiki e os respectivos mantras para aumentar o fluxo de energia no iniciado (ver p. 79).

O Primeiro Grau

O Reiki é um método de cura cujo aprendizado não exige nenhuma experiência anterior nem qualquer aptidão especial. Todos podem praticar Reiki, independentemente de idade, credo ou conhecimento, e podem aplicar Reiki em si mesmos inicialmente e em seguida tratar outras pessoas. O único pré-requisito é ser receptivo e aberto para que esse poder de cura flua através de você. O primeiro passo para se tornar um praticante de Reiki é receber a iniciação do Primeiro Grau. Nessa etapa você aprende as posições de mãos essenciais, o seu instrumento de trabalho para tratar a si mesmo, seus familiares e amigos.

O que você aprende no Primeiro Grau

O Primeiro Grau de Reiki é um curso básico geralmente oferecido durante dois dias ou quatro noites consecutivas. Cada sessão tem a duração média de três horas, quando então você recebe as quatro sintonizações e aprende os princípios fundamentais do sistema de cura do Reiki, sua história, efeitos e benefícios. Você também aprende e pratica as posições de mãos básicas para tratar a si mesmo e outras pessoas, e ainda algumas posições extras, o modo de tratar animais e a forma de aplicar Reiki em situações de primeiros socorros.

A ênfase do Primeiro Grau

As técnicas aprendidas no Primeiro Grau são completas em si mesmas. Mas caso você se sinta estimulado a trabalhar com a energia Reiki em níveis mais profundos, recomenda-se também o Segundo Grau. Deve transcorrer um período mínimo de 2 a 3 meses de prática de Reiki no Primeiro Grau para que você possa adaptar a sua energia à freqüência vibratória mais elevada e adquirir experiência e confiança suficientes antes de passar a um nível mais avançado.

Um aspecto importante do método do Reiki é a ênfase no autotratamento; o tratamento que você aplica a si mesmo é um ponto forte no Primeiro Grau. O Reiki abre naturalmente a porta para que as pessoas se tornem amorosas e carinhosas consigo mesmas; para poder "ajudar" ou "curar" outras pessoas, precisamos começar com nós mesmos. Só podemos dar aos outros o que estamos preparados para dar a nós mesmos. Isso significa assumir responsabilidade por nossa própria cura, saúde e bem-estar. Como o Reiki é uma técnica suave e não-intrusiva, o principiante não precisa ter medo de aplicá-lo a si mesmo. A imposição das mãos sobre o próprio corpo torna-se expressão e reconhecimento do amor por você mesmo. O autotratamento de Reiki torna-se uma parte importante da sua vida (ver pp. 128-32 para as posições de mãos adotadas no autotratamento).

Autotratamento diário

Depois de receber o Primeiro Grau, é bom trabalhar sobre você mesmo diariamente. Essa prática fortalece a sua saúde e recarrega a sua energia vital a cada sessão. A aplicação regular de Reiki pode trazer à tona coisas que ficaram presas ou depositadas no seu íntimo, especialmente nos níveis emocional e mental. Quando a energia começa a se soltar e os bloqueios aos poucos se dissipam, o processo nem sempre é brando. Será necessário um esforço consciente e grande disposição para observar as emoções e situações, de modo que você possa aprender com elas e talvez modificar as coisas para melhor em sua vida.

Enfrentando a negatividade

Quando idéias, crenças, emoções e atitudes negativas inconscientes com relação a nós mesmos e à nossa vida começam a vir à tona, elas mexem conosco e talvez precisemos enfrentar velhos problemas do passado. Essa é uma etapa necessária do processo de cura num nível mais profundo. Tudo o que há para curar precisa antes emergir e expor-se, como uma ferida que precisa de sol e ar para sarar. É importante perseverar e compreender que isso faz parte do processo de cura. Essa manifestação pode às vezes levar semanas, meses ou mesmo anos. Quando aceitamos e favorecemos esse processo, nós nos beneficiamos e aos poucos nos sentimos melhor do que nunca antes. Nós nos tornamos mais cheios de vida e mais leves, em contato com a nossa própria energia e sentimentos, e em geral mais felizes, saudáveis e contentes.

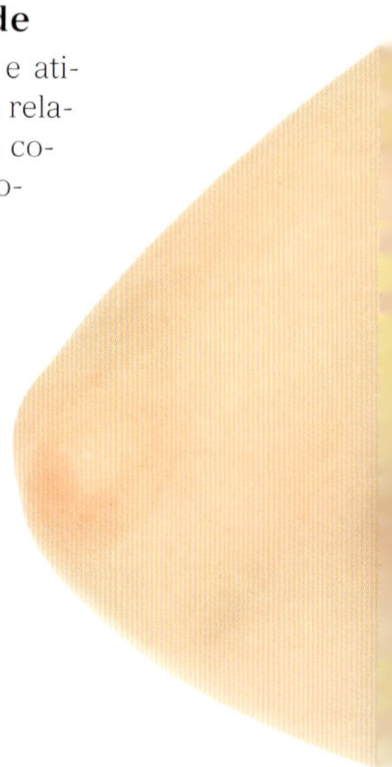

O Primeiro Grau concentra-se principalmente no autotratamento. Você aprende as posições de mãos básicas, como a Posição da Cabeça Dois ilustrada aqui, própria para harmonizar os dois lados do cérebro.

Preparando-se para tratar pessoas

Não é necessária nenhuma preparação especial para tratar a si mesmo ou outras pessoas com o Reiki. Basta posicionar as mãos sobre as partes do corpo que precisam de relaxamento ou cura. Caso você se depare com algum problema crônico ou alguma doença, como enxaqueca, dores lombares ou um distúrbio digestivo, trabalhe com tratamentos completos de Reiki durante um certo tempo (ver pp. 128-40 para todas as principais posições das mãos). Além disso, pode ser importante recomendar uma consulta ao médico.

Concentração

Antes de iniciar o tratamento você precisa concentrar-se. Respire profundamente durante alguns minutos e relaxe o corpo. Coloque as mãos sobre o segundo chakra (abaixo do umbigo, ver p. 67). Relaxe essa região enquanto respira, tomando consciência do movimento de expansão e contração do abdômen; entre em sintonia com esse centro durante alguns instantes. Outra forma de concentração é voltar a atenção para o quarto chakra (centro do coração, ver p. 61). Posicione as duas mãos sobre o centro do peito, relaxe a respiração e entre em sintonia com o coração e com um sentimento de amor e paz dentro de você.

Superfícies para tratamento

Os procedimentos práticos para um tratamento de Reiki exigem que você tenha um ambiente silencioso, seguro e confortável. Tome todas as providências necessárias para não ser perturbado durante o período do tratamento. Instale uma mesa apropriada – uma mesa de massagem ou maca é perfeita. Caso você não tenha algo assim, use uma mesa comum ou qualquer superfície de madeira, cobrindo-a com algum tipo de almofada. Ou então use um sofá, cama, cadeira ou o próprio chão.

UMA BREVE ORAÇÃO

Faça (em silêncio ou em voz alta) uma breve oração ou invocação. Esse ato tem por objetivo lembrá-lo de que você é um canal para esse tratamento de cura e para expressar sua gratidão. Assim você também lembra que a energia de cura não procede de você e não é sua. Você pode elaborar sua própria oração ou fazer uma invocação como esta:

"Pedimos à força vital universal chamada Reiki que derrame sua luz, amor e energia de cura sobre ... [nome do receptor] para o seu bem maior; agradecemos por isso."

Você pode aplicar um tratamento de Reiki sentado ou de pé; escolha a posição que lhe for mais confortável.

ORIENTAÇÕES PARA O TRATAMENTO

- Crie um ambiente seguro, silencioso (desligue o telefone).
- Removam relógios e jóias (praticante e receptor).
- Tire os sapatos, cinto e óculos, e afrouxe roupas apertadas (receptor apenas).
- Mantenham as pernas descruzadas (ambos).
- Coloque um travesseiro/almofada debaixo da cabeça e dos joelhos do receptor (caso ele peça).
- Coloque música relaxante, própria para meditação, ou aplique o tratamento em silêncio.
- Tenha um cobertor e lenços de papel à mão.
- Concentre-se (ver p. 58) no segundo chakra (sacro) ou no quarto chakra (coração).
- Pergunte sobre algum distúrbio ou cirurgia (ver p. 62).
- Explique rapidamente como o Reiki trabalha.
- Faça uma oração em silêncio para expressar a sua gratidão e lembrar que você é um canal para a energia Reiki (ver p. 59).
- Lave as mãos antes e depois do tratamento.
- Alise a aura (ver p. 62) antes e depois de cada tratamento.
- Oriente o receptor a um rápido relaxamento, pedindo que se concentre na respiração.
- Evite falar durante o tratamento (ver p. 62).
- Permaneça em cada posição de três a cinco minutos.
- Não retire as mãos abruptamente do corpo do receptor.
- Deixe o receptor descansar no fim do tratamento (ver p. 63).
- Ofereça um copo de água ao término do tratamento.
- Comente com o receptor o que você observou durante o tratamento (ver p. 63), sem fazer diagnósticos ou sugerir medicamentos; se apropriado, recomende uma consulta médica.
- Aplique um tratamento diário, no mínimo durante três ou quatro dias consecutivos (ver p. 63) – daí continue tratando até equilibrar a energia.

Posições do tratamento

Você pode aplicar o tratamento na posição sentada, numa cadeira da altura certa para você, ou então de pé – o que for da sua preferência. Saiba, porém, que trabalhar de joelhos ou encurvado lhe causará desconforto e dores. Para a cabeça e os joelhos do receptor, use travesseiros/almofadas, especialmente se ele tiver problemas na região lombar. Uma almofada debaixo dos joelhos ajuda a liberar e a relaxar possíveis tensões enquanto ele estiver deitado de costas. Quando ele virar para o tratamento das costas, coloque a almofada debaixo dos tornozelos.

Aspectos práticos

Tenha sempre à mão uma caixa de lenços de papel e um cobertor ou manta para cobrir o receptor em caso de frio. Lave as mãos antes e depois do tratamento (em água corrente fria depois do tratamento para eliminar energias negativas). Tire o relógio e jóias para que não o incomodem durante o tratamento; peça ao receptor que tire os sapatos,

Antes de começar o tratamento, relaxe e concentre-se; providencie para que tanto você como o receptor fiquem em posições confortáveis, num lugar silencioso, sem ser interrompidos.

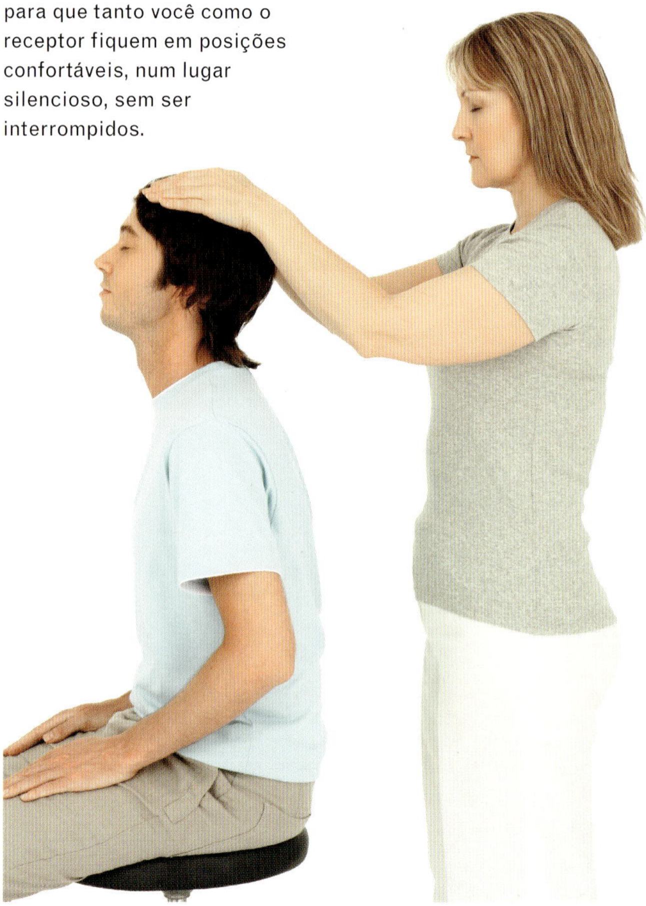

óculos, jóias e cintos e que solte roupas apertadas – não é preciso ficar despido, pois a energia Reiki atravessa todos os materiais. Tanto o doador como o receptor não devem cruzar as pernas, para que a energia possa fluir livremente.

As mãos

Ao posicionar as mãos sobre os olhos do receptor, como na Posição da Cabeça Um (ver p. 134), coloque um lenço de papel sobre os olhos, se o receptor pedir. Mantenha as mãos na posição com suavidade e leveza. Não aplique pressão no corpo do receptor e conserve os dedos unidos, pois dedos abertos dispersam a energia. Também é importante não retirar as mãos abruptamente ao passar de uma posição das mãos para a seguinte. Tenha consciência de que você está em contato íntimo e que o receptor é vulnerável; qualquer movimento repentino pode provocar perturbação no corpo e na mente do receptor.

"Antes de ser iniciado no Primeiro Grau, de certo modo eu sabia que precisava fazer alguma coisa com as mãos. Mas isso sempre me exigia muito esforço. Agora isso mudou totalmente. Não há mais nenhum esforço. Muitas vezes sinto calor nas mãos ou uma espécie de formigamento ao aplicar Reiki em mim mesmo ou em outras pessoas. A sensação é realmente muito agradável. O Reiki é muito 'normal' para mim agora. Também observei que os animais ficam facilmente afetados pelo Reiki."

Sam

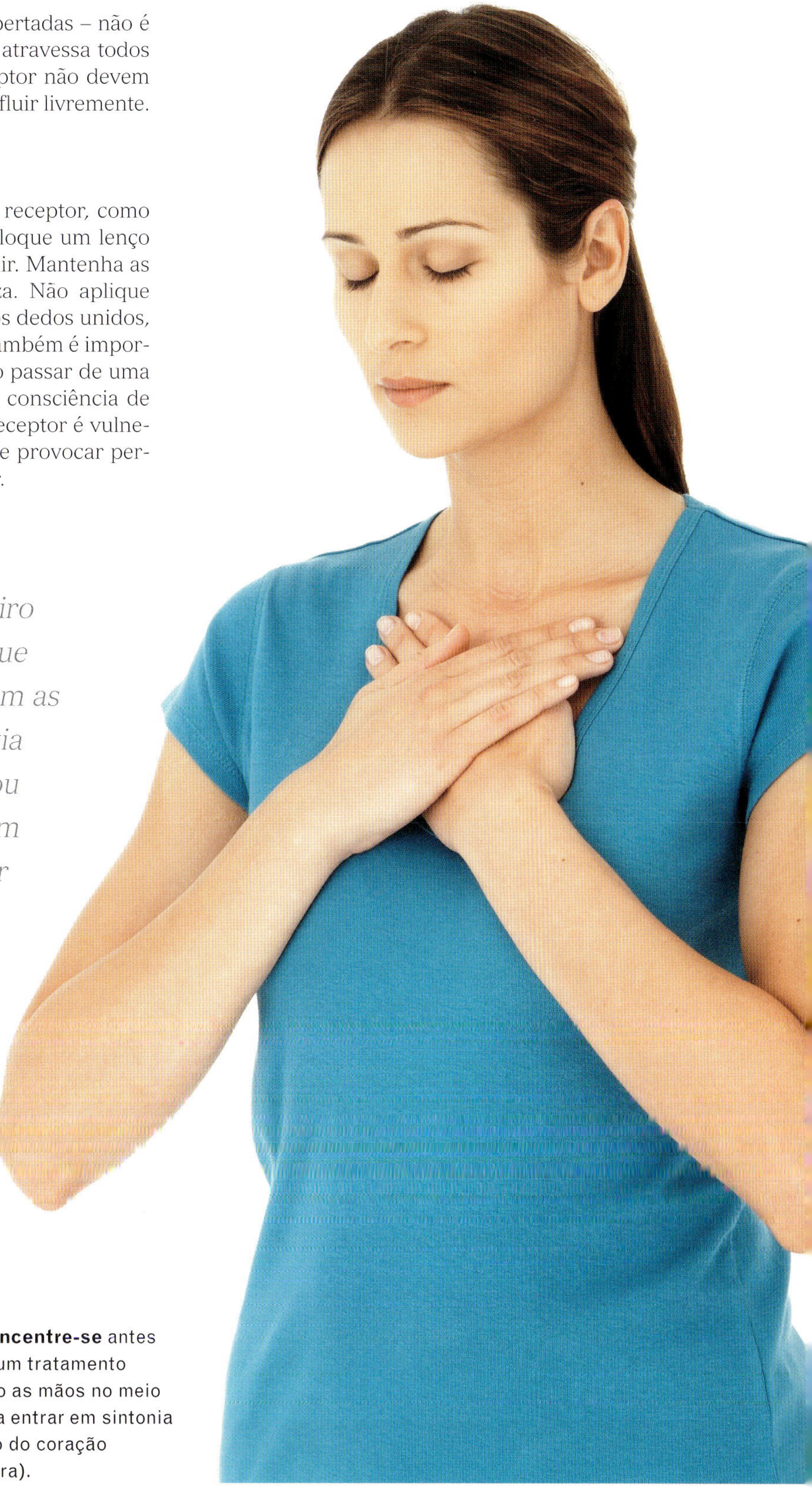

Relaxe e concentre-se antes de começar um tratamento posicionando as mãos no meio do peito para entrar em sintonia com o centro do coração (quarto chakra).

Tratamento completo de Reiki

Para um tratamento completo de Reiki reserve em torno de uma hora, dependendo do problema do receptor. Assim que as suas mãos entram em contato com o corpo do receptor, elas sentem a energia da área tocada e "sabem" quanto tempo vão precisar ficar nesse ponto (ver pp. 134-40 para as posições das mãos).

Peça informações

Ao tratar alguém pela primeira vez, é bom saber a respeito de possíveis distúrbios ou cirurgias para compreender por que o receptor está procurando o Reiki ou qual é o seu objetivo. Trocar informações é proveitoso para vocês dois. Faça perguntas gerais, como por exemplo: "Há alguma coisa que você gostaria que eu soubesse antes de começar?" Depois ouça e esteja aberto para o que o receptor disser, sem querer interpretar ou julgar. Pergunte apenas para ter maior clareza, não para resolver um problema. Mencione possíveis reações de autocura – um bom sinal, pois indica que a cura está ocorrendo (ver p. 64).

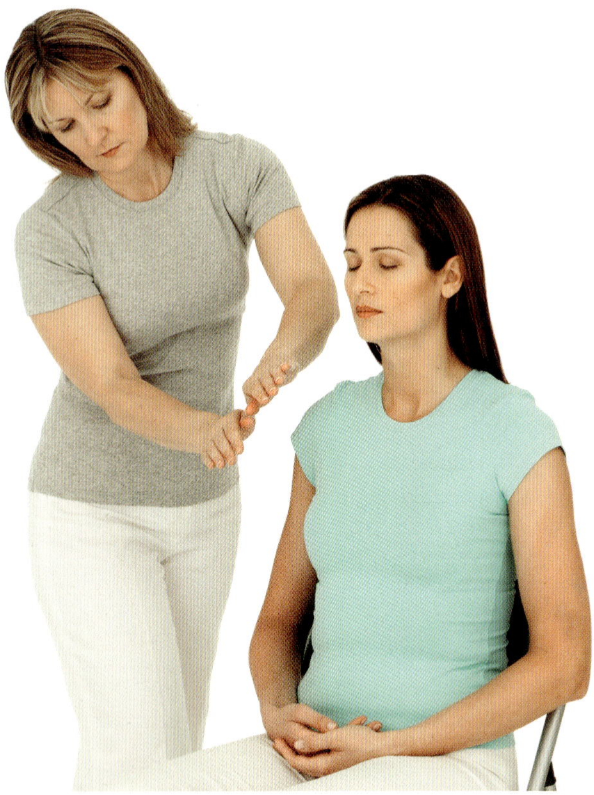

O alisamento da aura do receptor exerce um efeito calmante e prepara-o para o tratamento. No final, ele ajuda a suavizar ou a expelir energias em excesso ou negativas.

Alisamento da aura

No início e no fim do tratamento, faça três vezes o alisamento da aura do receptor, desde o topo da cabeça até os pés e um pouco além. Toda energia desordenada na aura fica livre e o receptor se sentirá mais calmo. Depois do tratamento, segure os pés pelos tornozelos por um momento para dar base ao receptor. Durante o tratamento o Reiki terá ativado e liberado energia do corpo físico para a aura, e essa energia ainda pode estar presente. Depois do tratamento, o alisamento da aura estabiliza as energias e remove a energia negativa. O último movimento é para cima – dos pés até o topo da cabeça – e ajuda o receptor a sair do estado profundo de relaxamento causado pelo tratamento com mais facilidade.

Relaxamento orientado no início

No início do tratamento, oriente o receptor a fazer um breve relaxamento tendo a respiração como ponto de referência. Diga-lhe para imaginar, em cada expiração, o corpo mergulhando cada vez mais profundamente sob a superfície onde ele se encontra e expelir mentalmente tudo o que ele não precisa nesse momento (pensamentos, preocupações, emoções, tensão física).

Mantenha silêncio

É importante realizar o tratamento de Reiki em silêncio. Ao dar ou receber Reiki, entramos num estado de consciência profundo. Estamos abertos e ligados com a nossa intuição e podemos receber alguma inspiração. Algumas pessoas vêem cores vívidas ou luzes brilhantes, têm imagens e lembranças (inclusive de vidas passadas) e entram em contato com emoções ou sentem um equilíbrio espontâneo no corpo. A conversa distrai e leva o receptor a perder a experiência desse nível de consciência mais profundo (embora a energia do Reiki continue fazendo efeito).

Meditação Gassho

Usui praticava essa meditação com os alunos antes do tratamento para intensificar o fluxo da energia Reiki. A palavra japonesa Gassho significa "duas mãos postas". Ela pode ser feita como preparação para o tratamento e como exercício de concentração. Seu ponto de referência são as mãos e o chakra do coração e o seu objetivo é levar o praticante a um estado meditativo, oferecendo à mente ativa uma estrutura e foco para acalmar-se. Você pode praticá-la todos os dias, pela manhã ou à noite, durante 10 a 20 minutos ou mais.

1 Sente-se com os olhos fechados e as costas retas (recoste-se na parede ou use uma almofada). Inspire e expire naturalmente, relaxando.

2 Junte as mãos e posicione-as confortavelmente sobre o peito. Inspire pelo nariz e expire pela boca, sentindo o ar que sai na ponta dos dedos, como uma brisa – se necessário, ajuste a altura das mãos para que isso seja possível.

3 Deixe a língua no céu da boca ao inspirar e no assoalho da boca ao expirar.

4 Ponha toda a sua atenção única e exclusivamente no ponto de contato dos dois dedos médios.

Depois do tratamento

Terminado o tratamento, deixe o receptor descansar de 5 a 10 minutos e em seguida ajude-o a voltar lentamente ao estado de consciência normal. Ofereça um copo de água para ajudar o corpo a liberar possíveis toxinas. Pergunte ao receptor como ele se sente e comente aspectos que você possa ter percebido durante o tratamento. Talvez alguma sensação em suas mãos, como calor, frio ou formigamento, ou uma mudança de energia (ver p. 65). É bom você mencionar o que sentiu, mas não faça diagnósticos nem prescreva medicamentos.

Áreas com problemas

Durante um tratamento completo de Reiki você pode tratar especialmente áreas com problemas durante 10 a 20 minutos. Essas áreas podem apresentar diferentes sensações, como formigamento ou latejamento nas mãos; uma alteração da temperatura de quente para frio no corpo do receptor ou nas suas mãos também pode servir-lhe de guia. Aplique o Reiki nessa região até sentir que a temperatura e o fluxo de energia se normalizaram. Doenças crônicas exigem tratamento intensivo ao longo de um período de tempo prolongado. Com pessoas idosas ou doentes, comece com um tratamento de meia hora e aumente gradativamente. Para tratar bebês ou crianças, 10 a 20 minutos podem ser suficientes.

Seqüência de tratamentos

Ao tratar um receptor pela primeira vez, comece idealmente com três ou quatro tratamentos de Reiki consecutivos, aplicados diariamente. Assim o corpo tem tempo suficiente para se abrir num plano energético, podendo livrar-se de toxinas com mais facilidade. Com isso, desordens crônicas podem voltar a ser agudas. Essas são reações de autocura e fazem parte do processo de recuperação. Elas geralmente amenizam num período de 2 a 24 horas (ver p. 64). O número e freqüência de sessões adicionais podem ser determinados depois desses tratamentos iniciais.

Reações de cura e desintoxicação

A cura do Reiki começa com a limpeza das toxinas do corpo, a estimulação dos órgãos e do sistema nervoso, o tratamento de áreas inflamadas e contaminadas do corpo (infecções por bactérias e vírus), o afrouxamento e remoção de bloqueios no sistema energético e o fortalecimento da energia em geral disponível e do sistema imunológico.

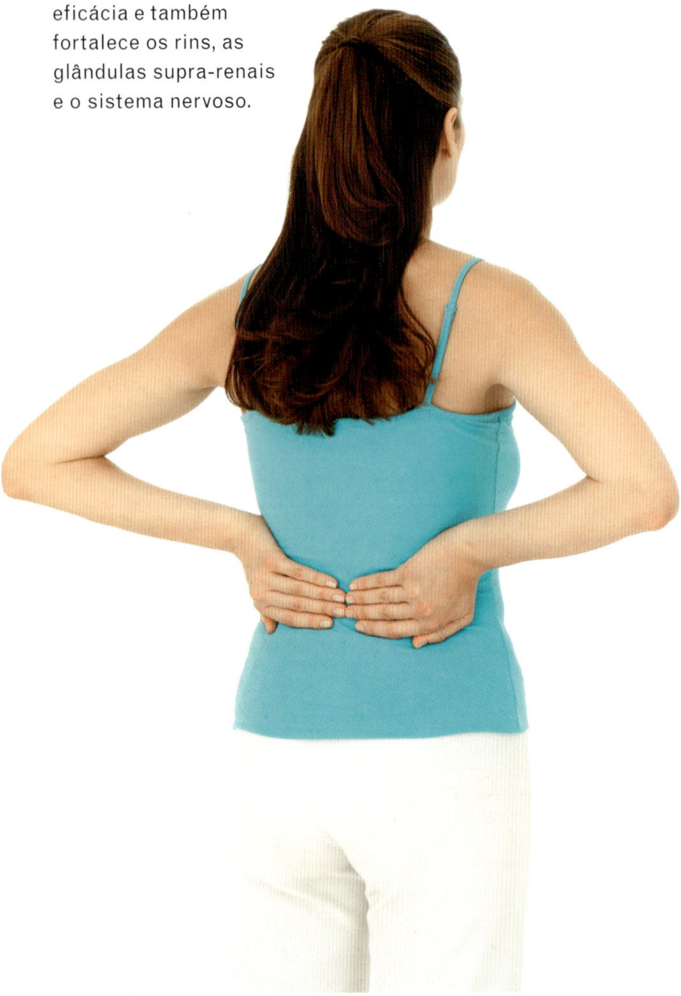

Esta posição dorsal – Posição Dorsal Três – desintoxica com muita eficácia e também fortalece os rins, as glândulas supra-renais e o sistema nervoso.

Reações

Cada tratamento opera em diferentes níveis e produz uma limpeza profunda na mente, no corpo, nas emoções e no espírito. Reações de autocura fazem parte do processo de cura e em geral desaparecem entre 2 e 24 horas. Elas são um bom sinal, indicando que a recuperação está em andamento e que a energia tóxica está sendo eliminada do corpo. É importante beber muita água ou líquidos (não café nem chá preto) para ajudar o processo de limpeza.

Primeiro tratamento

Quando alguém recebe Reiki pela primeira vez, é aconselhável aplicar o tratamento diariamente, em quatro dias consecutivos ou em períodos curtos (talvez duas sessões na mesma semana). O Reiki pode provocar reações de cura no nível físico e emocional. Em geral, depois das duas primeiras sessões, ocorre a desintoxicação do corpo físico. E depois da terceira ou quarta sessão, bloqueios emocionais e sentimentos podem ser liberados e reações emocionais podem emergir. É bom deixar que esses sentimentos venham à tona e sejam expressos. É importante continuar com Reiki e aplicar mais tratamentos uma ou duas vezes por semana, durante várias semanas.

Tempo de permanência na mesma posição

A energia tende a se movimentar em ondas, pulsando. Isso pode levar alguns minutos. Permaneça em cada posição das mãos até sentir que o corpo do receptor absorveu toda a energia que ele precisa. Em geral você percebe uma sensação nas mãos de que a situação voltou ao "normal" e a energia recuperou seu equilíbrio. Como praticante, você também pode sentir reações durante o tratamento. Você é um canal para a cura e está transmitindo a energia Reiki. Deixe que essas reações se manifestem, pois as energias podem assim ser transformadas.

LIBERAÇÃO DE BLOQUEIOS

Possíveis reações em regiões "bloqueadas" do corpo:

- Bocejo
- Tosse
- Soluço
- Espasmos
- Formigamento nas mãos
- Sede

REAÇÕES AO TRATAMENTO E PERCEPÇÕES

Possíveis reações ao tratamento para o receptor:

- Sensação de frio durante ou depois do tratamento, talvez mudando depois de dez minutos para uma sensação agradável de calor
- Urgência de ir ao banheiro (sinal positivo de relaxamento)
- Fome ou sede
- Doenças crônicas se tornam mais agudas
- Sensação de pressão na cabeça ou dor de cabeça
- Reações emocionais – normalmente depois do terceiro ou quarto tratamento
- Desintoxicação (mostrando uma alteração de consistência e cor das fezes ou da urina)
- Se houve quebra de algum osso, aumento da dor (mostrando que a recuperação está começando)

Possíveis percepções de cura para o praticante:

- Calor nas mãos
- Formigamento nas mãos
- Vibração e tremor no corpo
- Sensação de energia movimentando-se sob as mãos
- Sensação de energia sendo puxada (ou empurrada) para dentro
- Calor e talvez transpiração no corpo
- Frio na palma das mãos (em geral indicação de enfermidade crônica)

Como doador, você é o canal pelo qual a energia de cura é transmitida para o receptor, e assim você também pode sentir reações físicas ao tratamento.

O processo de sintonização

Como vimos, uma sintonização (também chamada de "transmissão de energia") é a forma como o Reiki é transmitido de Mestre a aluno. Isso acontece durante uma cerimônia sagrada que é parte essencial do treinamento do Reiki.

As quatro sintonizações

No Primeiro Grau, quatro sintonizações diferentes são realizadas (em dois dias), fazendo com que a energia Reiki se acumule lentamente. As iniciações ao Primeiro Grau afetam principalmente o corpo físico e o corpo de energia etérico. Com isso o receptor tem condições de absorver mais Energia Vital Universal e de deixá-la fluir por todo o corpo.

A primeira sintonização no Primeiro Grau estabelece, no nível físico, a ligação entre coração e a glândula timo. Ela também harmoniza o quarto chakra no nível etérico do corpo energético. A segunda sintonização influencia a glândula tireóide. No corpo etérico, ela favorece a abertura do quinto chakra, centro da comunicação. A terceira sintonização influencia a glândula pituitária e o hipotálamo, responsável pelo nosso estado de espírito e pela temperatura do corpo. No corpo etérico, ela afeta o sexto chakra.

A quarta sintonização tem relação com a glândula pineal e no nível etérico influencia o sétimo chakra. Esse chakra está ligado à Inteligência Superior (intuição) e abre a conexão com o mundo espiritual. Cada sintonização promove uma forma de limpeza, o que é normal porque o corpo e seu sistema energético precisam primeiro adaptar-se à vibração mais elevada do Reiki (ver Processo de Limpeza de 21 Dias, p. 76).

"Eu fiz autotratamento regularmente depois do curso e a minha mente ficou mais clara. Agora tenho mais facilidade de tomar decisões e posso ver meus objetivos claramente. Tenho uma agradável sensação de bem-estar. Quando não consigo tratar-me com Reiki, por falta de tempo, sinto que fica realmente faltando alguma coisa!"

Sabine

O aluno recebe quatro diferentes "transmissões de energia", acumulando gradualmente a energia de cura do Reiki. Essas sintonizações aumentam a freqüência vibratória dos quatro chakras superiores.

Os efeitos da sintonização

Receber o Primeiro Grau de Reiki é uma experiência espiritual muito intensa, mas cada iniciado a vive de um modo diferente. Não obstante, algumas percepções são comuns. Por exemplo, muitos alunos sentem um fluxo de energia mais forte no corpo, o que em geral se manifesta como um fluxo ondulatório agradável e uma sensação de calor em expansão. Outros vêem uma luz brilhante ou uma variedade de cores vívidas no sexto chakra (terceiro olho).

Depois da sintonização os alunos vivem um contato emocional e espiritual mais profundo consigo mesmos, e às vezes começam a chorar. Algumas pessoas têm percepções ou visões pessoais, com a abertura de um espaço de paz, silêncio e meditação. Para muitos, sentidos como o olfato, a audição, a visão e o tato ficam aguçados. Tudo o que você sentir (e até se sentir muito pouco) é normal e, independentemente do que sentir, o seu "canal de cura interior" é aberto e você é sintonizado com a energia Reiki. Depois de sintonizado, você não perde mais essa habilidade. Mesmo depois de uma interrupção de vários anos, você pode reutilizar imediatamente o poder do Reiki.

Experiência anterior

Se uma pessoa já trabalhou com energia (por exemplo, artes marciais, Qi Gong, Tai Chi) ou com outras formas de cura, ou se ela medita regularmente, os seus corpos de energia já podem estar harmonizados com vibrações energéticas mais elevadas. Essa pessoa é capaz de absorver mais energia Reiki e canalizar mais energia desde o começo.

O Reiki como novidade

As pessoas para quem o trabalho espiritual ou com energia é novidade serão capazes de canalizar o Reiki (depois da sintonização), mas no início as sensações e o fluxo de energia que sentem podem ser menores. Entretanto, depois de algumas semanas de prática (em geral de 6 a 8 semanas) elas sentirão o fluxo pleno da energia Reiki. No início do treinamento, é importante praticar com a maior freqüência possível. Quanto mais você usa a energia Reiki, melhor ela flui. Depois do treinamento no Primeiro Grau é recomendável que você aplique em si mesmo um tratamento de Reiki diariamente pelo menos durante três semanas.

As primeiras semanas depois da iniciação no Primeiro Grau são um período fundamental para a consolidação do seu treinamento de Reiki. O autotratamento deve ser praticado diariamente.

Como usar o Primeiro Grau

Em primeiro lugar e acima de tudo, use o Reiki em si mesmo, diariamente, e em seguida passe a ajudar os outros. Você encontra todas as posições de mãos do Reiki para autotratamento no Capítulo 6 (ver pp. 128-32). Quanto mais Reiki você se aplicar, mais a energia de cura terá condições de soltar os bloqueios e promover a cura e um relaxamento profundo em todos os níveis. Com o autotratamento você se habitua com a energia Reiki e com as reações da cura.

Começando a tratar os outros

Você saberá intuitivamente quando chegar a hora de começar a usar o Reiki com outras pessoas. Você encontra todas as posições de mãos para tratar outras pessoas no Capítulo 6 (ver pp. 133-46). É bom começar com os membros da família e com os amigos, pois o Reiki oferece uma excelente oportunidade para passar algum tempo juntos numa atmosfera segura. Dar Reiki ao seu parceiro ou parceira pode aprimorar a qualidade do seu relacionamento. Como o tratamento é aplicado em silêncio, vocês entram num outro nível de comunicação, sem usar a mente, o que pode aprofundar a maneira como vocês se relacionam. O mesmo se aplica ao seu relacionamento com os filhos ou com os pais: todos sentem o amor e o carinho que recebem através de você e do Reiki.

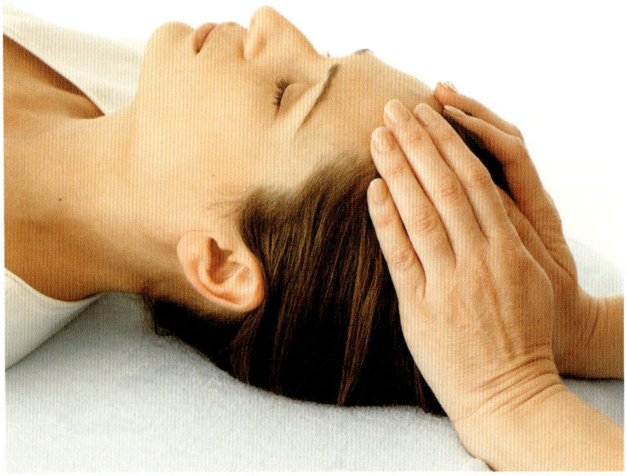

Você saberá instintivamente quando for a hora certa para tratar outras pessoas e começará com membros da família e amigos, o que fortalecerá os relacionamentos.

Tratamentos curtos e informais

Você pode aplicar Reiki como um tratamento curto de meia hora com o receptor sentado numa cadeira (ver pp. 147-51). Isso é bom se não houver tempo suficiente para um tratamento completo e você quer aliviar uma situação estressante, liberar tensões, abrandar uma dor de cabeça, recarregar ou renovar a energia e equilibrar as energias dos chakras. Aplicando Reiki aos amigos e colegas pode também melhorar o seu relacionamento com eles. O Reiki abre a porta para que tanto o doador como o receptor se harmonizem.

Tratamento em grupo

Você pode aplicar Reiki num grupo de três, quatro, seis ou até mais pessoas, partilhando assim a energia com outros canais de Reiki. Nesse caso, o tempo de tratamento é menor do que para um tratamento normal. O poder do Reiki flui mais intensamente e o efeito é mais duradouro. Num grupo de amigos reikianos, uma pessoa se deita e é tratada pelos outros em seqüência (ver pp. 152-55).

Autotratamento diário

Inclua em sua rotina uma auto-aplicação de Reiki numa hora específica do dia, por exemplo pela manhã: essa é uma maneira ideal de começar cada novo dia. Faça um autotratamento completo ou reserve de 20 a 30 minutos para tratar a cabeça e a parte anterior do corpo. Se não tiver todo esse tempo, pelo menos coloque as mãos durante dez minutos na parte do corpo que você sente que precisa de atenção. Procure tratar a parte posterior da cabeça ao despertar (ver p. oposta). Isso o ajudará a voltar suavemente à consciência de vigília normal, especialmente se você tem problemas de acordar e conseqüentemente de levantar.

Durante o dia, em momentos mais calmos, como ao fazer um telefonema, assistir à televisão ou esperando alguma coisa, posicione as mãos sobre alguma parte do corpo e aplique intencionalmente a energia Reiki. Se tiver dificuldade de adormecer, um tratamento à noite também é muito benéfico.

Autotratamento de Reiki pela manhã

Se você se sentir inquieto ou mal-humorado, um autotratamento de Reiki modificará imediatamente o seu estado de espírito, melhorando sua perspectiva com relação ao dia. O tratamento a seguir o despertará calmamente e o preparará para o novo dia. Mantenha cada posição das mãos indicada por 3 a 5 minutos ou pelo tempo que sentir que a energia Reiki está sendo absorvida e se mostrar benéfica para você.

Instruções

1 Posicione as mãos na parte posterior da cabeça, segurando-a como uma bola, os dedos apontando para cima, na Posição da Cabeça Quatro.

2 Coloque uma das mãos no topo da cabeça e a outra na garganta, sobre a glândula tireóide.

3 Trate o coração colocando as mãos nos lados direito e esquerdo da parte superior do peito, dedos tocando-se logo abaixo da clavícula, na Posição Frontal Um.

4 Descanse as mãos sobre a parte inferior da caixa torácica, acima da linha da cintura, dedos tocando-se no centro, conforme a Posição Frontal Dois.

Autotratamento de Reiki antes de dormir

Um autotratamento de Reiki exerce um efeito calmante sobre o corpo, a mente e a alma, além de harmonizar os chakras. Aplique este tratamento com eficácia também em momentos em que você precisa sentir-se calmo e em paz. Ele produz melhores resultados se você custa a pegar no sono ou não consegue voltar a dormir depois de acordar.

Mantenha as mãos em cada posição durante 3 a 5 minutos. Caso você dormir durante o tratamento, não se preocupe; você pode terminá-lo na manhã seguinte, se quiser. Aplique-se este tratamento em silêncio ou com uma música suave e relaxante.

Instruções

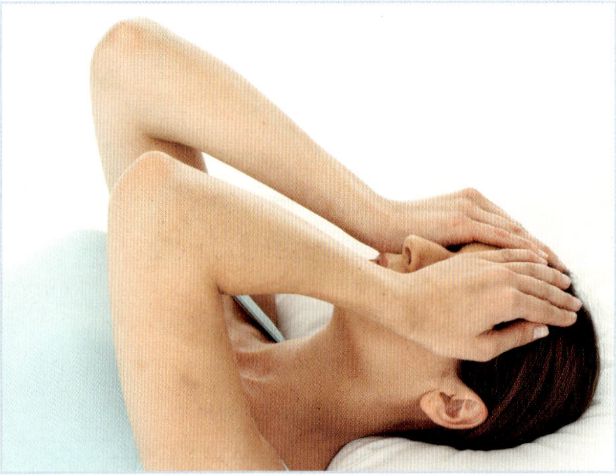

1 Coloque as mãos sobre os olhos, descansando as palmas nos ossos malares, na Posição da Cabeça Um. Essa posição põe você em contato com a sua intuição.

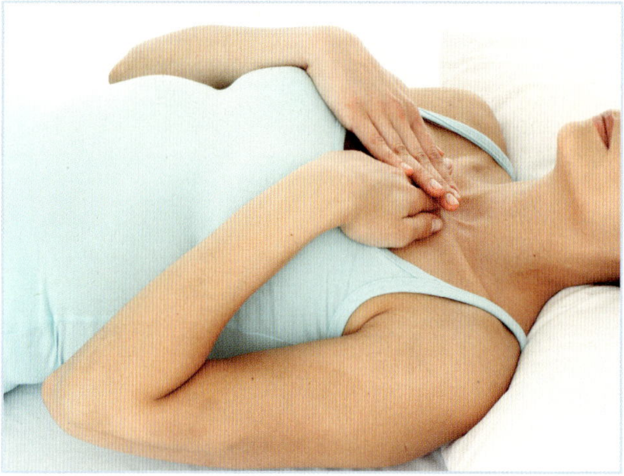

2 Posicione as mãos nos lados direito e esquerdo da parte superior do peito – a sede do chakra do coração. Essa posição fortalece o sistema imunológico e aumenta a capacidade de amar e de usufruir a vida.

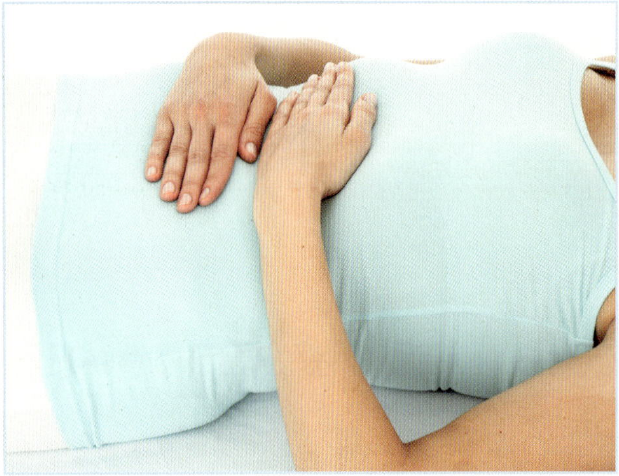

3 Coloque uma das mãos sobre o plexo solar e a outra logo abaixo da primeira, tocando o estômago. Relaxe profundamente nessa região e facilite o fluxo da energia de cura por todo o corpo.

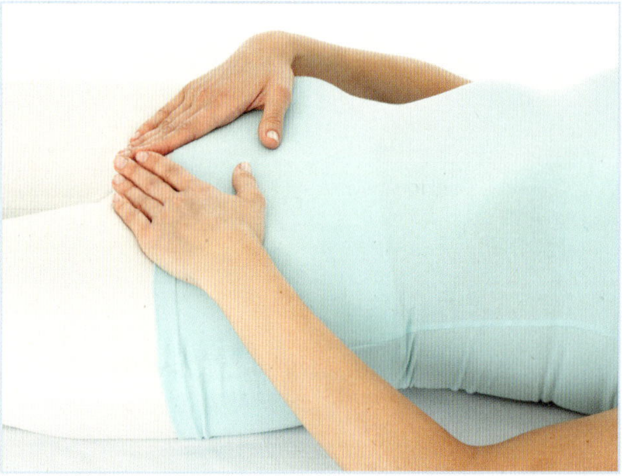

4 Posicione as mãos em forma de V sobre o baixo-ventre, a ponta dos dedos tocando-se sobre o osso pubiano, na Posição Frontal Quatro. Essa posição forma uma base sólida e o estimula a confiar mais na vida, induzindo mais rapidamente ao sono.

Processo de limpeza do Primeiro Grau

Após a cerimônia de iniciação no Primeiro Grau, o processo de limpeza e liberação geralmente precisa de três semanas, aproximadamente (ver também pp. 50 e 76). Isso acontece depois de cada grau de Reiki.

Freqüência vibratória mais elevada

As sintonizações de Reiki amplificam a freqüência vibratória do corpo físico e dos corpos energéticos sutis da aura. Isso pode acontecer subitamente em áreas específicas – física, emocional, mental e espiritualmente. Energias negativas podem manifestar-se e então precisam ser liberadas. Bloqueios energéticos e padrões enrijecidos vibram mais lentamente do que sentimentos positivos como o amor e a alegria. O processo de limpeza ocorre por meio dos chakras. Embora a abertura dos canais de Reiki seja feita entre o chakra do coração e o chakra da coroa, os chakras inferiores (primeiro, segundo e terceiro) estão igualmente envolvidos nesse processo de purificação, harmonizando e equilibrando. Em geral, cada chakra precisa de aproximadamente três dias para adaptar-se à freqüência vibratória mais alta. Para os sete chakras principais o processo todo desenvolve-se em torno de 21 dias.

Durante o processo de limpeza, é aconselhável restringir o uso de café e chá preto e ingerir muita água e chás de ervas.

Reações de limpeza do Primeiro Grau

Durante o processo de limpeza certas questões pessoais podem reaparecer, talvez através de sonhos, lembranças, pensamentos, pessoas ou circunstâncias; estranhos estados de ânimo "antigos" podem retornar à superfície; ou ainda, podem manifestar-se alterações emocionais e sintomas físicos, além da liberação de toxinas. O Reiki pode despertar sentimentos, pensamentos negativos e às vezes desequilíbrios físicos, especialmente se uma doença esteve em latência. Tudo o que foi retido e está pronto para ser encarado pode agora vir à tona. No nível físico, reações de cura passageiras podem incluir dores de cabeça, resfriado, suor abundante, talvez náusea, febre ou diarréia.

Aceitação das mudanças

Inicialmente, essas reações podem ser incômodas, especialmente se resistimos. A melhor estratégia é acolhê-las como uma "crise de cura". Aceitar cada experiência sem apegar-se a ela nem preocupar-se com ela; ela desaparecerá naturalmente, espontaneamente, em geral quando você deixar de prestar atenção a ela. Pode ser proveitoso escrever alguma coisa num diário. Talvez registrar sonhos, lembranças, intuições, sentimentos, mudanças interiores e experiências durante o autotratamento, além de tudo o que você pode perceber durante os 21 dias.

Para facilitar esse processo de limpeza, é muito importante aplicar-se um autotratamento diariamente, com o objetivo de fortalecer e refinar sua energia, favorecendo o seu desenvolvimento espiritual. Libere toda obsessão mental ou emocional e deixe-se invadir por um sentimento de gratidão. Como sempre, beba muita água e chás de ervas durante esse período (pelo menos de 2 a 3 litros) e procure reduzir, ou evitar totalmente, a ingestão de toxinas como álcool, cigarros e drogas estimulantes, e talvez beba menos chá e café.

Reiki para animais

Você pode ajudar o seu animal de estimação a se sentir melhor e fortalecer o seu sistema imunológico com o Reiki. A maioria dos animais parece gostar de Reiki e apresenta reações muito positivas. Eles sentem alguma coisa especial saindo das suas mãos, e assim se acalmam e relaxam.

Onde tratar

Em geral os animais lhe mostram, com a posição do corpo, onde você deve colocar as mãos. Por exemplo, o seu cachorro (ou gato) pode rolar sobre as costas para incentivá-lo a colocar as mãos sobre a barriga dele. Preste atenção a áreas que puxam mais energia, pois isso pode ser sinal de algum desequilíbrio. Caso você tenha peixes, coloque as mãos em torno do aquário ou sobre o reservatório. Para um pequeno animal ou pássaro engaiolados, simplesmente segure-o nas mãos ou coloque as mãos em torno da gaiola.

A posição dos órgãos nos mamíferos é muito semelhante à dos seres humanos. Trate os seus animaizinhos (cachorros e gatos) e animais domésticos (vacas, cavalos) atrás das orelhas. Os cavalos são muito receptivos ao Reiki, que em geral acalma-lhes os nervos. Você pode colocar uma das mãos no alto da cabeça e a outra debaixo do pescoço, passando assim uma sensação de conforto. Trate o peito, o estômago, as costas e os quadris para distúrbios como indisposições estomacais ou artrite. Trate pontos doloridos ou lesões específicas diretamente, concentrando-se na área. Trate sobre o gesso no caso de ossos quebrados. Algumas posições das mãos dependerão de onde você consegue chegar ou do ponto que o animal deixar tocar. Lembre-se: o Reiki sempre se dirige para a área que mais precisa dele.

Orientações práticas

Gatos e cachorros tendem a ficar deitados pelo tempo que precisam de Reiki. Eles dão a entender quando já receberam a quantidade suficiente, mudando de posição ou afastando-se. Um tratamento entre 10 e 30 minutos normalmente é o bastante. O Reiki também ajuda a acalmar o seu animalzinho enquanto você aguarda a consulta com o veterinário ou durante um exame.

Para animais que passaram por uma cirurgia, um tratamento de Reiki diário pode acelerar a recuperação. Antes de uma cirurgia ou de uma anestesia, o Reiki ajuda a acalmar o animal e também o ajuda a se recuperar bem mais rapidamente dos efeitos colaterais da anestesia após o procedimento.

Para os iniciados do Primeiro Grau, o seguinte método é uma forma alternativa a uma aplicação de Reiki a distância. Coloque-se a uma distância segura, posicione as mãos na direção que deseja que a energia de cura siga e envia Reiki intencionalmente. Você também pode enviar Reiki de sua aura para o campo de energia áurico do animal.

Em sua maioria, os animais geralmente gostam de ser tocados na cabeça. Coloque as mãos atrás das orelhas, debaixo do focinho e no meio da testa, acima dos olhos.

Reiki para plantas, alimentos e bebidas

Plantas, sementes e flores reagem muito bem à energia Reiki, a qual as mantém saudáveis, favorece um crescimento mais rápido ou as recupera de um problema específico. E como o Reiki nos ajuda a estar mais em contato com o que o nosso corpo realmente precisa, aplique-o também para enriquecer o alimento e a bebida.

Técnicas para tratar plantas

Plantas em vasos podem ser tratadas colocando as mãos em torno do vaso (por um minuto ou dois), do mesmo modo como se estivesse tratando uma pessoa. Ou ainda, posicione as mãos a uns 15 cm de distância da planta e envie-lhe energia de cura. Trate as folhas envolvendo-as com as mãos. Uma planta transplantada quase sempre tem seu desenvolvimento afetado. É recomendável tratar a planta antes de desenraizá-la e tratar as raízes antes de fixá-la no novo local. Aplique Reiki também à água das plantas, mantendo as mãos sobre o regador ou enquanto segura a mangueira.

Caso tenha um jardim, trate as sementes com Reiki antes de semeá-las. Envolva-as com as mãos (dentro ou fora do envelope) durante um ou dois minutos, carregando-as assim com a Energia Vital Universal. Depois de semeá-las, volte nos dias seguintes e coloque as mãos sobre as bandejas e a terra que cobre as sementes. Trate flores colhidas posicionando as mãos ao redor dos caules ou do vaso. Ajude ervas e vegetais a crescer mais fortes e mais rapidamente colocando as mãos em torno deles.

Enriquecimento de alimentos e bebidas

Você pode enriquecer, limpar e energizar alimentos e bebidas simplesmente posicionando as mãos sobre ou em torno do que você está para comer ou beber. Mantenha as mãos na posição por 30 a 60 segundos, enviando a energia Reiki intencionalmente. A aplicação de Reiki não somente aumenta o valor nutricional dos alimentos, mas também equilibra os efeitos colaterais negativos de aditivos, conservantes e outras substâncias químicas. Quando estiver comendo fora de casa, mantenha as mãos discretamente ao lado ou sobre o prato, xícara ou copo. Mantenha a posição por 15 a 30 segundos, com a atenção concentrada no Reiki que flui para o alimento ou a bebida.

Dê Reiki às raízes de plantas de vaso colocando as mãos em torno do vaso. Trate uma área lesada, como uma haste, por exemplo, envolvendo-a diretamente.

O Segundo Grau

O Segundo Grau amplia os seus conhecimentos de Reiki e as suas habilidades de cura e o fortalece em seu crescimento interior e desenvolvimento espiritual. Recomenda-se o Segundo Grau para todos os que querem intensificar o seu desenvolvimento pessoal e sentir as energias de cura do Reiki em níveis mais profundos. Você aprenderá os símbolos do Reiki, seu significado e aplicação na vida diária e em situações de cura específicas e será sintonizado com eles. Métodos de cura especiais, como o *Mental Healing* e o Tratamento a Distância, também são ensinados nesta etapa.

Preparação para o Segundo Grau

Dedique-se à prática durante 2 a 3 meses pelo menos entre as sintonizações do Primeiro e as do Segundo Graus. Tome o tempo que achar necessário para que o seu corpo se adapte e habitue às vibrações mais elevadas ativadas pelas sintonizações do Primeiro Grau.

Você pode receber o Segundo Grau meses ou até anos depois do Primeiro. É importante acumular muita experiência com o Reiki depois da primeira iniciação. Você também precisa processar o que aconteceu com o seu corpo tanto no plano físico como no energético. Autotratamentos regulares e o desejo de sentir a energia Reiki em níveis mais profundos são indicadores que mostram que você está preparado para a iniciação no Segundo Grau.

Por que receber o Segundo Grau?

Se você tem a intenção de trabalhar com o Reiki profissionalmente, recomenda-se que você receba o Segundo Grau. Com ele a sua energia se torna muito mais forte e você passa a ser um canal mais amplo por onde a energia de cura pode fluir. Além disso, vale a pena aprender as técnicas do Segundo Grau para tratar pessoas em níveis mais profundos no caso de problemas emocionais e mentais.

Como um Mestre-Professor julga a conveniência

O Mestre-Professor responsável pela iniciação no Segundo Grau precisa considerar o aluno suficientemente "confiável" para receber os símbolos do Reiki e o poder que eles conferem. Ele precisa avaliar se o aluno está "pronto" para esse novo passo e se está disposto a respeitar e honrar a tradição do Reiki e a natureza sagrada dos símbolos. O aluno precisa compreender o valor dos símbolos e a responsabilidade que implica usá-los para o maior bem de todos.

Como escolher um Mestre-Professor

Do ponto de vista do aluno, o Mestre-Professor deve ser uma pessoa com quem ele sinta afinidade e em quem possa confiar. Isso envolve intuição pessoal, mas além disso é preciso pesquisar que método de Reiki o Mestre-Professor segue e qual a sua linhagem, e ainda analisar o conteúdo específico para a iniciação no Segundo Grau. Depois da morte da sra. Takata, surgiram várias ramificações e diluições do Reiki Usui (ver p. 17). Isso produziu diferenças de interpretação e algumas incompreensões no ensino do Reiki. Os símbolos corretos e sua aplicação dinâmica são importantes para obter resultados eficazes com os métodos ensinados no Segundo Grau. O Reiki verdadeiro inclui a ampliação da consciência e o desenvolvimento espiritual como componentes da cura.

PROCESSO DE LIMPEZA DE 21 DIAS PARA O SEGUNDO GRAU

O processo de limpeza e purificação realiza-se após cada iniciação de Reiki e dura em torno de três semanas. A sintonização do Segundo Grau é muito intensa porque você recebe poder com os três símbolos do Reiki. Ela afeta o corpo físico e todos os centros de energia (chakras) do corpo energético. O primeiro chakra, de modo particular, recebe uma forte estimulação e ajuda a limpar problemas que você possa ter com relação à sobrevivência e à sexualidade. Essa sintonização também pode produzir uma reação de cura física, como uma febre noturna passageira ou um início de gripe, que logo se dissipa. Ela estimula o sexto chakra e aguça a intuição, promovendo o desenvolvimento espiritual.

Para facilitar esse processo de limpeza de 21 dias, um autotratamento diário é muito importante; ele fortalecerá e refinará as suas energias. Beba muita água ou chá de ervas (2 ou 3 litros por dia) e procure reduzir a ingestão de bebidas alcoólicas, o fumo e o uso de tranqüilizantes e de cafeína.

Preparação

Se o autotratamento ainda não está integrado à sua rotina, duas semanas antes do curso comece a aplicar-se um tratamento de Reiki diário para estar preparado.

O Mestre-Professor precisa avaliar se o aluno está preparado para prosseguir para o Segundo Grau. Quanto ao aluno, ele deve sentir que o Mestre-Professor é o "certo" para ele.

O que você aprende no Segundo Grau

O Segundo Grau introduz novos aspectos da investigação interior do eu e do desenvolvimento espiritual e apresenta diversos métodos. Ele geralmente acontece num final de semana, ou em dois dias, mas também pode ser ensinado em quatro noites consecutivas. Tradicionalmente, o Segundo Grau era ensinado em quatro sessões, cada uma com duração aproximada de três horas.

Sintonizações

Na primeira manhã você recebe a iniciação no Segundo Grau, que consiste numa única sintonização. Essa transmissão de energia mexe com muita coisa em todos os níveis (mental, físico, emocional e espiritual); ela é muito mais intensa do que as sintonizações do Primeiro Grau porque a freqüência vibratória é em torno de quatro vezes maior. A transmissão produz um fluxo maior de energia Reiki através de você e tem efeitos específicos sobre o corpo etérico (segundo corpo de energia) e sobre os chakras. A glândula pituitária (sexto chakra) é estimulada, aguçando significativamente a sua intuição e a sua habilidade de curar. A sintonização do Segundo Grau capacita-o a trabalhar com os três símbolos sagrados do Reiki (representações gráficas acompanhadas de um nome ou "mantra", ver p. oposta), que são os principais instrumentos para as técnicas do *Mental Healing* e do Tratamento a Distância.

A técnica do *Mental Healing* é usada para tratar problemas mentais e emocionais entranhados. O Tratamento a Distância é uma técnica de cura muito eficaz, aplicada quando o receptor está ausente. A energia é enviada em nível mental a qualquer ser – humano, animal, vegetal –, problema ou situação difícil que precisa ser tratada. Você recebe o ensinamento e o modo de aplicar os três símbolos e seus mantras (palavras sânscritas sagradas e sons que fazem vibrar energias sutis).

O treinamento no Segundo Grau aumenta a sua habilidade de cura, capacitando-o a trabalhar com os símbolos do Reiki ao aplicar a técnica do *Mental Healing.*

Os símbolos e mantras do Reiki

O método de Reiki Usui compreende quatro símbolos: três são ensinados na iniciação do Segundo Grau e o quarto na do Terceiro Grau. Esses símbolos são expressos como desenhos caligráficos e são sempre aplicados em conjunto com seus mantras correspondentes.

Origens

A origem desses símbolos está em antigas escrituras budistas, onde Usui os encontrou escritos em sânscrito (ver p. 14). O terceiro símbolo envolve o kanji (sistema de escrita japonês). Todos os símbolos – que podem ser desenhados com a mão ou visualizados em qualquer tamanho – têm forma tridimensional e transportam energia metafísica. Quando desenhados, eles vibram numa freqüência muito elevada.

Ativação dos símbolos

Os três primeiros símbolos do Reiki (do Poder, da Harmonia e da Distância) só são revelados e ensinados a alunos do Segundo Grau. O quarto símbolo (do Mestre) faz parte do Terceiro Grau (Grau de Mestre) (ver pp. 116-19). Cada símbolo é ativado pelo poder do processo de sintonização. A energia Reiki flui perfeitamente bem sem os símbolos (como no Primeiro Grau), mas a aplicação dos símbolos acrescenta poder à cura do Reiki e intensifica a sua energia. Dependendo dos símbolos usados, a energia é dirigida para diferentes propósitos curativos, como *Mental Healing* e Tratamento a Distância.

Confidencialidade

Os símbolos do Reiki são sagrados e transferidos pessoalmente de Mestre a discípulo. Sem receber oficialmente a sintonização e o poder com cada símbolo, o aluno não consegue ativar o Reiki e seu poder superior. Por tradição, os símbolos são secretos, pois são instrumentos poderosos. Eles encarnam e ativam forças divinas, por isso não devem ser transmitidos com leviandade ou imprudência. Alguns Mestres publicaram os símbolos em livros ou na Internet. Além da quebra de sigilo, constatou-se que essas fontes contêm erros. Neste livro, a tradição de confidencialidade do Reiki é respeitada e os símbolos não são revelados.

Ao aprender os símbolos no curso de iniciação ao Segundo Grau, você normalmente os desenha numa folha de papel, para praticar. Depois de assimilá-los bem, você os traça no ar à sua frente. A idéia aqui envolvida é que os símbolos são vibrantes e transcendentais, não simples traços imóveis num papel. Também é possível visualizá-los com o olho interior – terceiro olho (sexto chakra) – ou desenhá-los dentro da boca com a língua.

Função e aplicações dos símbolos

Os símbolos do Reiki são como chaves que abrem portas a níveis superiores de consciência, além do tempo e do espaço. Eles ampliam a consciência do aluno e desenvolvem sua intuição, sensibilidade e habilidade – por exemplo, de captar mensagens nos corpos energéticos sutis do receptor. Desse modo, problemas e desequilíbrios num nível físico, mental, emocional ou espiritual podem ser detectados muito mais rápida e facilmente. Com as ferramentas aprendidas no Segundo Grau, o Reiki pode operar em níveis mais profundos para descobrir a verdadeira causa da doença ou do desequilíbrio.

O Símbolo do Poder (também conhecido como Primeiro Símbolo) pode ser amplamente aplicado e facilmente integrado na vida diária, intensificando de modo substancial a energia de cura de um tratamento de Reiki normal. O Símbolo da Harmonia (também conhecido como Segundo Símbolo) favorece o tratamento de problemas emocionais e mentais profundos. E o Símbolo da Distância (também chamado de Terceiro Símbolo) envia a energia de cura em nível mental, além do espaço e do tempo, a uma pessoa que está longe. Podemos também aplicar o Tratamento à Distância para enviar cura e pensamentos positivos e amorosos para qualquer dificuldade na vida, para o passado (que pode agora ser curado) ou para uma situação futura (que pode ser energizada e influenciada positivamente).

Cada símbolo do Reiki tem seu mantra confidencial correspondente. Os Símbolos do Poder e da Harmonia têm um mantra de três sílabas e o Símbolo da Distância, um mantra de cinco sílabas. Repetimos cada mantra três vezes depois de traçar o símbolo ou de visualizá-lo em luz dourada.

O Símbolo do Poder e sua aplicação

O símbolo do Poder é o primeiro símbolo, que aumenta o poder do Reiki e traz energia ao momento presente. A tradução do mantra do símbolo significa "Toda a energia do universo: faça-se presente". Isso traz a energia do universo para a Terra.

Função

A principal função deste símbolo é aumentar a energia disponível. Podemos aplicar o Símbolo do Poder sozinho ou em conjunto com os Símbolos da Harmonia e da Distância com a finalidade de fortalecê-los. Nesse caso, ele geralmente é desenhado depois dos outros dois símbolos, para ativar o poder do Reiki e intensificar a vibração de cada um deles. Suas principais funções são fortalecer a energia de cura, purificando-a e protegendo-a. Sempre que é usado, este símbolo transmite a energia do Reiki. Por exemplo, podemos visualizá-lo diretamente sobre uma pessoa como uma espécie de bênção.

"Faça-se presente toda a energia do universo."

Aplicações do Símbolo do Poder

Você pode usar o Símbolo do Poder para concentrar-se – por exemplo, antes de dar um tratamento. Trace o símbolo no ar, à sua frente, visualizando-o em luz dourada e dizendo o mantra três vezes. Mantenha as mãos elevadas e retenha a energia por 1-2 minutos, sentindo o efeito que o símbolo tem sobre você.

Limpeza da sala de tratamento

Limpe a sua sala de tratamento com o Símbolo do Poder. Trace o símbolo no ar à sua frente, deixe que a energia Reiki se irradie das palmas para a sala e dirija as mãos para a área onde estão as energias negativas que você quer eliminar. Siga esse procedimento de limpeza em cada canto da sala, no teto e no assoalho. Repita cada vez o mantra sagrado três vezes. Além disso, visualize um raio de luz branca irradiando-se das palmas.

Mudança de energia

O Símbolo do Poder muda a energia de um lugar ou de algum elemento de modo positivo. Isso é especialmente importante quando você está longe de casa, talvez hospedando-se num hotel. Limpe a energia da cama traçando o símbolo sobre ela, visualizando-o em luz dourada e dizendo o mantra três vezes. Mantenha as mãos levantadas por 1 a 2 minutos. Se estiver trabalhando num lugar com muitas pessoas e diferentes energias, e quiser manter a energia positiva, visualize um grande Símbolo do Poder abrangendo desde o teto até o assoalho e girando. Mantenha a intenção do Reiki e visualize o símbolo deslocando-se em todas as direções, irradiando energia de luz sobre tudo. Ao limpar alguma coisa, como um cristal, uma pedra de cura ou alimento, por exemplo, mantenha as mãos em torno do objeto e sinta o Reiki fluir para ele. No caso do alimento, esse procedimento o energizará positivamente, facilitando sua digestão.

Proteção

Use o Símbolo do Poder para proteção pessoal. Se sentir energias negativas estando no meio de muita gente, não trace o símbolo em público; simplesmente visualize-o à sua frente, atrás de você, nos lados, acima e embaixo de você, como se você estivesse numa caixa. Para proteger outra pessoa, visualize o símbolo envolvendo a pessoa e projete a intenção de proteção e de bem-estar.

Este símbolo é muito proveitoso durante uma viagem. Num carro, trace ou visualize o Símbolo do Poder ao redor dele, na frente, atrás, nos lados, em cima e embaixo. Numa viagem longa, visualize um grande Símbolo do Poder ao iniciar a viagem e veja-o em espírito deslocando-se com você ao longo do percurso. Visualize-o num trem, ônibus ou avião até o seu desembarque. Ao longo do trajeto, trace-o sobre um mapa e transmita a intenção de ter uma viagem segura e agradável.

Você pode concentrar-se e purificar uma sala de toda energia negativa traçando o Símbolo do Poder à sua frente e mantendo as mãos levantadas para que a energia Reiki flua pelas palmas.

Tratamento de Reiki com o Símbolo do Poder

Você pode aplicar o Símbolo do Poder durante um tratamento de imposição das mãos para limpar as energias e intensificar a energia Reiki. A aplicação do símbolo aumenta o fluxo da energia por suas mãos ao colocá-las sobre o corpo do receptor.

No início

Ao iniciar o tratamento, trace o Símbolo do Poder sobre a parte superior do corpo do receptor antes de assumir uma posição das mãos. Durante o tratamento, desenhe o símbolo em cada nova posição antes de posicionar as mãos numa área específica. Esse procedimento eliminará energias negativas, soltará bloqueios e intensificará a força do Reiki. É benéfico desenhar o símbolo do Poder sobre o topo da cabeça (sétimo chakra) para que o Reiki flua para a aura do receptor, antes de começar com a primeira posição de mãos (cobrindo os olhos).

Autotratamento

No autotratamento (ao aplicar o símbolo sobre o próprio corpo) trace-o numa imagem espelhada. Ao aplicá-lo sobre a parte anterior do corpo, comece no lado direito do corpo, pois assim você seguramente continuará traçando na direção correta. É importante não inverter o símbolo para não afetar e alterar o objetivo que ele tem em si.

Ampliação da consciência

Outra função do Símbolo do Poder é ampliar a sua consciência. Isso é especialmente proveitoso ao combinar a sua aplicação com um ou mesmo os dois outros símbolos (ver p. 105). Colocamos o Símbolo do Poder entre duas ou mais pessoas para aguçar a consciência. O procedimento também é útil quando falamos com uma pessoa e queremos comunicar-nos de um nível mais elevado de consciência.

Aplique o Símbolo do Poder (Primeiro Símbolo) sobre o corpo do receptor no início de um tratamento de Reiki para concentrar a energia Reiki e enviá-la para todo o corpo.

O Símbolo da Harmonia e sua aplicação

O Símbolo da Harmonia é o Segundo Símbolo. Ele transmite qualidades de harmonia, paz e equilíbrio para o receptor. O Segundo Símbolo afeta especialmente o corpo etérico (primeiro corpo de energia) e os chakras a ele ligados. A tradução do mantra do símbolo significa "Homem e Deus são um só".

Aplicações mentais e emocionais

O Símbolo da Harmonia é particularmente apropriado para tratar problemas mentais e emocionais que tiveram origem na infância. Nós o usamos de modo especial para o *Mental Healing*, para restabelecer o equilíbrio psicológico e emocional e para propiciar paz e harmonia. Com o *Mental Healing* estabelecemos ligação entre as três camadas da mente: a mente consciente (significando "homem"), a mente inconsciente ou subconsciente (significando "inferior") e a mente supraconsciente, também conhecida como Eu Superior (significando "superior") (ver p. 85).

Aplicações físicas

Aplicamos o Símbolo da Harmonia também no corpo físico, por exemplo em áreas demasiadamente estimuladas. A vibração do símbolo é absorvida pelo corpo etérico e libera a energia bloqueada, equilibra e acalma os nervos. Isso é especialmente proveitoso para a região do plexo solar (terceiro chakra) e do peito (coração/quarto chakra), relaxando e acalmando toda energia emocional perturbada. Se houver um desequilíbrio sério no fluxo de energia, é bom aplicar o símbolo e o Reiki durante três dias seguidos, pelo menos. Use ainda o Símbolo da Harmonia para harmonizar a qualidade da energia numa sala. Por exemplo, depois de um evento social, você pode aplicá-lo para equilibrar e acalmar a energia que circula no espaço.

Usamos o Símbolo da Harmonia na técnica do *Mental Healing* (ver pp. 87-9), desenhando-o sobre a região posterior da cabeça do receptor para conectar as três camadas da mente (ver p. 85).

Harmonização dos chakras

Esta é uma maneira suave de equilibrar os chakras de uma pessoa ou os seus (numa sessão de autotratamento). Peça ao receptor que se deite confortavelmente de costas, com os olhos fechados. Permaneça em cada posição o tempo suficiente para sentir a mesma quantidade de energia em ambas as mãos, o que geralmente acontece em dois ou três minutos. Você pode ter sensações de formigamento ou latejamento.

Instruções

1 Coloque uma das mãos na região da nuca do receptor (essa área está ligada ao sexto chakra) e a outra sobre o osso pubiano (primeiro chakra).

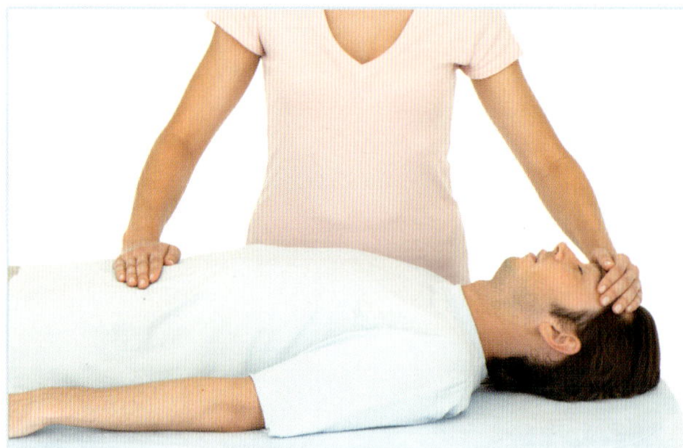

2 Coloque uma das mãos sobre a testa (sexto chakra) e a outra logo abaixo do umbigo (segundo chakra).

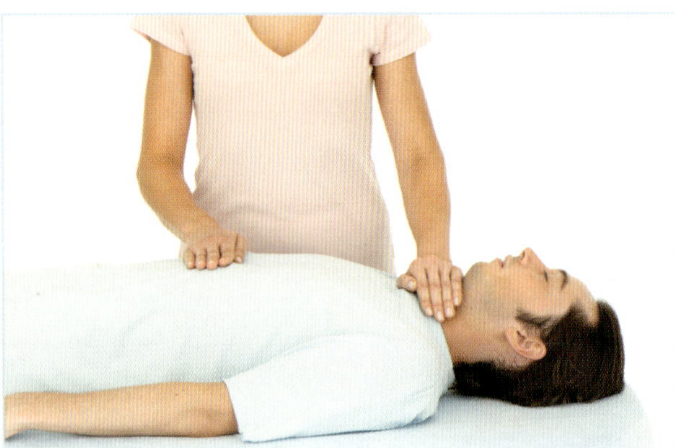

3 Posicione uma das mãos sobre a garganta (quinto chakra) e a outra sobre o plexo solar (terceiro chakra).

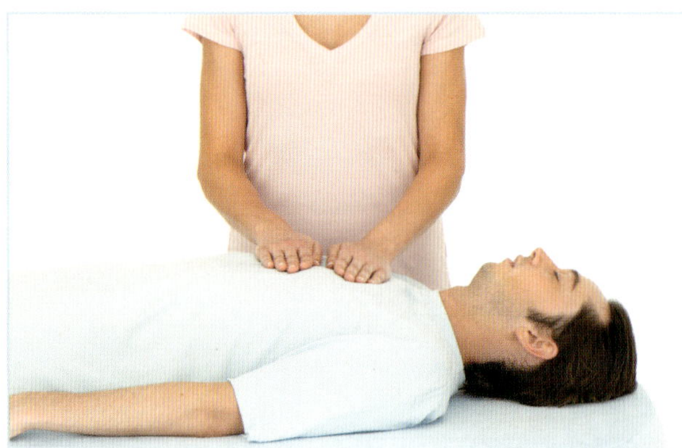

4 Por fim, descanse as duas mãos sobre o centro cardíaco, no meio do peito (quarto chakra), para que o Reiki flua para toda essa área.

As três camadas da mente humana

Pela hipnose e por outras técnicas e estudos metafísicos, sabemos que a mente humana é constituída de três camadas principais: a mente consciente, a mente subconsciente e a mente supraconsciente.

As mentes consciente e inconsciente

A camada da mente consciente (também chamada ego) representa a nossa identidade como as pessoas a vêem normalmente e também aquilo que nós próprios pensamos que somos. Essa camada é formada e influenciada pelos pais, pelos professores, pelas experiências espirituais e religiosas e pela sociedade. A mente consciente é constituída por nosso modo de pensar, falar e se comportar, e ainda por todas as nossas crenças, atitudes, preferências e rejeições – toda a nossa personalidade. À medida que crescemos, a mente consciente rapidamente aprende o que é certo e o que é errado. Ela reprime certas lembranças na camada inconsciente da mente, o subconsciente. Tudo o que consideramos "errado" precisa ser jogado no "porão" da mente inconsciente. Depois de reprimidas as coisas, aos poucos a mente inconsciente as esquece. Mas ela não consegue liberar diretamente nenhuma lembrança reprimida, como medos, emoções fortes (especialmente raiva), sistemas de crenças ou condicionamentos, porque elas estão "trancadas" e a única maneira de liberá-las é trazê-las de volta à mente consciente.

A mente supraconsciente

Indo um pouco além da mente consciente, chegaremos à camada supraconsciente, que também podemos chamar de Eu Superior, intuição, guia interior, alma ou espírito. O supraconsciente está sempre alerta e é repleto de luz. Ele sabe claramente qual é o nosso propósito da vida e o que é certo para nós. Ele está intimamente ligado à Consciência Divina e representa a parte nossa que conhece o que nos propicia inspirações profundas e intuição. O supraconsciente nos ama e zela por nós e por nosso bem maior.

O *Mental Healing* e as três camadas

No *Mental Healing*, as três camadas da mente estão interligadas. A mente supraconsciente pode livrar a mente consciente de seus condicionamentos e crenças e possibilitar que o inconsciente libere lembranças reprimidas através da mente consciente, dando-se conta do que se esconde sob emoções, crenças, medos e condicionamentos. O subconsciente trabalha com o supraconsciente. Juntos eles enviam mensagens e idéias – por exemplo, sobre a causa de uma doença ou de outros problemas – para a mente consciente do doador ou do receptor.

O Símbolo da Harmonia é usado para fazer contato com essas regiões ocultas da consciência e para abordar problemas emocionais profundos, voltando inclusive ao passado, ao longo dos anos, até a infância.

Na infância, se lhe dizem "você não é bom", "é tolo", "não serve para nada" ou "não merece ser amado", depois de algum tempo você passa a acreditar nisso e forma uma "sentença de crença" negativa em sua mente inconsciente. Na vida adulta, talvez você não se lembre dessa "sentença de crença", mas ela ainda o mantém sob sua influência.

No *Mental Healing* você pode relacionar-se conscientemente com os seus recursos internos naturais fazendo afirmações de cura. Essas afirmações descrevem um estado positivo que você deseja para si mesmo. Elas podem ser exatamente o oposto das suas crenças negativas, como "Eu sou bom", "Eu sou inteligente" ou "Eu mereço ser amado". Esses recursos interiores fortalecem o seu amor por si mesmo, o que por sua vez ajuda a resolver conflitos emocionais arraigados.

A seguinte afirmação, ou outras semelhantes, pode ser muito eficaz:

"Eu, [nome], me amo e me aceito, simplesmente porque sou como sou."

Essa sentença abre o seu coração, e a carga do conflito consigo mesmo e da rejeição de si mesmo pode desfazer-se de modo suave com a ajuda das lágrimas. A repetição dessa afirmação aproxima-o mais de você mesmo, levando-o a amar-se e aceitar-se novamente. Essa afirmação envolve as três áreas do seu ser: mente, corpo e espírito.

Mental Healing

O *Mental Healing* é uma oportunidade para tomar maior consciência dos nossos condicionamentos e programações do passado; ele também nos estimula a buscar mais clareza na vida.

Aplicações do *Mental Healing*

O *Mental Healing* pode ser aplicado para medos, emoções fortes, depressão, insônia, vícios como fumo ou drogas, hábitos como comer ou beber em excesso, traumas da infância e sistemas de crenças que normalmente levamos em nosso inconsciente. Distúrbios mentais e crenças negativas sobre nós mesmos – como "Não sou suficientemente bom", "Não consigo fazer isso", "Sou um imbecil" – impedem-nos de sentir-nos bem com relação a nós mesmos e de viver a vida em sua plena potencialidade. Aplicando o *Mental Healing*, promovemos a cura no corpo físico e prevenimos a manifestação de doenças. Quando você quer conhecer a causa de uma doença, pergunte qual a razão do seu surgimento e qual a experiência que ela lhe reserva. Talvez você descubra o que precisa fazer para recuperar-se.

Trazendo luz

Aplicar a técnica do *Mental Healing* é como trazer luz para uma questão ou problema. Por exemplo, você pode aplicá-lo para um problema mental ou emocional não resolvido ou padrão de vida. Peça às mentes subconsciente e supraconsciente que tragam maior clareza e compreensão à mente consciente e solicite que o programa, sistema de crenças ou experiência ocultos lhe sejam revelados. Além disso, fale diretamente com o subconsciente e procure descobrir se há alguma mensagem para a mente consciente, e o que um determinado receptor precisa fazer para amar-se, aceitar-se e curar-se. O subconsciente trabalha com o supraconsciente e proporciona intuição, idéias e clareza através de sonhos, imagens, visualizações e mensagens por palavras, sentimentos instintivos, lembranças e as assim chamadas coincidências.

A sessão de *Mental Healing*

Você precisa pedir permissão da pessoa antes de aplicar-lhe um *Mental Healing*. Nunca aplique a técnica sem antes consultar o receptor. Isso é importante porque você está em contato direto com as várias camadas da mente e com a inteligência divina: tudo se torna uma coisa só. Por isso, você precisa ser um canal puro, mantendo a sua mente o mais vazia possível.

Em geral, o *Mental Healing* é dado com o receptor sentado numa cadeira, com os dois pés bem assentados no chão e próximos um do outro. Primeiro, analise o conteúdo (por exemplo, se o receptor quer orientação do Eu Superior); esclareça bem a questão ou problema e por que a pessoa quer o tratamento. Formule uma "sentença de cura", pergunta ou afirmação (uma frase ou palavra descrevendo uma condição positiva que o receptor deseja) com o receptor, com a intenção de curar. Repita a frase em silêncio e envie-a em nível mental para o corpo do receptor. Assim, o subconsciente e o supraconsciente reconhecem o tema para a cura.

Em seguida, previna o receptor sobre a possibilidade de receber imagens, visões, sentimentos, pensamentos ocasionais, impressões ou respostas que talvez não façam sentido inicialmente. Ele deve apenas observá-los e deixar que tudo o que quer se manifestar se expresse. A mente consciente do receptor também pode receber mensagens e imagens, por isso é importante discuti-las no fim. Durante o tratamento, confie e alimente a intenção de que a energia Reiki seja canalizada com amor e luz para o bem de todos os envolvidos.

"Gostei muito da sintonização, da atmosfera e da prática direta que fizemos. O Mental Healing *trouxe muita clareza e apoio. Ele me ajudou a aceitar e integrar uma parte de mim antiga e reprimida. Eu me sinto enriquecido, mais completo e tenho vontade de compartilhar e dar."*

Frank

Instruções

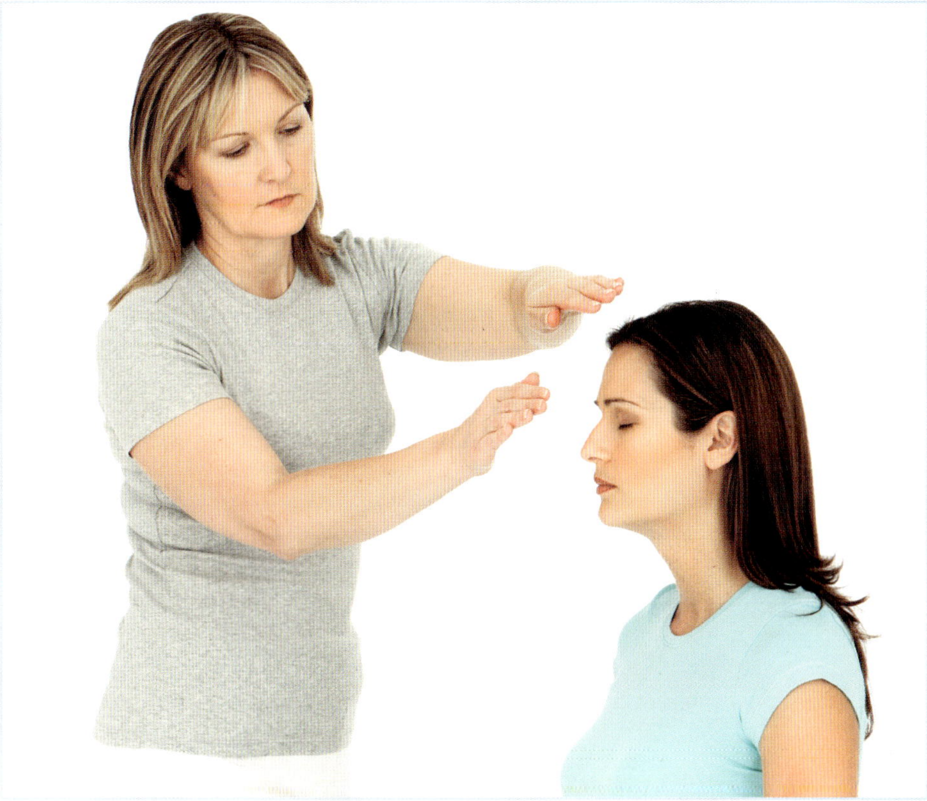

1 Alise a aura do receptor da cabeça aos pés.

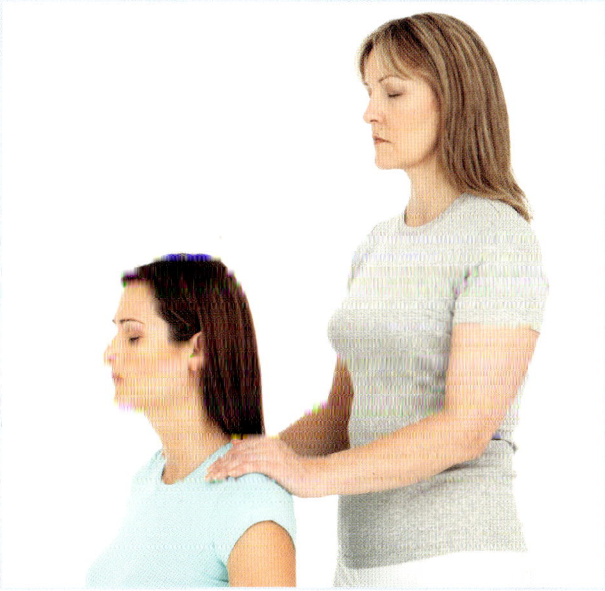

2 Desenhe um grande Símbolo do Poder sobre as costas do receptor para estimular a energia Reiki e você se concentrar. Em seguida, coloque as mãos sobre os ombros, por uns 30 segundos, para fazer um primeiro contato com o receptor.

3 Trace o Símbolo da Harmonia na parte posterior da cabeça do receptor e depois dele o Símbolo do Poder para intensificar o tratamento.

4 Ponha a mão dominante (em geral a direita) sobre o chakra da coroa e a outra (normalmente a esquerda) na região da nuca, cobrindo o ponto de junção da cabeça com o pescoço. Mantenha as mãos nessas posições durante todo o tratamento.

5 Ative os símbolos visualizando-os em luz dourada (primeiro o Símbolo da Harmonia, em seguida o Símbolo do Poder) e repita seus respectivos mantras três vezes. Essa ativação abre a passagem para as camadas subconsciente, consciente e supraconsciente do receptor e faz a ligação entre o doador e o receptor.

6 Repita os nomes do receptor três vezes em silêncio (todos os nomes, inclusive os espirituais e os apelidos da infância).

7 Encha-se de luz, amor e energia visualizando um raio de luz entrando pelo topo da cabeça (chakra da coroa), descendo pela garganta, peito, tronco e todo o corpo, até os pés. Faça isso durante a inspiração.

8 Ao expirar, encha o receptor com luz, amor e energia visualizando luz, amor e energia entrando antes pelo topo da sua (doador) cabeça, descendo para os braços e saindo pelas mãos, e na continuação entrando no corpo do receptor pelo topo da cabeça dele (chakra da coroa).

9 Estabeleça um ritmo respiratório: preencha-se de luz, amor e energia ao inspirar, e encha o receptor com luz, amor e energia ao expirar. Faça isso durante 2 a 4 minutos.

10 Você pode se deparar com áreas bloqueadas, tensas ou que se parecem a "cantos" escuros no corpo. Envie mais luz para essas áreas e observe onde elas estão.

11 Ponha toda a sua atenção no olho interior (terceiro olho ou sexto chakra) e mantenha a mente totalmente vazia. Se algum pensamento aparecer, ignore-o e desculpe-se com ele. Você também pode imaginar cada pensamento passando, como uma nuvem.

12 Formule a sua "sentença de cura", pergunta ou afirmação. Dirija-se ao subconsciente e ao supraconsciente do receptor diretamente.

13 Diga em silêncio: "Pedimos ao supraconsciente e ao subconsciente de ... [diga o nome do receptor] que o conscientizem da causa do seu problema ... [mencionar o problema] e lhe mostrem o que precisa fazer para amar, aceitar e curar a si mesmo totalmente." Repita essa afirmação três vezes.

EXEMPLOS DE SENTENÇAS DE CURA

Estes são exemplos de sentenças de cura para unir-se às mentes supraconsciente e subconsciente. Use-as como são ou altere-as de acordo com as necessidades do receptor:

"Estamos pedindo ao supraconsciente e ao subconsciente de ... [repita o nome do receptor]:

- Que o conscientize das razões do problema.
- Que lhe mostrem o que precisa para amar, aceitar e curar a si mesmo completamente.

Elabore enunciados na forma positiva, pois o subconsciente não sabe interpretar palavras e frases negativas, como "não" e "nem". Você pode também fazer perguntas, como: "Qual é a experiência e o sistema de crenças que se ocultam sob essa questão ou problema? Mostrem-me o próximo passo que preciso dar na vida."

14 Em seguida, diga em voz alta, "O canal está aberto", e espere. Mantenha a posição das mãos até sentir que o processo está concluído. Em geral, isso acontece entre 5 e 15 minutos.

15 No final do tratamento, envie luz, amor, energia e agradecimentos por receber a cura, e despeça-se mentalmente.

16 Termine o tratamento retirando as mãos e friccionando-as para desfazer a ligação. Alise a aura e movimente a mão ao longo do meridiano nas costas, descendo pela coluna, para renovar a energia.

Mental Healing durante um tratamento de Reiki

O *Mental Healing* também pode ser aplicado durante um tratamento completo de Reiki.

Instruções

1 Proceda como no início de um tratamento de Reiki normal, posicionando as mãos sobre os olhos do receptor, na Posição da Cabeça Um (ver p. 128).

2 Novamente como num tratamento normal, coloque as mãos nos lados da cabeça, acima das orelhas, como na Posição da Cabeça Dois (ver p. 129).

3 Posicione a mão direita sobre o sétimo chakra, com a ponta dos dedos apontando para trás, e a mão esquerda na região da nuca, cobrindo o ponto de junção da cabeça com o pescoço. Mantenha essas posições durante todo o tratamento.

4 Coloque a mão não dominante (em geral a esquerda) sob a nuca do receptor, com a palma tocando a base do crânio, e a outra mão (normalmente a direita) sobre o chakra da coroa ou sétimo chakra. Visualize os símbolos em luz dourada e repita seus respectivos mantras três vezes; repita também os nomes do receptor três vezes. Continue com os passos do *Mental Healing* já descritos (ver p. 89), do Passo 8 – também enviando luz e amor para todo o corpo do receptor – até o Passo 16. Todo o procedimento levará de 5 a 10 minutos.

5 Continue com o tratamento de Reiki normal, posicionando as mãos nos lados da cabeça, sobre as orelhas, na Posição da Cabeça Três (ver p. 129), ou na região posterior da cabeça, segurando-a como uma bola, na Posição da Cabeça Quatro (ver p. 129). Como alternativa, você pode passar a tratar diretamente a parte anterior do corpo.

Autotratamento com *Mental Healing*

O *Mental Healing* é um instrumento de cura de grande eficácia e você pode usá-lo diariamente em você mesmo para aprofundar a sua ligação com o subconsciente e o supraconsciente (Eu Superior).

Momento oportuno

Um bom momento para um autotratamento com *Mental Healing* é pela manhã, logo ao acordar (e ainda deitado), ou à noite antes de adormecer. Peça orientação ao seu Eu Superior para trazer a cura através do espírito. Dedique em torno de 10 a 15 minutos para todo o processo.

Você pode ainda aplicar esta técnica para encher-se de luz, amor e energia. Essa é uma boa maneira de concentrar-se e recolher-se no fim do dia. Ela lhe passa uma sensação agradável e mantém todas as células do corpo vibrando. Aplique-a durante 5 minutos.

"Faça-me conhecer a causa do meu problema e mostre-me o que preciso fazer para amar, aceitar e curar a mim mesmo totalmente."

Instruções

1 Deite-se ou sente-se confortavelmente e relaxe. Cubra os olhos com a palma das mãos e aplique-se Reiki por alguns momentos.

2 Trace os símbolos sobre a região posterior da cabeça (primeiro o Símbolo da Harmonia, em seguida o do Poder).

3 Posicione a mão direita sobre o sétimo chakra, com a ponta dos dedos apontando para trás, e a mão esquerda na região da nuca, cobrindo o ponto de junção da cabeça com o pescoço. Mantenha essas posições durante todo o tratamento.

4 Ative os símbolos e visualize-os em luz dourada, veja-os entrando no seu corpo pelo topo da cabeça. Repita seus mantras correspondentes e o seu próprio nome três vezes.

5 Visualize um raio de luz penetrando no seu corpo pelas mãos durante alguns minutos. Encha todo o corpo, da cabeça aos pés, com luz, amor e energia. Relaxe e aproveite a experiência, sentindo o efeito calmante do Símbolo da Harmonia.

6 Traga à mente a sua "sentença de cura" ou o seu desejo de orientação. Diga silenciosamente para si mesmo: "Faça-me conhecer a causa do meu problema... [mencione o problema] e mostre-me o que preciso fazer para amar aceitar e curar a mim mesmo totalmente."

7 Repita essa invocação três vezes e imagine a sentença entrando em seu corpo pelo topo da cabeça.

8 Diga em voz alta: "O canal está aberto e esperando para receber outras mensagens do Eu Superior."

9 Tome consciência das sensações em seu corpo ou de possíveis lembranças, imagens ou sentimentos que chegam da mente inconsciente.

10 Antes de terminar o tratamento, envie mais uma vez luz e amor para o seu corpo, desfaça lentamente a posição das mãos e friccione-as para interromper a ligação.

O Símbolo da Distância e sua aplicação

O Símbolo da Distância é o Terceiro. Este Símbolo faz ligação com tudo o que está distante. Ele inclui o kanji (sistema de escrita japonês) e consiste em 22 movimentos. Traduzido, significa "O Deus (Buda/Cristo) em mim dirige-se ao Deus (Buda/Cristo) em você, e nós somos um". Essencialmente, isto quer dizer que formamos uma conexão entre o nosso Eu Superior e o Eu Superior dos outros.

Função

A essência do símbolo consiste em enviar energia amorosa e curativa em nível mental a uma pessoa, animal ou vegetal, e em possibilitar ao praticante unir-se a qualquer coisa, em qualquer lugar, a qualquer momento. O Símbolo da Distância liga-nos com o sexto chakra, abre a intuição e fortalece a capacidade de "ver". A comunicação do doador para o receptor acontece nesse nível elevado de consciência, que está em contato com o Eu Superior tanto do doador como do receptor.

Aplicações do Símbolo da Distância

Esta técnica de cura a distância de grande eficácia, ajuda você a usar a energia em dimensões não físicas. Você aprende a enviar energia de cura a distância, além do tempo e do espaço. Esta é uma transmissão de luz que transfere energia de cura através de uma ponte de luz para um receptor distante. Ela funciona de modo semelhante às transmissões de sinal das ondas de rádio. O Símbolo da Distância faz a conexão e põe em "sintonia fina" tanto o emissor quanto o receptor para a cura.

Esta técnica é muito apropriada para transferir a energia do Reiki para um amigo ou membro da família que mora longe de você, ou no caso de você estar viajando e querer enviar energia de amor e cura para o seu animal de estimação em casa. Com o Tratamento a Distância você pode enviar a cura para o futuro ou para o passado. A técnica é muito proveitosa para tratar a si mesmo ou outras pessoas, especialmente no caso, por exemplo, de um receptor estar sendo operado ou de você querer que o tratamento seja recebido num certo tempo no futuro (depois da cirurgia). Também é possível enviar pensamentos de cura a qualquer ponto do passado – a uma fase difícil da infância ou a um acontecimento emocional e mentalmente perturbador do seu passado (ou do passado do receptor) (ver p. 105).

Outras aplicações do Tratamento a Distância

Com o Tratamento a Distância você pode enviar energia de cura, luz e pensamentos amorosos a problemas do momento, como catástrofes mundiais e zonas de guerra. Você pode inclusive enviar pensamentos de paz e cura para todo o planeta. E finalmente aplicá-lo para enviar relaxamento, amor e luz para uma pessoa moribunda, especialmente se você não pode estar presente, como forma de despedida.

Podemos servir-nos da fotografia de um amigo ou membro da família para dirigir a energia de cura para a pessoa, mesmo que ela esteja longe de nós.

Tratamento a Distância

Durante o Tratamento a Distância, o poder da cura é amplificado e a energia é muito mais forte do que durante um tratamento de Reiki normal, porque as forças mentais são muito vibrantes. Ao iniciar, sempre pergunte ao receptor, mentalmente, se ele quer receber um tratamento; aguarde alguns momentos para receber a resposta. Nunca envie energia contra a vontade de alguém. A melhor alternativa é esperar até receber um pedido para aplicar um Tratamento a Distância.

Preparação

Antes de enviar um Tratamento a Distância, combine os detalhes com o receptor. Ele deve colocar-se em estado de relaxamento, ficando sentado ou deitado. O resultado não será prejudicado se ele estiver fazendo alguma coisa, mas é menos provável que sinta as reações físicas, mentais ou emocionais. O Tratamento a Distância não deve ser enviado a uma pessoa que esteja sendo operada no momento, pois pode interferir nos efeitos da anestesia. Pode, porém, ser aplicado com segurança durante a etapa preparatória à cirurgia e também no período pós-operatório para facilitar a recuperação. Do mesmo modo, não envie Reiki no momento em que o receptor está dirigindo um carro ou operando alguma máquina. Às vezes o Reiki relaxa tanto as pessoas que pode reduzir suas reações físicas.

Técnica

A técnica do Tratamento a Distância adota uma forma de visualização em que as mãos permanecem na mesma posição e você visualiza a pessoa em condições de movimentar-se. Se você não conhece o receptor pessoalmente, consiga uma foto dele ou escreva o seu nome e endereço numa folha de papel. Durante o tratamento, você sentirá o ponto onde a energia é mais absorvida e que parte do corpo precisa de mais Reiki. Fique um pouco mais de tempo nessas áreas, durante o tratamento ou no final. O tempo total do tratamento varia de 20 a 30 minutos.

Instruções

1 Sente-se confortavelmente, relaxe e centre-se. Ponha suas mãos no chakra do coração e medite por alguns instantes.

2 Se quiser, dê um pouco de Reiki para os seus olhos, como na Posição da Cabeça Um (ver p. 128).

3 Convide o receptor a entrar e "sentar-se" à sua frente. "Veja" ou "sinta" a presença dele e pergunte se ele quer receber um tratamento. Aguarde uma resposta. Se necessário, use o Símbolo do Poder para trazer a pessoa até você. Se a resposta for "sim", prossiga (você provavelmente já terá combinado os detalhes para isso). Se receber um "não", aceite essa resposta e interrompa a seqüência.

4 Visualize o rosto do receptor ampliado, levante as mãos e desenhe o Símbolo da Distância, trace em seguida o Símbolo do Poder e acrescente mais energia.

5 Mantendo as mãos levantadas, visualize os símbolos em luz dourada, repita os seus mantras três vezes e repita o nome do receptor três vezes. Depois diga: "Estou lhe enviando esta energia de cura com amor. Você pode usá-la agora ou no momento apropriado."

6 Sente-se confortavelmente, verifique se o receptor está "realmente aí" e visualize a cabeça dele no tamanho normal. "Coloque" as mãos nos lados da cabeça e puxe-a para você. Mantenha as mãos nessa posição por 3 minutos e aplique Reiki.

7 Imagine a pessoa à sua frente, com o peito à altura das suas mãos. Trace um grande Símbolo do Poder sobre o peito dela e posicione nele as suas mãos durante 3 minutos.

8 Desenhe o Símbolo do Poder na região do abdômen e posicione ali suas mãos por 3 minutos.

9 Em seguida, peça à pessoa que se vire para que você possa tratar as costas. Desenhe o Símbolo do Poder na região superior das costas e ponha ali as suas mãos por 3 minutos.

10 Trace o Símbolo do Poder na região inferior das costas e coloque ali as suas mãos por 3 minutos.

11 No fim, peça à pessoa que se vire novamente, ficando de frente para você. Pergunte-lhe como ela se sente e se você pode fazer alguma coisa mais por ela. Espere uma resposta.

12 Agradeça à pessoa o fato de receber o tratamento e despeça-se. Esfregue as mãos para desfazer a ligação com os símbolos do Reiki.

Tratamento de feridas antigas

Você pode adotar esta forma de tratamento separadamente ou incluí-la no Tratamento a Distância normal. Ao aplicá-lo separadamente, comece com os Passos 1 a 5 do Tratamento a Distância (ver instruções nas pp. 96-7), e em seguida continue com as instruções dadas abaixo. Se o incluir num Tratamento a Distância regular, siga os Passos 1 a 10 do Tratamento a Distância (ver pp. 96-8) e em seguida continue com os passos descritos na seqüência.

Instruções

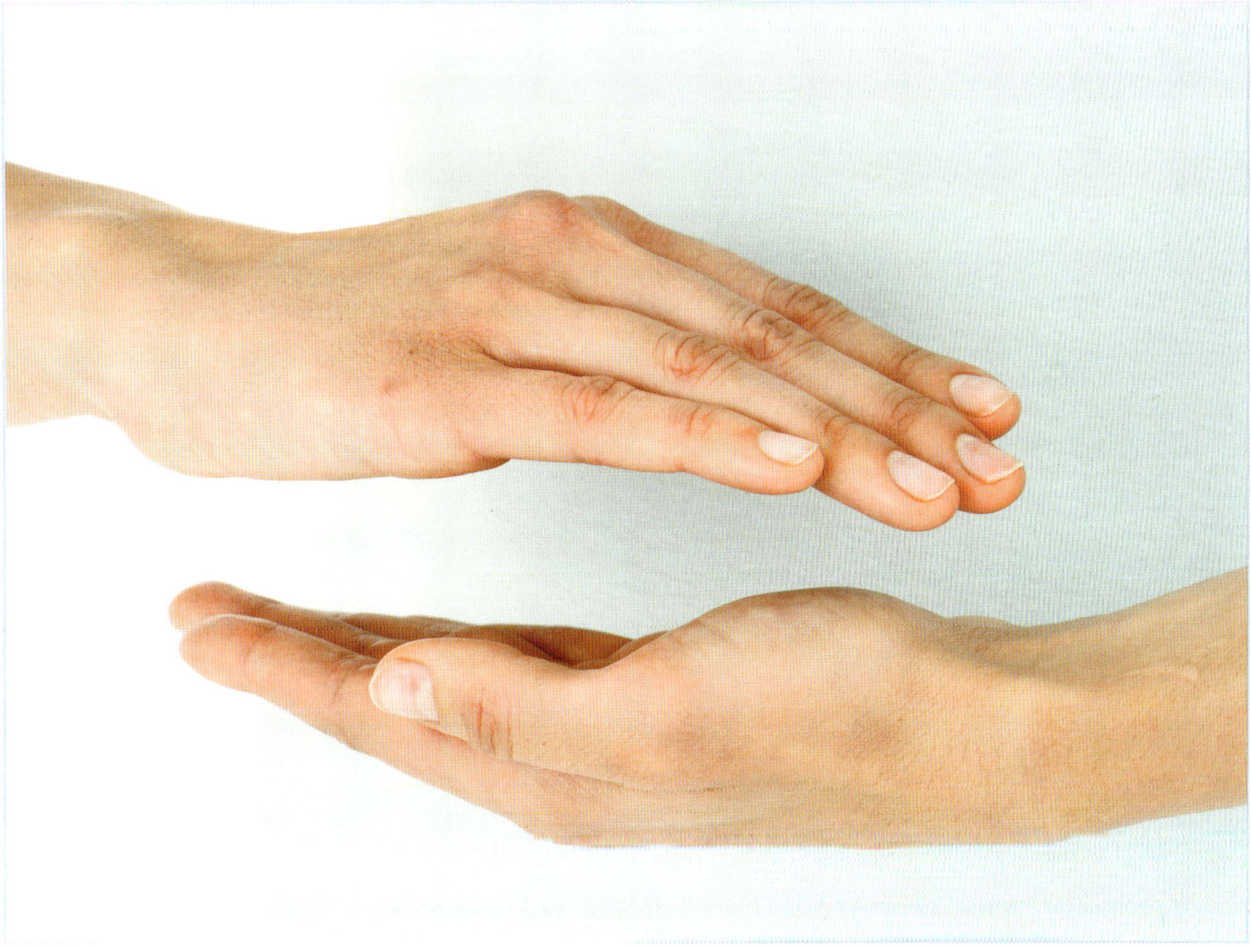

1 Visualize o receptor ficando bem pequeno, na posição fetal, entre a palma das suas mãos.

2 Trace o Símbolo da Harmonia sobre o corpo do receptor e em seguida o Símbolo do Poder, para aumentar a energia. Transmita mentalmente a intenção ou mensagem ao receptor para que ele "faça o que quiser". Isso lhe dá permissão para fazer o que o coração desejar, sem reter nada. Este pode ser um tratamento profundo das emoções, levando à cura de antigas feridas. Mantenha as mãos na posição até sentir que o processo está concluído, durante 5-10 minutos.

3 Peça ao receptor que se sente à sua frente; visualize-o em seu tamanho normal novamente. Pergunte como ele se sente e se você pode fazer alguma coisa mais por ele, e então espere.

4 Agradeça à pessoa a recepção do tratamento e despeça-se. No fim, esfregue as mãos para desfazer a conexão com os símbolos do Reiki.

Tratamento a Distância permanente

Esta é uma forma de aplicar um Tratamento a Distância a você mesmo ou a outra pessoa. Você pode tratar simultaneamente várias questões, pessoas, áreas com problemas ou situações de doença por meio da Caixa de Tratamento do Reiki.

Caixa de Tratamento

Consiga uma pequena caixa de madeira ou de papelão com tampa (não deve ser de metal). Use os três símbolos para enviar energia de cura amplificada (em todos os níveis) a uma pessoa ou situação persistente, como um tema não resolvido da infância ou qualquer outra situação problemática atual, relacionada com o trabalho, com um relacionamento ou com a saúde. Ao enviar energia para acontecimentos passados, como fases difíceis em sua vida, use uma fotografia da época para aplicar o tratamento. Se você não conhece o receptor, consiga uma fotografia dele e escreva o seu nome e endereço atrás da foto. (Se não conseguir uma fotografia, escreva o nome e o endereço da pessoa numa folha de papel.) Escreva cada tema do tratamento numa folha à parte e carregue-a com energia de cura aplicando os três símbolos do Reiki. Deposite na caixa quantas questões você quiser.

Instruções

1 Sente-se confortavelmente e coloque as mãos sobre o quarto chakra, trazendo a atenção para o coração e meditando durante alguns minutos como forma de preparação.

2 Pegue a questão (escrita numa folha de papel) ou a fotografia em suas mãos. "Desenhe" os três símbolos sobre cada questão ou fotografia: o Símbolo da Distância para ligar-se com a pessoa ou questão, o Símbolo da Harmonia para envolver todas as camadas e o Símbolo do Poder para fortalecer os dois símbolos anteriores.

3 Repita os mantras dos símbolos três vezes, visualizando-os na folha de papel ou na fotografia, e diga o nome do receptor ou o tema do tratamento também três vezes.

4 Em seguida, repita uma invocação, como esta: "Pedimos à energia vital universal, potencializada por esses símbolos ativos, que derrame sua luz, amor e energia sobre esta pessoa ou problema agora, e pelo tempo que for necessário, para o bem maior de todos os envolvidos. Agradecemos essas bênçãos."

5 Repita essa invocação três vezes e verifique se todos os símbolos continuam ativos. Se necessário, visualize-os novamente.

"Pedimos à energia vital universal, potencializada por esses símbolos ativos, que derrame sua luz, amor e energia sobre esta pessoa ou problema agora, e pelo tempo que for necessário, para o bem maior de todos os envolvidos."

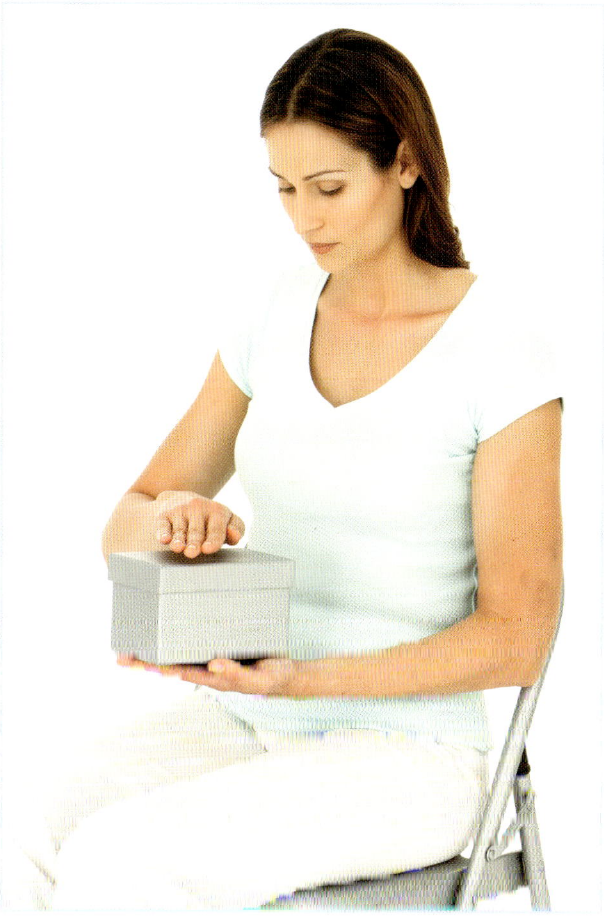

6 Trate cada tema e cada pessoa individualmente e deposite-os na caixinha. Siga todo o procedimento para cada questão. Depois de colocar todas as folhas de papel ou fotografias na caixinha, friccione as mãos para desfazer a ligação com os símbolos do Reiki.

7 Em seguida tome a Caixa de Tratamento em suas mãos e realize todo o procedimento mais uma vez, agora sobre a caixa toda. Friccione as mãos para desfazer a ligação. Depois, uma vez ao dia, durante sete dias, aplique um tratamento em toda a Caixa de Tratamento. Feito isso, avalie cada questão e renove aquelas que você quer continuar tratando. Se outra pessoa estiver envolvida, pergunte-lhe se ela quer continuar.

Tratamento a Distância em grupo

O Reiki em grupo cria um campo energético de grande intensidade. O grupo pode enviar um Tratamento a Distância para situações que vêm se prolongando ou diretamente para problemas de saúde. Este método também pode ser adotado para enviar energia de cura a uma situação futura que você está esperando, como uma entrevista para emprego ou a procura de uma nova residência.

Técnica

Primeiro, descreva ao grupo a situação a ser tratada, valendo-se apenas de idéias e imagens positivas que descrevem exatamente o resultado desejado. Visualize-se (ou visualize a pessoa a ser tratada) com a maior quantidade possível dessas qualidades positivas. Mesmo os mínimos detalhes podem ser importantes. Depois repita: "Para o bem maior de todos os envolvidos." Cabe a uma força superior determinar qual seja "o bem maior" nesse caso.

Instruções

1 Os integrantes do grupo sentam-se em círculo e colocam as mãos sobre os olhos fechados, transmitindo Reiki. Todos relaxam e entram em sintonia com o segundo chakra ou com o quarto chakra.

2 Uma pessoa apresenta ao grupo o tema que quer tratar. Todos os doadores visualizam a situação ou tema com o olho interior. Todos vêem a situação e as circunstâncias com todas as pessoas envolvidas, inclusive cada um deles. Quem apresenta dá à situação um nome ou título, como "Encontro com ... [nome do chefe, parceiro ou entrevistador e o próprio nome] no dia ... [data] em ... [lugar]".

3 Todos erguem as duas mãos e traçam o Símbolo da Distância sobre a visualização ou seu título. Desenham também o Símbolo da Harmonia para incluir todas as camadas (mentes supraconsciente e subconsciente) e o Símbolo do Poder sobre os dois anteriores para intensificar a energia do processo.

4 Cada participante repete os mantras dos três símbolos três vezes, continuando com as mãos levantadas e sentindo a energia de cura saindo das palmas e dirigindo-se para a imagem.

5 Cada um visualiza a situação toda em detalhes – por exemplo, todas as qualidades positivas que quer que estejam presentes para tratá-la (no caso de uma entrevista para emprego, como quer que o receptor esteja confiante, relaxado, apto a responder as perguntas, e seja inteligente, criativo, eficiente, etc.).

6 Depois dessa visualização, todos repetem: "Pelo bem maior de todos os envolvidos." No final, o grupo visualiza uma cor envolvendo toda a situação, como que vendo-a dentro de um balão rosa ou dourado. Deixa a imagem do balão passar e elevar-se aos céus. Soltando a imagem, liberamos a situação toda, esperando que a coisa certa aconteça, se é isso que deve acontecer.

7 O tratamento termina com o grupo agradecendo à energia Reiki essas bênçãos. Todos esfregam as mãos para desfazer a ligação com os símbolos do Reiki.

Como usar o Segundo Grau

Os recursos do Segundo Grau abrem várias possibilidades para tratar situações do passado, do presente e do futuro por meio do Tratamento a Distância. Além disso, você pode trabalhar com questões emocionais entranhadas por meio do *Mental Healing* e concentrar-se em qualquer circunstância difícil que precisa de atenção. Ou seja, você integra os dois métodos.

Mental Healing durante o Tratamento a Distância

É essencial que você tenha a permissão do receptor antes de aplicar um *Mental Healing* com o auxílio da técnica do Tratamento a Distância.

Instruções

1 Inicie o Tratamento a Distância usando os símbolos da Distância e do Poder. Execute as etapas 1 a 5 (ver pp. 96-7).

2 Visualize com o olho interior (sexto chakra) e peça para a pessoa se deitar. Trace os símbolos do Mental Healing (Harmonia e Poder) acima da cabeça (chakra da coroa). Visualize e siga as etapas 4 a 14 do Mental Healing (ver p. 89). Mantenha os olhos fechados o tempo todo.

3 Peça ao receptor que sente novamente. Visualize-o no tamanho normal e pergunte como ele se sente. Espere. Agradeça a ele a recepção do tratamento, despeça-se e friccione as mãos para desfazer a ligação.

Mental Healing a uma pessoa falecida

Aplique *Mental Healing* a uma pessoa falecida para despedir-se dela. Chame a pessoa com o Símbolo da Distância e em seguida coloque o Símbolo da Harmonia entre você e ela. Agora vocês estão em sintonia num nível superior e podem comunicar-se com o Eu Superior um do outro.

Mental Healing para questões emocionais profundas

Use o *Mental Healing* para trabalhar com emoções profundas, como medos, sistemas de crenças, hábitos (por exemplo, de comer em excesso), vícios (como alcoolismo), condicionamentos e problemas da infância. Trace os Símbolos do Poder e da Harmonia.

Tratamento a Distância para situações em curso

Aplique Tratamento a Distância a casas, cristais, negócios, situações em curso na vida (emprego, um problema de saúde, um relacionamento) comunicando-se por meio do Eu Superior com a pessoa envolvida, usando os três símbolos.

Tratamento a Distância para acontecimentos passados

Trabalhe sobre temas que estão no passado distante, como eventos traumáticos da infância, para curar antigas feridas. Tenha uma fotografia da época ou escreva o problema num papel e peça ao Reiki que desça até a causa mais profunda. Aplique os três símbolos sobre a fotografia. Deixe a energia Reiki fluir por 15 minutos, sentindo-a dirigir-se para a situação em foco e ficando aberto para receber possíveis revelações daquele tempo.

Tratamento a Distância para acontecimentos futuros

Envie Tratamento a Distância para acontecimentos futuros, como consultas ao dentista e cirurgias. Com o olho interior, visualize-se escrevendo uma mensagem com um título. Registre os detalhes exatos da hora e do lugar em que o tratamento deve ser recebido. Aplique os três símbolos.

Tratamento a Distância para um amigo moribundo

Envie Tratamento a Distância para um amigo ou parente agonizante com o objetivo de ajudá-lo a relaxar, a ter consciência da luz, e talvez para despedir-se. O tratamento funciona em todos os níveis – físico, emocional, mental e espiritual – e portanto pode curar antigas feridas e propiciar paz para todos. Aplique os três símbolos.

Tratamento a Distância para animais

Aplique a técnica do Tratamento a Distância e envie Reiki para um animal que está longe. Essa providência é útil quando o animal se mostra perigoso – por exemplo, com animais em zoológicos ou abrigos – ou quando não é possível tocá-lo. Use o Símbolo da Distância e em seguida aumente a intensidade com o Símbolo do Poder. Se quiser, desenhe os três símbolos.

ORIENTAÇÕES PARA APLICAR TRATAMENTO A DISTÂNCIA E *MENTAL HEALING*

- Se possível, combine com o receptor do Tratamento a Distância a hora para aplicá-lo.
- Se a hora da aplicação não foi combinada, peça ao receptor, logo no início, se ele quer receber o tratamento.
- Não aplique Reiki durante uma cirurgia, pois a energia pode interferir na eficácia da anestesia. Encontre uma forma de enviar Reiki depois de terminada a cirurgia.
- Se perceber que os seus pensamentos e julgamentos perturbam o tratamento, desculpe-se e peça ao receptor que os ignore. Procure manter a mente vazia, o máximo possível.
- Tenha cuidado com as assim chamadas "viagens de ajuda" – quando parece bom ajudar os outros – que podem tornar os seus motivos suspeitos. Em geral é melhor esperar ser solicitado a realizar um tratamento em vez de oferecê-lo.
- Aplique-se Tratamentos a Distância e *Mental Healing* e descubra as coisas por si mesmo a qualquer momento. Isso favorece o seu processo pessoal e a cura.

Tratamento a Distância para o jardim

Um Tratamento a Distância aplicado ao seu jardim pode ser muito eficaz em vários aspectos. Trate o que quiser diretamente ou visualize suas plantas e flores em boa condição, desenvolvendo-se viçosas. Use o Símbolo da Distância e em seguida reforce-o com o Símbolo do Poder.

> *"O treinamento no Segundo Grau foi para mim excelente e um grande passo à frente. O aprendizado do Tratamento a Distância e do* Mental Healing *me trouxe muita paz. Achei todo o final de semana muito enriquecedor e estou ansioso para usar o Reiki em minha atividade hospitalar."*
>
> *Ben*

Tratamento a Distância para o planeta

Somos responsáveis pelo que acontece na Terra e precisamos acordar para ajudar o nosso planeta a sobreviver. Há muitas maneiras para apoiar e evocar energias positivas para trazer consciência, inteligência, amor e cura às situações mundiais. O Reiki é uma dádiva poderosa que podemos usar com esse objetivo. Em tempos de inquietação generalizada, durante desastres e guerras, você pode enviar a energia Reiki para toda a Terra ou para regiões específicas. Isso pode incluir catástrofes naturais, conflitos entre grupos religiosos, países e povos.

Reiki em grupo

Como a energia Reiki é mais forte num grupo, reúna-se com amigos reikianos e enviem pensamentos de paz, amor e energia de cura para todo o planeta ou para regiões específicas que estão em dificuldade. Usem o método do Tratamento a Distância em Grupo (ver pp. 102-03) ou a Caixa de Tratamento do Reiki (ver pp. 100-01).

Instruções

1 Escreva o nome do lugar ou da situação e segure o papel na mão.

2 Trace o Símbolo da Distância, depois o Símbolo da Harmonia e por fim o Símbolo do Poder, repetindo seus respectivos mantras três vezes.

3 Mentalize a intenção de que o Reiki se dirija para a situação em foco "para o bem maior" de todos os envolvidos. Assim o Reiki inclui todos os aspectos da situação e o contexto inteiro, como as pessoas que vivem lá, seus governos, agências de assistência, facções em conflito e assim por diante.

MEDITAÇÃO PARA A CURA DO MUNDO

A meditação para a cura do mundo é realizada no último dia de cada mês e no dia 31 de dezembro anualmente, ao meio-dia (Hora de Greenwich). Esta meditação foi feita pela primeira vez no dia 31 de dezembro de 1986, com a participação de mais de 41 milhões de pessoas. Envie energia de cura em nível mental, com o método do Tratamento a Distância, para toda a Terra ou para regiões específicas em necessidade. Imagine-se segurando o globo terrestre entre as mãos e enviando Reiki para todo o planeta. Use o Símbolo da Distância para unir-se com a Terra e o Símbolo do Poder para intensificar essa energia.

Cura da Terra

Transmita Reiki para centros de poder e lugares sagrados. Caso esteja fisicamente presente nesses lugares antigos, visualize um enorme Símbolo do Poder sobre toda a área. Sente-se num lugar apropriado desse espaço ou coloque as mãos no edifício, estrutura ou objeto. Deixe que a energia Reiki flua em torno desse foco e daí se dirija para a terra. Outro modo de curar a terra é ficar sentado ou de pé (dentro ou fora de casa) e traçar um grande Símbolo do Poder sobre a terra ou o chão. Dirija a energia Reiki para a terra com as palmas voltadas para baixo.

O Reiki pode ser enviado para toda a Terra para ajudar o nosso planeta a sobreviver. Reúna-se com um grupo de Reiki ou faça a meditação para a cura do mundo para enviar energia positiva de cura para as regiões do mundo que passam por dificuldades.

O Terceiro Grau

O Terceiro Grau expande o fluxo da energia Reiki e aprofunda a cura do aluno. Ele eleva a energia pessoal e a consciência a níveis muito mais altos. Direcionado para o desenvolvimento pessoal, ele interage com todos os aspectos da vida. Você precisa "viver" o Reiki, que se transforma num compromisso para toda a vida com a prática da cura e com a disciplina espiritual. Este grau, em que o aluno se torna Mestre-Professor habilitado de Reiki, é para aqueles que têm experiência suficiente e se sentem chamados a dar e receber cura.

Preparação para o Terceiro Grau

"Por que você quer ser Mestre-Professor de Reiki?" Essa é a pergunta que todo candidato ao Terceiro Grau precisa responder. É importante que você examine minuciosamente os seus motivos; essa análise ajuda-o a concluir se você está preparado para a próxima etapa. A maioria dos alunos sente o desejo de partilhar a dádiva do Reiki, um primeiro sinal de que parece oportuno receber o Terceiro Grau. O Reiki já se tornou parte da vida e é um privilégio querer passar adiante essa experiência. Se você ama o Reiki e tem consciência da responsabilidade do que significa ser um Mestre de Reiki, esse é o momento certo para ser iniciado nesse Grau.

O papel do Mestre

Como Mestre, você se compromete a assumir responsabilidade; você reconhece que você mesmo é "mestre" da sua vida. No processo de tornar-se Mestre de Reiki, você precisa investigar e questionar padrões de pensamento, atitudes e comportamentos antigos e talvez negativos, substituindo-os por outros mais positivos e promotores da vida. O Terceiro Grau exige que você dê um grande passo à frente na vida. A sintonização nesse grau dá início a um desenvolvimento profundo e lhe propicia a oportunidade para um crescimento pessoal substancial em todos os níveis: físico, mental, emocional e espiritual.

Consciência do Eu

Para ser um Mestre realmente, você precisa ter consciência do seu "Eu" verdadeiro e reconhecer "quem você é": um ser divino de amor e luz. Ser um Mestre verdadeiro significa viver num estado de luz, sabedoria e conhecimento. Você foi além da personalidade e das crenças negativas; as lutas do "ego" podem cessar. Você começa a apreciar a vida pelo que ela é e a amar e respeitar a si mesmo como você é, perfeito no seu modo de ser. O Reiki é uma grande dádiva e é o seu guia no caminho para a realização e a iluminação, para "voltar para casa", para conhecer a sua essência e "quem você realmente é".

Um meio para despertar

Ser Mestre-Professor de Reiki não significa apenas iniciar outras pessoas no Reiki e saber ensiná-lo. O Reiki é mais do que um método de cura – é uma disciplina espiritual e um recurso extraordinário que você pode usar para o seu próprio despertar. Você precisa mais do que conhecimento e experiência prática: precisa ter autoconsciência, compreensão, sabedoria, compaixão e amor pela vida e pelos outros; precisa de aptidão para amparar os alunos em sua própria jornada pessoal, espiritual, para a auto-realização. O papel do Mestre de Reiki é o de um professor respeitado ("Sensei" em japonês), alguém para quem o Reiki é um componente essencial da vida diária. Para cada Mestre, o Reiki é uma jornada muito pessoal, porque cada aspirante vem de um ponto de partida diferente, com uma história toda sua, que finalmente o trouxe para o Reiki. Ao ser sintonizado com o poder do Reiki, você recebe esse poder para sempre; e quando você se torna Mestre, o Reiki se torna toda a sua vida.

Fluxo de energia bloqueada

Um momento importante no processo de cura é quando tomamos consciência de que os nossos sentimentos estão separados da energia. No corpo essa separação produz um "bloqueio" de energia. Percebemos então que tivemos uma compreensão errônea da vida até esse momento e ficamos conhecendo as lições que precisamos aprender. Esse distúrbio no fluxo de energia tem relação com os nossos sentimentos de separação do Divino, ao qual precisamos religar-nos com a prática do Reiki.

Energia mais elevada

Como o sistema de cura do Reiki utiliza a transmissão de energia para aumentar a freqüência vibratória do nosso corpo físico e dos corpos energéticos, uma energia mais elevada nos permeia e passa por nós. Isso afeta não só a nós mesmos, mas também tudo o que está à nossa volta, e na verdade aumenta a freqüência vibratória da própria Terra.

O papel do Mestre-Professor de Reiki implica mais do que iniciar outras pessoas no método de cura – ele exige um nível elevado de maturidade espiritual e um compromisso irrestrito com a vida.

Preparando-se para ser Mestre

Assim que o aluno se inscreve para os estudos do Terceiro Grau, inicia-se o processo de formação do Mestre. Como preparação prática, todo aluno que alimenta esse objetivo deve aplicar-se Reiki diariamente, nem que seja por quinze minutos pela manhã ou à noite.

Níveis elevados de vibração

Durante as semanas que antecedem a iniciação, é fundamental elevar a freqüência vibratória dos seus corpos energéticos em todos os níveis. No decorrer das duas últimas semanas antes do evento, recomenda-se que você se aplique um autotratamento completo diariamente. Essa prática propicia ao seu sistema energético uma boa preparação para o poder que começará a passar por você. Esses tratamentos podem ser feitos como permuta com outros amigos ou praticantes reikianos, aumentando e purificando assim o fluxo de energia e desfazendo possíveis bloqueios.

Meditação diária

Também é muito benéfico meditar com mais freqüência, de preferência todos os dias. Apenas sente-se em silêncio e observe a respiração (ou pratique o seu método de meditação habitual) ou medite sobre os símbolos e princípios do Reiki. Reflita sobre os seus motivos para tornar-se Mestre de Reiki e sobre as responsabilidades e o compromisso que eles implicam.

Como preparação para o Grau de Mestre é recomendável aplicar-se um autotratamento de Reiki todos os dias e meditar com mais freqüência.

A preparação deve incluir também o relatório de um estudo de caso com um "cliente" amigo ou membro da família, detalhando a evolução do tratamento.

Outros estudos

Também observe a si mesmo e todas as experiências que você já tem. Talvez você resolva participar de um seminário de crescimento pessoal para tratar questões pessoais. Para aumentar a sua autoconfiança antes de se tornar professor de Reiki, quem sabe você possa obter alguma qualificação e habilitação didática ou fazer experiências com algumas formas de ensino (especialmente se tem pouco conhecimento nessa área). Materiais de leitura inspiradora, de modo particular abordando temas espirituais, conforme recomendação do seu Mestre de Reiki, podem ser de grande proveito. Leituras dessa natureza conduzem-no a um contato mais profundo com você mesmo e com o Reiki e o preparam para o Grau de Mestre num nível espiritual e energético.

Estudos de caso

É enriquecedor para cada aluno escrever relatórios (na forma de estudo de caso) sobre dois "clientes" de Reiki pelo menos, que podem ser amigos ou membros da família. Esses estudos representam entre quatro e seis tratamentos por cliente. Após cada tratamento, registre o que você observou e como o caso está evoluindo. Isso o ajudará a perceber possíveis mudanças produzidas pelo Reiki

"O [Reiki] é uma arte de vida e de cura. Toda arte requer disciplina – a disciplina da fé, do compromisso, do foco e do autocontrole."

Paulo Mitchell, Grão Mestre de Reiki, em palestra sobre "Disciplina e o Sistema Usui"

O processo de sintonização

Mestres de Reiki são seres humanos comuns que sabem que são mestres da sua própria vida. O Grau de Mestre leva a pessoa um passo adiante na vida, mas tornar-se Mestre não é algo que acontece automaticamente por meio da sintonização. Você precisa comprometer-se com o Reiki e aceitar o desafio do seu próprio desenvolvimento pessoal. Essa atitude produz mudanças em muitos aspectos da sua vida.

Uma única sintonização

Há uma única sintonização durante a iniciação ao Terceiro Grau. Ela é feita durante uma cerimônia sagrada e é parte essencial do treinamento de Mestre. Essa sintonização eleva a freqüência vibratória e ativa a energia do Símbolo do Mestre. Um dos aspectos mais importantes da preparação para o Grau de Mestre é o complexo processo para estimular e ativar a transmissão de energia ("sintonização" ou "iniciação") com todos os símbolos de Reiki correspondentes. Um Mestre plenamente iniciado ativa a vibração superior do Símbolo do Mestre e pode dirigir a força do símbolo para trabalhar com outras pessoas com o objetivo de abrir seus canais de energia do Reiki. A energia Reiki e os símbolos ativados são transmitidos para a mente, o corpo e o espírito do aluno. Depois, sempre que o aluno aplica os símbolos, a mesma energia recebida durante a sintonização é ativada e passa a fluir.

Processo de limpeza

Ser iniciado no Terceiro Grau é uma experiência espiritual de grande intensidade. Ela toca o aluno profundamente em todos os níveis: físico, mental, emocional e espiritual. O Símbolo do Mestre tem uma vibração muito forte e entra na consciência diretamente, trazendo luz para o receptor. A sintonização transforma o aluno num grande canal por onde a Energia Vital Universal flui. Cada aluno vive essa experiência de modo diferente (ver pp. 66-7). Cada sintonização ativa uma forma de limpeza, o que é normal porque o corpo e seu sistema energético precisam antes adaptar-se à freqüência mais elevada e à energia vibracional (ver Processo de Limpeza de 21 Dias, p. 76).

Vínculo energético

A iniciação de Mestre cria um vínculo energético entre o Mestre de Reiki e o Mestre que é iniciado, pois ambos fazem parte da linhagem direta que remonta às origens do Reiki. Todos os Mestres falam sobre isso durante o processo de iniciação ao Grau de Mestre.

Existe uma considerável variação na qualidade, estilo e conteúdo do Treinamento do Mestre-Professor entre os Mestres de Reiki atuais. No entanto, é comum o curso de Mestre ser dado num curto período de tempo, entre 1 a 10 dias, em geral ao longo de 1 a 6 meses, apesar de alguns Mestres de Reiki ministrarem o Terceiro Grau em apenas três dias.

Estrutura do curso

Nos inícios do Reiki no Ocidente (nos primeiros anos da década de 1990), os Mestres de Reiki (especialmente membros da Aliança de Reiki) eram ensinados por meio de um sistema de aprendizado em que o Mestre-aluno trabalhava com um Mestre-Professor experiente durante um ano. Nesse período, ele aprendia a organizar e a ministrar cursos de Primeiro e de Segundo Grau pela observação, às vezes ensinando algumas partes do programa para ganhar experiência e confiança. Com o tempo, quando o Mestre julgava que o aluno estava preparado, este recebia o Símbolo do Mestre, a sintonização de Mestre e aprendia todos os rituais de iniciação para as sintonizações do Primeiro e do Segundo Graus. O Ritual de sintonização do Terceiro Grau em geral só era ensinado vários anos depois, quando o novo Mestre de Reiki habilitado já havia adquirido muita experiência.

Recomenda-se que todo aluno organize uma estrutura de treinamento que ofereça bastante tempo e oportunidade para fazer experiências com o Reiki em todos os graus. O curso de Mestre deve ser programado tendo como objetivo dar oportunidade para treinar como Mestre, transmitindo ao mesmo tempo todos os conhecimentos e habilidades para tornar-se um Mestre de Reiki plenamente iniciado do sistema Usui.

Conteúdo do Grau

O treinamento para o Terceiro Grau de Reiki abrange a revisão dos ensinamentos do Primeiro e do Segundo Graus e a prática do ensino supervisionado. Isso significa que você revê todos os seus conhecimentos sobre as posições das mãos (ver p. 126) e sobre as práticas do *Mental Healing* e do Tratamento a Distância (ver pp. 86 e 96). Parte da prática de ensino consiste em transmitir um profundo conhecimento sobre os quatro símbolos do Reiki: suas qualidades, significados e aplicação (ver p. 79). Também é importante reexaminar a sua prática de Reiki e receber supervisão e avaliação com relação a casos específicos. Você e o seu Mestre realizam reuniões para esclarecer dúvidas relacionadas com a prática, com o processo de Mestria e com questões pessoais. Essas reuniões giram em torno dos aspectos mais importantes para você e também incluem permutas de tratamento entre você e o Mestre.

Em geral as últimas instruções são transmitidas no decorrer de três dias consecutivos. Você fica conhecendo o Símbolo do Mestre e aprende a aplicá-lo (ver p. 116). Todos os rituais de iniciação do Primeiro, Segundo e Terceiro Graus são ensinados. A sintonização de Mestre e a transmissão de poder com o Símbolo do Mestre são feitas na etapa final do treinamento.

Depois da iniciação como Mestre de Reiki

Ser iniciado como Mestre de Reiki é o início de uma longa jornada em direção à "Mestria". Nesse nível, o desenvolvimento espiritual é parte fundamental da sua vida. O Reiki o conduz ao despertar espiritual, um despertar que lhe dá maior amor, sabedoria e compreensão de você mesmo e dos outros. Como no Primeiro e no Segundo Graus, você passa por um processo de limpeza de 21 dias, mas os efeitos podem ser mais profundos, pois a sintonização de Mestre tem uma vibração mais elevada.

É interessante não realizar nenhuma iniciação no decorrer de um mês ou dois depois de você receber o Grau de Mestre. Em vez disso, use o símbolo do Mestre (ver meditação com o Símbolo do Mestre, p. 119) e suas intensas energias para tratamento pessoal e desenvolvimento espiritual. Use os símbolos em seus autotratamentos e no tratamento de terceiros. Só comece a transmitir energia a outras pessoas quando sentir que chegou a hora certa. Confie em sua intuição nesse sentido. Para alguns Mestres, a intuição do momento oportuno ocorre vários anos após a obtenção do Grau de Mestre.

Ao receber a iniciação no Grau de Mestre de Reiki você dá um passo importante em sua jornada espiritual, o que acarreta mudanças em muitos aspectos da sua vida.

O Símbolo do Mestre

O Símbolo do Mestre é o Quarto Símbolo. Derivando do kanji, o sistema de ideogramas japonês, e constituído de 19 movimentos, ele descreve a natureza de Buda, a nossa verdadeira essência em que tomamos consciência de quem realmente somos. Nela alcançamos a iluminação ou "satori".

Significado

O mantra do símbolo significa "grande luz" ou "grande iluminação". O Símbolo do Mestre representa dimensões mais elevadas e mais puras de luz e cura e ajuda o Mestre a entrar em contato com a intuição e com uma compreensão mais profunda do seu verdadeiro ser. Este símbolo está relacionado ao sétimo chakra. Ele pode ser usado sozinho, em geral para meditação e purificação, e também em conjunto com os outros símbolos durante o processo de sintonização. Ele aumenta assim a eficácia desses símbolos e possibilita-lhes operar apenas com a mais pura intenção de que estão imbuídos. A aplicação do Símbolo do Mestre favorece o seu desenvolvimento espiritual. Assim o Reiki torna-se um veículo no caminho para a perfeição pessoal.

Objetivo do Símbolo do Mestre

A principal função do símbolo é elevar o seu nível de consciência e levá-lo a abrir-se como canal puro. Ele desperta uma grande força e cria uma vibração que lhe permite abrir o canal de outras pessoas e abrir a si mesmo para energias mais elevadas. Com a aplicação deste símbolo, você estabelece uma ligação direta com a luz, com a fonte interior. Você se liga automaticamente com o Eu Superior e com a parte desperta do seu ser, que é plena de sabedoria. O símbolo é propício também para a meditação e refina as suas energias para o seu próprio despertar. A meditação regular com o símbolo leva-o a tornar-se um canal mais amplo e puro para o fluxo do Reiki e o acesso à cura.

A IMPORTÂNCIA DA MATURIDADE

Antes de falecer, Hawayo Takata autorizou sua neta Phyllis Lei Furumoto a iniciar alunos no Grau de Mestre. Em 1988, a Grã-Mestra Furumoto autorizou todos os Mestres de Reiki que se sentissem maduros através da prática pessoal do Reiki a sintonizar outras pessoas no Grau de Mestre. Os Mestres do Sistema Usui tradicional recomendam que se espere no mínimo cinco anos, depois do Segundo Grau, para que um interessado receba o treinamento de Mestre de Reiki. Em conseqüência do abrandamento dessa norma, porém, existem hoje muitos Mestres que deixaram de receber o Reiki apropriado porque foram iniciados por Mestres novatos na disciplina. Com isso criou-se uma situação que mostra a existência de Mestres de 20ª geração (na linhagem do Reiki) em apenas cinco anos. Eles perderam a oportunidade de receber ensinamentos simples e de amadurecer, um processo que requer tempo, experiência e paciência.

É importante que todo Mestre de Reiki recém-iniciado acumule muita experiência com os conteúdos do Primeiro e do Segundo Graus antes de iniciar um aluno no Grau de Mestre. Como Mestre, você precisa estar energeticamente preparado e ter desenvolvido muita prática de ensino antes de assumir a responsabilidade de orientar um Mestre-aluno. É recomendável ter um mínimo de três anos de prática como Mestre de Reiki ativo antes de iniciar outros Mestres.

Lembre-se de que Hawayo Takata praticou durante 35 anos antes de iniciar sua primeira Mestra. O seu ensinamento era simples, e a clareza e disciplina de sua prática conferiam força e vigor a essa simplicidade. Seu conhecimento tornou-se "saber", um saber que derivava do seu Professor de Reiki e que foi confirmado por muitos anos de prática. Esta é a disciplina e o sentido de realmente "conhecer" essa arte de cura, proveniente de muitos anos de confiança e experiência.

A meditação com o Símbolo do Mestre leva-o a entrar em contato com o Eu Superior – a parte sábia em você – que sustenta o seu desenvolvimento pessoal e o trabalho com as outras pessoas.

Aplicações do Símbolo do Mestre

O Símbolo do Mestre é uma força de grande intensidade que você, como Mestre, aplica para canalizar energias superiores durante a sintonização. Além disso, você pode usá-lo para impregnar-se com suas vibrações mais elevadas e "finas" com o objetivo de criar harmonia e equilíbrio. Por causa dessas freqüências elevadas, ele pode conectá-lo em nível profundo com a sua Consciência Superior e conduzi-lo a dimensões superiores, à Fonte de Tudo. Você fica assim disponível a receber intuições valiosas sobre a vida e seu propósito.

Ao aplicar o Símbolo do Mestre, "desenhe-o" do mesmo modo que os outros símbolos, com a mão toda (ou com os dedos de uma das mãos), visualize-o em luz branca ou dourada e repita o seu mantra três vezes. As oito formas de aplicação deste Símbolo são descritas a seguir.

Instruções

1 Visualize o Símbolo do Mestre em luz branca ou dourada. Faça experiências também com outras cores, como púrpura, violeta, rosa, turquesa ou as cores do arco-íris, e veja como isso o influencia.

2 Visualize o símbolo e conserve sua imagem na mente para meditar sobre ele. Repita seu mantra três vezes (em silêncio ou em voz alta, se estiver sozinho).

3 "Desenhe" o símbolo à sua frente e entre nele: o símbolo é uma energia multidimensional, com altura, largura e profundidade. Visualize-o preenchendo todo o seu ser.

4 Visualize o símbolo à sua frente e inale-o com cada inspiração. Sinta-o preencher todo o seu corpo.

5 "Desenhe" o Símbolo do Mestre à sua frente, visualize-o em luz dourada e entoe o seu mantra (em voz alta, se estiver sozinho) para purificar e encher o corpo com sua energia de luz, amor e paz. Faça isso antes e depois de cada atividade.

6 Sente-se e medite com o símbolo, confiando todo problema ou dificuldade à energia Reiki. A solução lhe chegará por meio da intuição. Adote este método também para derramar amor, paz e cura sobre alguma catástrofe do mundo.

7 Use o Símbolo do Mestre ao aplicar-se o *Mental Healing*. Visualize-o ou "desenhe-o" atrás da cabeça e sinta-o entrando em seu corpo. Em seguida continue com o procedimento normal do *Mental Healing* (ver pp. 92-3).

8 Aplique esse Símbolo em combinação com os outros para criar um espaço seguro, sagrado, para cerimônias de iniciação.

Meditação com o Símbolo do Mestre

Com o Grau de Mestre, você pode ativar e sentir a vibração do símbolo e por isso são grandes os benefícios que você recebe ao sentar e meditar com ele. O símbolo tem uma força positiva intensa e penetra na consciência diretamente, trazendo luz ao receptor, e assim influenciando todos os níveis — físico, mental, emocional e espiritual. Sua luz dirige-se aos recantos mais escuros e desfaz bloqueios em todos os planos. Recomenda-se que o Mestre use o símbolo freqüentemente para meditar.

Instruções

1 Sente-se numa postura relaxada e confortável (numa cadeira ou no chão). Mantenha a coluna reta e os olhos fechados.

2 (a) Com o olho interior (sexto chakra), imagine e "desenhe" o Símbolo do Mestre à sua frente ou no topo da cabeça (sétimo chakra). Visualize-o em luz dourada e repita seu mantra três vezes.
(b) Alternativamente, trace o Símbolo do Mestre com as mãos elevadas à sua frente, visualize-o em luz dourada e repita o mantra três vezes.

3 Sinta o símbolo entrar em você e percorrer todo o seu corpo. Sinta sua vibração dentro de você, repetindo o mantra (em voz alta, se estiver sozinho).

4 Sinta a energia e a vibração que o símbolo cria e observe como ele o afeta. Medite com o Símbolo do Mestre pelo tempo que achar conveniente.

Sintonização de outras pessoas

Parte do treinamento de Mestre consiste em aprender a sintonizar outras pessoas no método do Reiki. É essencial saber estimular uma transmissão de energia e ativar energias superiores para abrir "o canal de cura interior" do receptor. Este livro contém apenas a teoria e os princípios para sintonização de outras pessoas, pois essa seção do treinamento é confidencial e só é transmitida de Mestre a aluno.

Criação de um espaço sagrado

Toda sintonização é realizada numa cerimônia sagrada num espaço especialmente preparado. Cada Mestre tem o seu próprio estilo para criar um espaço sagrado, mas recomenda-se que você tenha um pequeno altar com a fotografia de Usui, algumas flores, velas, talvez incenso e pedras de cura. Prepare essa sala energeticamente com os símbolos do Reiki antes da cerimônia para eliminar energias estagnadas e introduzir vibrações positivas e renovadas. Normalmente a iniciação é para um único aluno ou para um pequeno grupo de 2 a 4 pessoas.

A cerimônia de iniciação

O receptor mantém os olhos fechados durante todo o processo de transmissão de energia. O Mestre oficiante faz uma invocação antes da cerimônia, como: "Deixe-se tocar pela Energia Vital Universal, chamada Reiki, e deixe que seu amor, luz e energia se derramem sobre você." O aluno eleva as mãos postas na posição Gassho (também chamada "Namastê", a posição de oração; ver p. 63) até a testa. O Mestre de Reiki começa a sintonização pelas costas, desenhando os símbolos sobre o topo da cabeça (chakra da coroa) e canalizando os símbolos para o corpo do receptor. Em seguida o Mestre desloca-se para a frente do aluno, realiza uma transmissão de poder sobre as mãos postas e continua com os demais passos do procedimento. Esse processo é seguido com cada aluno. O aluno sente um contato e um sopro suave na cabeça e nas mãos. No fim, toda a sua aura está repleta da energia de um grande Símbolo do Poder. Então suas mãos são postas no colo.

As sintonizações do Primeiro, Segundo e Terceiro Graus são semelhantes – a principal diferença está na transmissão de poder com os símbolos do Reiki. A qualidade da energia Reiki é a mesma em cada sintonização, mas a quantidade e vibração são diferentes. Antes e depois da iniciação recomenda-se que cada aluno permaneça quieto, observando os efeitos da sintonização. Ficar em silêncio, meditar, sentar-se, deitar-se ou entrar em contato com a natureza são atitudes muito proveitosas nesse momento.

Para sintonizar outros Mestres

Para estar bem preparado para sintonizar outras pessoas no Grau de Mestre e sentir-se realmente pronto para esse passo, você, como Mestre, deve ter praticado Reiki durante vários anos, aplicando tratamentos e ministrando cursos de Primeiro e Segundo Graus. Isso é importante, porque a energia Reiki que passa por você vibra numa freqüência superior e pode ser muito forte, especialmente a primeira vez que você faz a iniciação de um Mestre de Reiki. Transmitir essa alta vibração de energia é como você mesmo receber uma iniciação novamente. A medida plena do poder e da força transmitidos numa sintonização depende do desenvolvimento do Mestre oficiante e do volume de energia que o corpo físico dele consegue armazenar. O desenvolvimento espiritual, a integridade e a correção dos rituais de sintonização de um Mestre ativo são tão importantes quanto o conhecimento e a experiência que ele tem com o Reiki.

"Deixe-se tocar pela Energia Vital Universal, chamada Reiki, e deixe que seu amor, luz e energia se derramem sobre você."

O Mestre oficiante sintoniza o aluno à energia Reiki abrindo o canal por onde passará a energia de cura. Durante o processo, o aluno mantém as mãos na posição Gassho.

Equilíbrio avançado dos chakras

Para acumular mais experiência com diferentes formas de tratamento com o método Reiki, pratique o equilíbrio avançado dos chakras. A técnica tornará você mais sensível ao fluxo de energia nos chakras e aos corpos energéticos do receptor. Ela também aumentará a sua intuição, sensibilidade e confiança em sua capacidade de sentir energias.

Harmonização dos chakras

Como as posições básicas do Reiki acompanham os sete chakras principais, você pode integrar a harmonização dos chakras num único tratamento de Reiki, embora também possa tratar os centros de energia separadamente. O processo geralmente requer 15 a 20 minutos. Cada chakra reflete um aspecto do desenvolvimento pessoal. Se o fluxo de energia do chakra está bloqueado, pode haver um desequilíbrio e levar a um distúrbio mental, espiritual ou físico. Você pode harmonizar, ou equilibrar, um excesso ou uma deficiência de energia nos seus chakras. De modo geral, há energia demais na cabeça e pouca no restante do corpo. O sétimo chakra não precisa de nenhuma energia a mais, por isso não o toque no decorrer deste tratamento.

Posicione as mãos nos dois chakras que precisam ser equilibrados até sentir a mesma energia em ambos. Normalmente essa posição é mantida durante 2 a 3 minutos. Às vezes você sente uma diferença de temperatura entre as mãos, variando de quente a frio, ou alguma outra sensação, como formigamento. Acontecendo isso, espere até sentir que ambas as mãos chegam à mesma temperatura. O tratamento inteiro demora de 20 a 30 minutos.

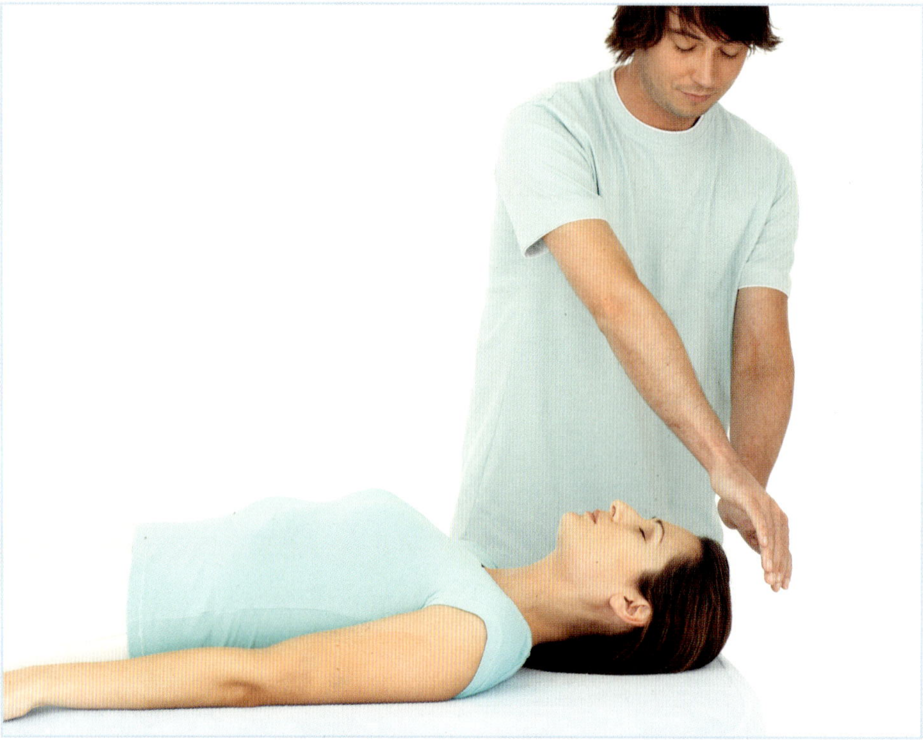

Alisamento da aura

Peça ao receptor que se deite de costas; os braços ficam relaxados ao lado do corpo. Alise a aura do receptor com movimentos ondulados suaves, começando na cabeça e descendo na direção dos pés. Faça isso três vezes. Esse procedimento relaxa o receptor, preparando-o para o tratamento.

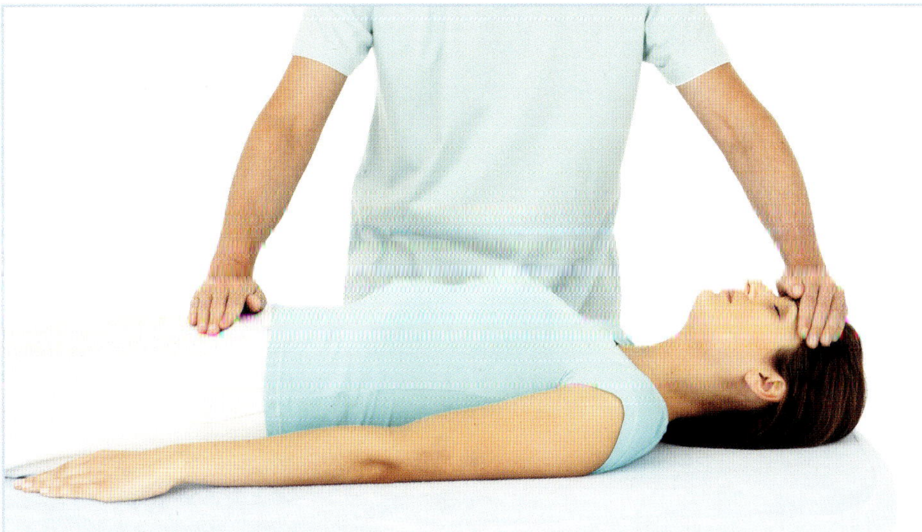

Primeiro e sexto chakras

Posicione uma das mãos no primeiro chakra e a outra sobre o sexto chakra, mantendo-as até sentir a mesma quantidade de energia fluindo em ambos os centros. Ao tratar uma mulher, você pode tocar o osso pubiano, mas no caso de um homem mantenha a mão ligeiramente acima dessa área.

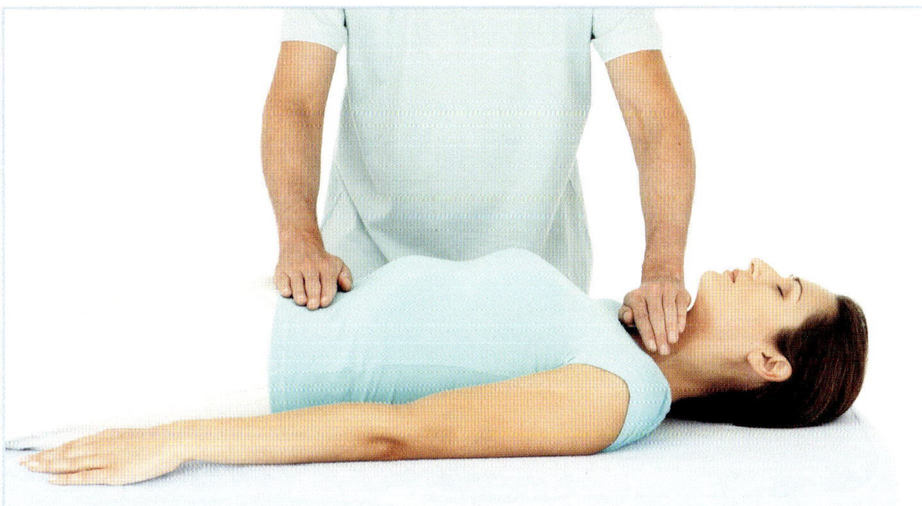

Segundo e quinto chakras

Posicione uma das mãos no segundo chakra e a outra sobre o quinto chakra, sem tocar a garganta. Mantenha a posição até sentir a energia equilibrada entre os dois centros.

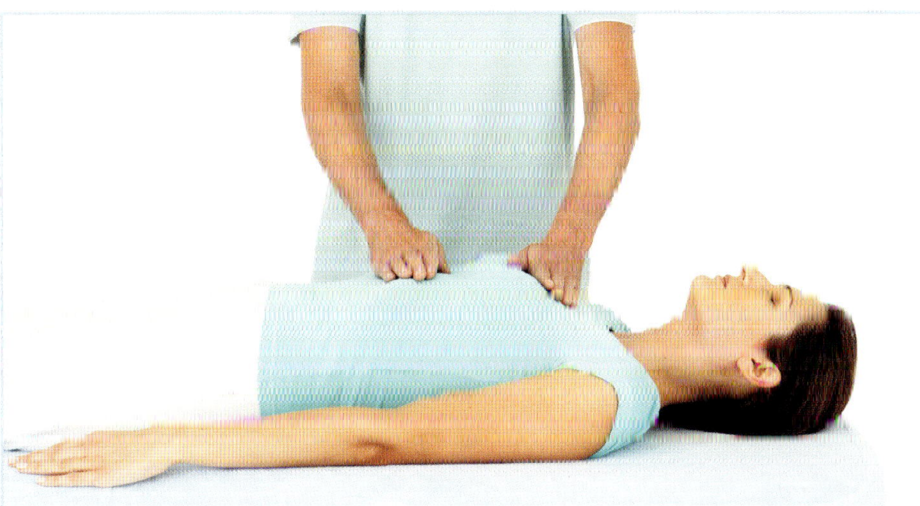

Terceiro e quarto chakras

Coloque uma das mãos sobre o terceiro chakra e a outra sobre o quarto chakra. Mantenha a posição até sentir que a energia entre os dois centros está equilibrada.

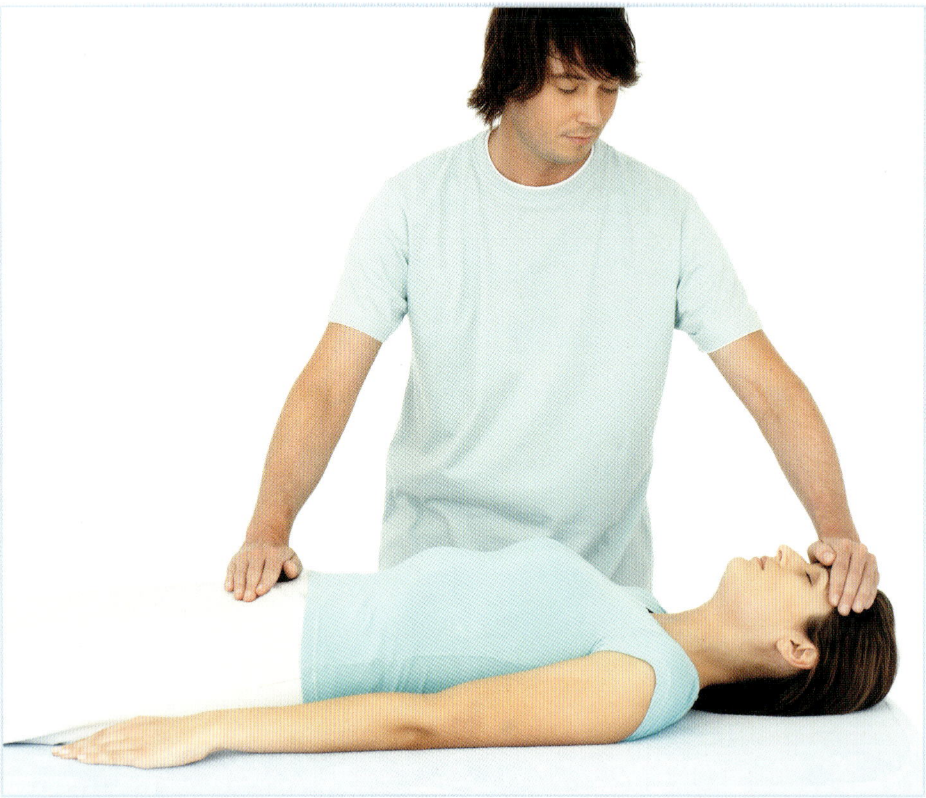

Equilíbrio emocional

Em seguida, aprofunde o tratamento com o equilíbrio emocional. Coloque uma das mãos no baixo-ventre, logo abaixo do umbigo, e a outra sobre a testa. Depois de 2 a 3 minutos, faça alguns movimentos circulares no sentido horário, bem lentamente, com a mão que está sobre o baixo-ventre. Essa técnica produz um relaxamento profundo e ajuda o receptor a dissipar pensamentos, sentimentos e tensões do corpo.

Liberação de outras tensões

Para liberar outras tensões, posicione as mãos abertas na face interna das coxas (com os dedos voltados em direções opostas). Isso ajuda o receptor a dissipar seus medos, muitas vezes depositados no estômago e na região do abdômen.

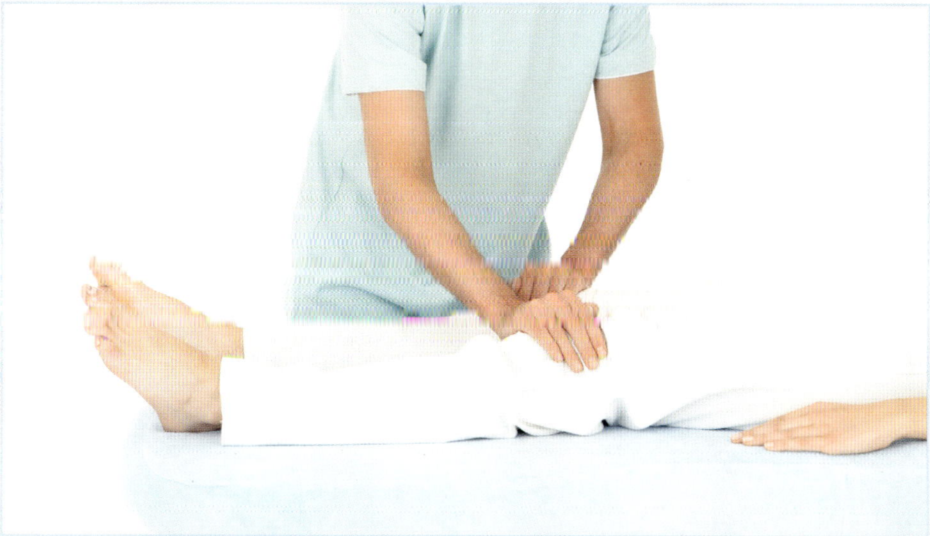

Eliminação de medos

Posicione as mãos sobre os joelhos. Esta aplicação de Reiki dissolve tensões e medos, especialmente o medo de progredir na vida ou o medo de morrer.

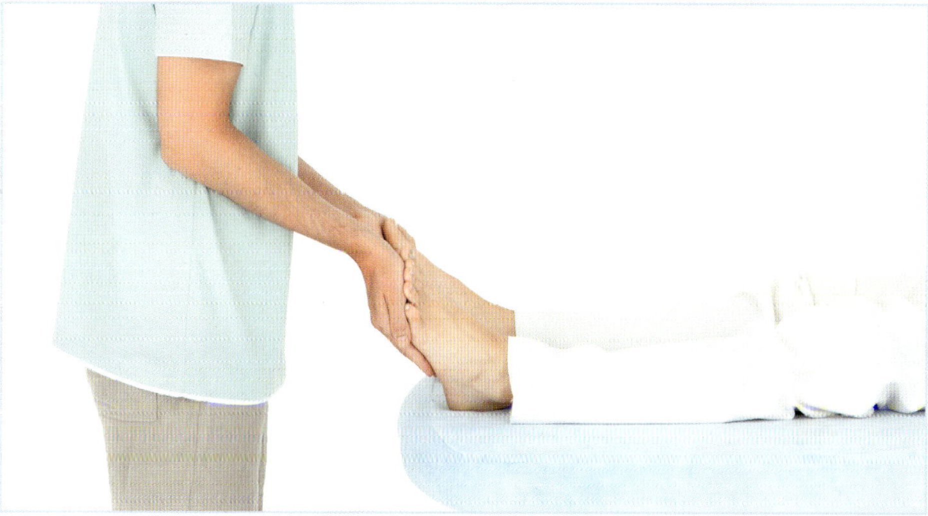

Para estabilizar todos os chakras

Posicione a base da palma das mãos sobre os dedos dos pés, com as pontas direcionadas para os calcanhares. Ou coloque as mãos na sola dos pés, com as pontas cobrindo os dedos. Essa posição fortalece o chakra da raiz e estabiliza todos os chakras.

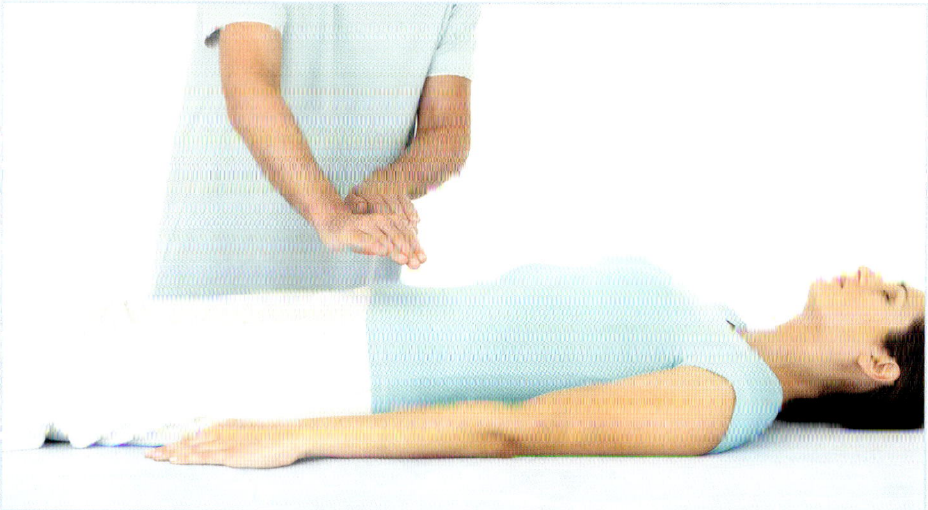

Novo alisamento da aura

No fim do tratamento, alise novamente a aura, duas vezes, da cabeça aos pés; em seguida trace uma linha de energia desde o osso pubiano até a cabeça.

As posições de mãos do Reiki

Neste capítulo você vai conhecer as posições de mãos básicas do Reiki e vai aprender a aplicá-las num tratamento completo a si mesmo ou a outra pessoa. As posições aqui descritas abrangem os principais órgãos do corpo, todas as glândulas do sistema endócrino, o sistema imunológico, o sistema nervoso autônomo, os meridianos principais, os pontos de acupressura e os sete chakras principais. O capítulo inclui outras posições de mãos que você pode usar para tratar distúrbios específicos e desequilíbrios no corpo.

Autotratamento

Aplique em si mesmo a seqüência básica de autotratamento de Reiki sempre que tiver oportunidade. Ao preparar-se para o Terceiro Grau (Capítulo 5, p. 108), é recomendável fazer isso todos os dias. Também é interessante integrar o autotratamento em sua rotina diária, reservando de 15 a 30 minutos pela manhã e outro período de 15 a 30 minutos à noite ou em qualquer hora do dia que lhe for favorável. Ao assumir as posições, não pressione a parte tocada. Posicione as mãos com suavidade e adapte-as ao contorno e à forma do corpo.

As 15 posições do autotratamento

Mantenha cada posição de 3 a 5 minutos, ou mais se necessário. Se quiser, alise a aura no início do tratamento. Movimente as mãos ao longo do corpo, de cima para baixo, para acalmar a energia da aura (ver p. 62).

Posição da Cabeça Um

Coloque as mãos sobre os olhos, apoiando as palmas nos ossos malares. Essa posição alivia resfriados, produz clareza de pensamento, reduz o stress, aguça a intuição e favorece a meditação.

Posição da Cabeça Dois

Posicione as mãos nos lados da cabeça, acima das orelhas, a base das palmas tocando as têmporas e os dedos acompanhando a curvatura da cabeça. Essa posição harmoniza os dois lados do cérebro, estimula a memória e a alegria de viver e é útil para depressão e dores de cabeça.

Posição da Cabeça Três

As mãos continuam nos lados da cabeça, mas agora cobrindo as orelhas. Essa posição tranqüiliza e acalma o corpo inteiro. Também alivia dores de ouvido, resfriados e gripes.

Posição da Cabeça Quatro

Envolva a parte posterior da cabeça com as mãos, como se fosse uma bola, com os dedos apontando para cima. Essa [illegible] aguça a intuição, alivia dores de cabeça, abranda o medo e a depressão e tranqüiliza a mente e as emoções.

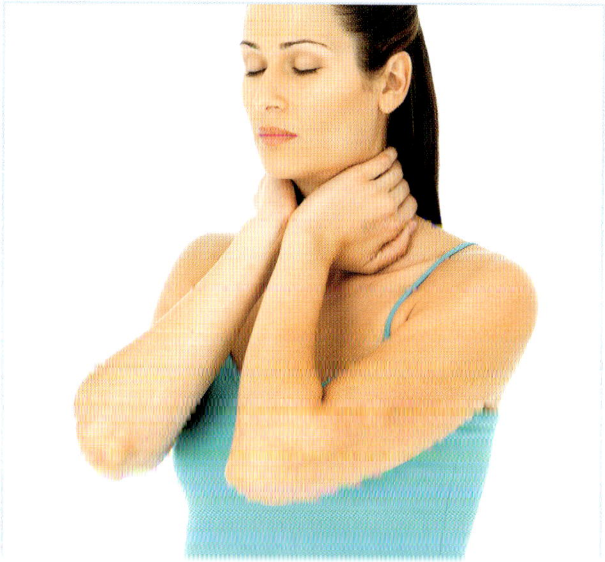

Posição da Cabeça Cinco

Coloque as mãos em torno da garganta, pulsos tocando-se no centro. Essa posição harmoniza a pressão sangüínea e o metabolismo, alivia dores de pescoço e a rouquidão e estimula a auto-expressão.

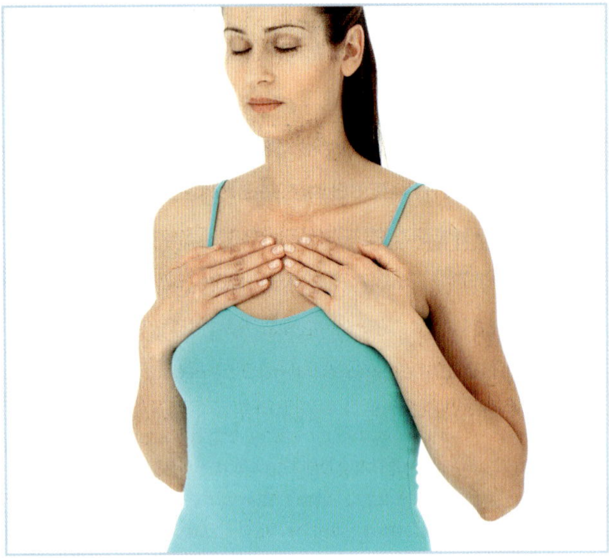

Posição Frontal Um

Coloque as mãos nos lados direito e esquerdo da parte alta do peito, dedos tocando-se logo abaixo da clavícula. Essa posição fortalece o sistema imunológico, regula o coração e a pressão sangüínea, estimula a circulação linfática, aumenta a capacidade de amar e de usufruir a vida e transforma a negatividade.

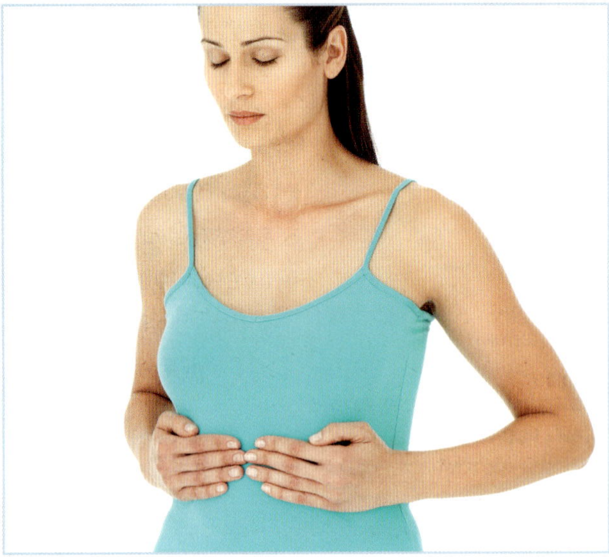

Posição Frontal Dois

Coloque as mãos sobre a porção inferior da caixa torácica, acima da linha da cintura, dedos tocando-se no centro. Essa posição regula a digestão, aumenta os níveis de energia, facilita o relaxamento e reduz medos e frustrações.

Posição Frontal Três

Posicione as mãos nos lados do umbigo, dedos tocando-se no centro. Essa posição regula o metabolismo do açúcar e das gorduras (no pâncreas), favorece a digestão, alivia emoções fortes, como o medo, a depressão e a frustração, e aumenta a autoconfiança.

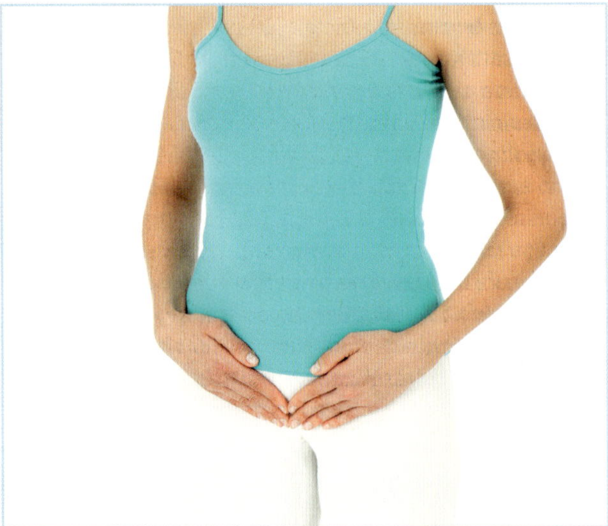

Posição Frontal Quatro

Desloque as mãos para a região pubiana, formando um V. Para mulheres, as pontas dos dedos se tocam; para os homens, as mãos ficam mais afastadas, sobre a virilha. Essa posição trata o intestino grosso, a bexiga, a uretra, os órgãos sexuais e problemas de menstruação, e abranda o medo existencial.

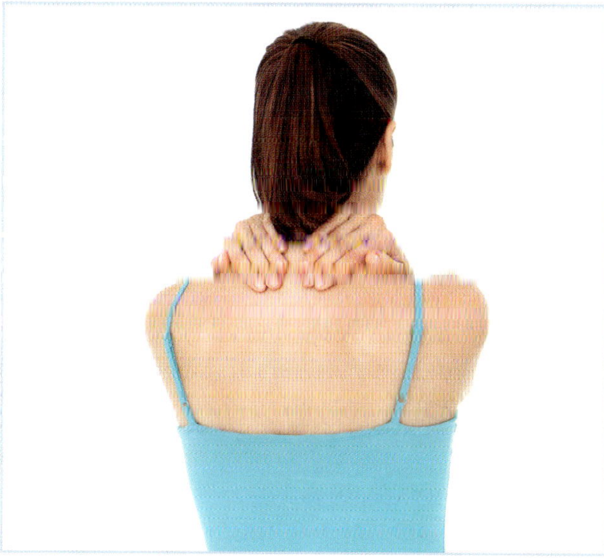

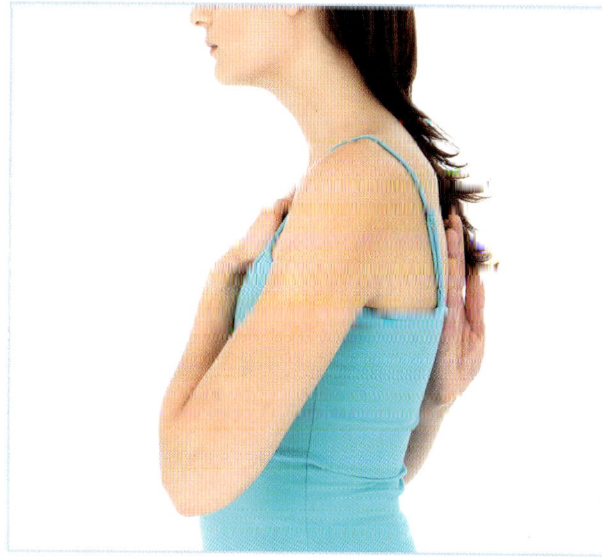

Posição Dorsal Um

Coloque as mãos sobre a parte superior dos ombros, uma em cada lado da coluna, para aliviar a tensão nos ombros, abrandar dores no pescoço e nas costas, relaxar, liberar emoções bloqueadas e resolver problemas de responsabilidade.

Posição Dorsal Dois

Uma das mãos descansa no meio do peito e a outra nas costas, na mesma altura, palma voltada para fora. Essa posição equilibra a glândula timo, harmoniza o coração, estimula o sistema imunológico, aumenta a alegria de viver e a confiança, e acalma a preocupação e a depressão. Se for difícil alcançar a região entre as escápulas, coloque as mãos sobre o peito, uma acima da outra.

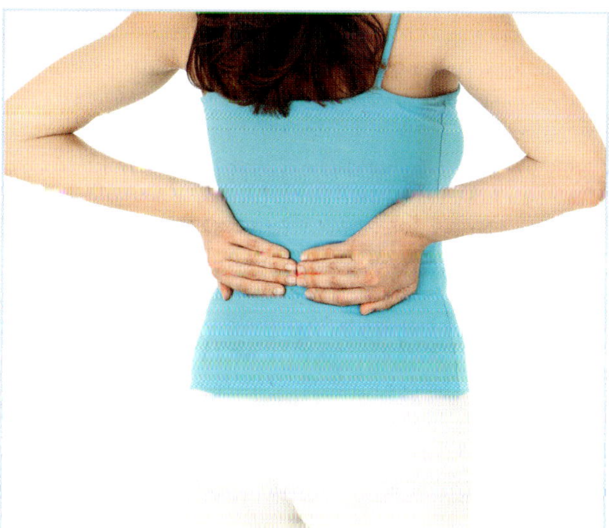

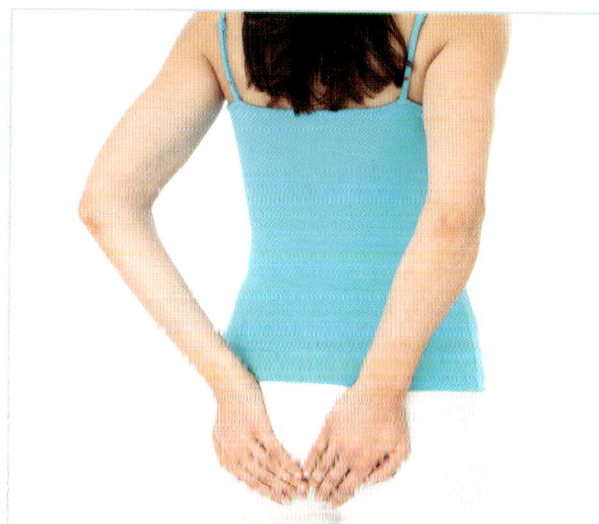

Posição Dorsal Três

Coloque as mãos em torno da cintura, na altura dos rins, dedos apontando para a coluna. Essa posição fortalece os rins, as glândulas supra-renais e os nervos, promove a desintoxicação, alivia o stress e dores lombares e reforça a auto-estima e a confiança.

Posição Dorsal Quatro

Posicione as mãos em V, dedos tocando-se sobre o cóccix, para tratar os órgãos sexuais, o intestino e o nervo ciático, para promover a criatividade e a confiança e para desenvolver uma base sólida.

Joelhos e pés

Se tiver tempo, trate os joelhos e os pés, conforme ilustrado. A posição dos joelhos ajuda em casos de lesões nas articulações e de ferimentos causados por práticas esportivas, e ainda quando bloqueios de energia interrompem o fluxo do tronco para os pés. O tratamento aplicado aos pés fortalece a base dos chakras e das regiões do corpo e de modo especial revigora o primeiro chakra. O receptor sentirá um fluxo de energia intensificado dos pés à cabeça.

Tratamento aplicado a outras pessoas

Um tratamento completo de Reiki aplicado a outras pessoas baseia-se nas posições de mãos descritas a seguir. A imposição das mãos nessas posições favorece o fluxo do Reiki para cada chakra e para os corpos físico e energético, envolvendo-os e impregnando-os. Normalmente o tratamento começa pela cabeça, continua com as partes anterior e posterior do corpo, e termina com os joelhos e os pés.

Técnica das mãos afastadas

Embora seja raro, às vezes um receptor não gosta de ser tocado. Nesse caso, mantenha as mãos ligeiramente afastadas do corpo, tratando e trabalhando sobre a aura, numa altura confortável para você. Mantenha cada posição por 3 a 5 minutos, reservando um período de uma hora para o tratamento completo.

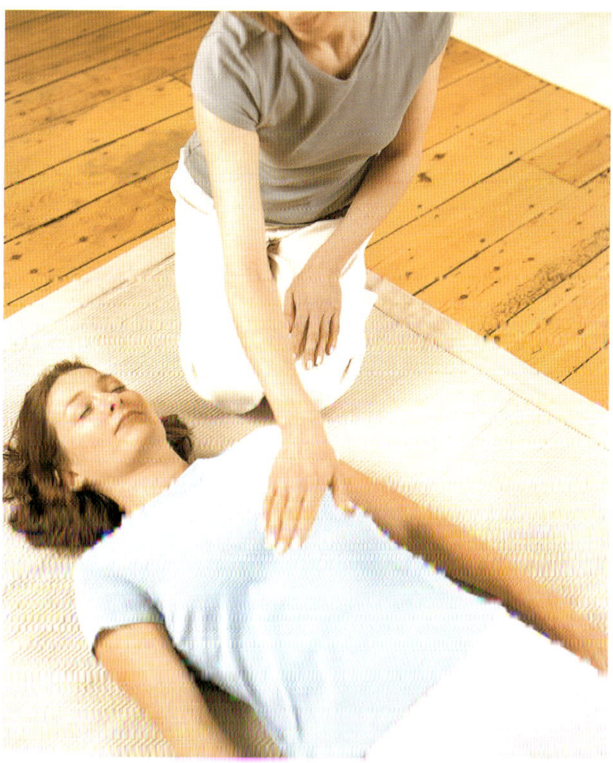

Ao trabalhar sobre o campo áurico, o corpo físico absorve a energia Reiki através dos chakras do mesmo modo que a absorve quando há toque.

INDICAÇÕES PRÁTICAS

- É importante que tanto o praticante como o receptor fiquem confortáveis durante o tratamento, e em geral é aconselhável que o receptor fique deitado (sobre uma mesa de massagem ou colchonete). Diga ao receptor que, se necessário, ele pode mudar de posição durante o tratamento.
- Posicione as mãos com suavidade, firmeza e confiança em cada nova posição, sem pressionar. Adapte-as levemente à forma e contorno do corpo do receptor; quanto melhor for o contato entre o doador e o receptor, mais o fluxo da energia Reiki será facilitado e intensificado.
- Mantenha os dedos relaxados e unidos, com os polegares encobertos pelas palmas.
- A maioria das pessoas gosta do toque de mãos de cura, achando-o reconfortante. Alguns receptores gostam de receber o tratamento de olhos vendados. Coloque uma almofada pequena e leve sobre os olhos depois de aplicar a Posição da Cabeça Um. A leve pressão da almofada acalma e relaxa o globo ocular.

As 17 posições de mãos básicas

Posição da Cabeça Um

Posicione as mãos à direita e à esquerda do nariz, cobrindo a testa, os olhos e as maçãs do rosto. Essa posição trata os olhos, os seios nasais e equilibra as glândulas pituitária e pineal. Aplique-a em casos de cansaço, stress, resfriados, sinusite, enfermidades dos olhos e alergias. O relaxamento dos olhos favorece o relaxamento de todo o corpo.

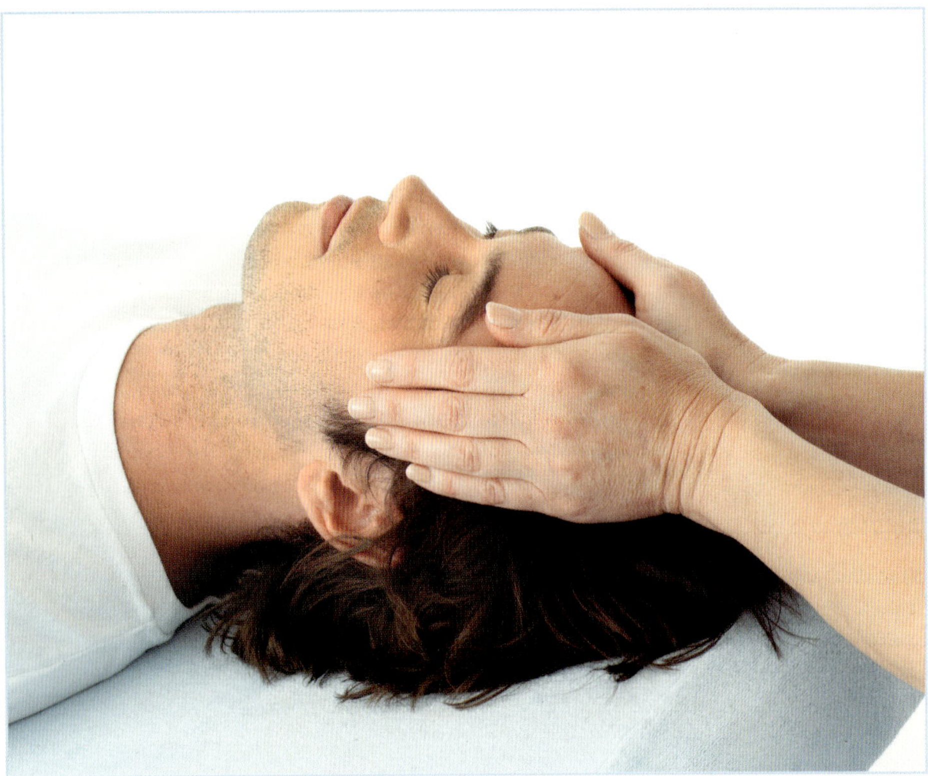

Posição da Cabeça Dois

Descanse as mãos sobre as têmporas, acima das orelhas, as pontas dos dedos tocando os ossos malares e as palmas seguindo o contorno da cabeça. Essa posição é eficaz para tratar os músculos e os nervos oculares. Ela equilibra os lados direito e esquerdo do cérebro e do corpo, alivia o stress e a atividade mental excessiva, tranqüiliza a mente, favorece a aprendizagem e a concentração e abranda resfriados e dores de cabeça.

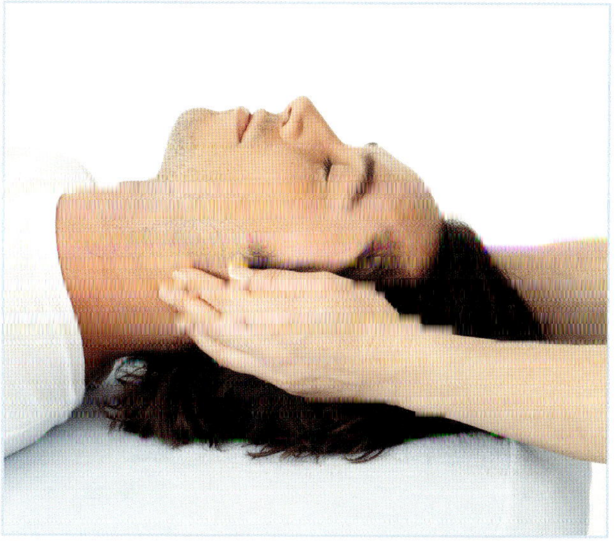

Posição da Cabeça Três

Posicione as mãos sobre as orelhas para tratar os órgãos do equilíbrio e a faringe. Também trate com essa posição distúrbios do sentido de equilíbrio, problemas com o ouvido externo e interno, ruídos ou zumbidos nos ouvidos, dificuldades de audição, males do nariz e da garganta, resfriados e gripes.

Posição da Cabeça Quatro

Sustente a parte posterior da cabeça com as mãos em concha, as pontas dos dedos tocando a medula oblonga, um ponto de energia e de encontro de muitos nervos na articulação da cabeça com o pescoço. Esta posição é eficaz para a parte posterior da cabeça, os olhos e o nariz; também favorece a lucidez da mente. Aplique-a para acalmar emoções fortes, como medos, traumas e tensões, e para aliviar dores de cabeça, distúrbios oculares, resfriados, asma, febre do feno e problemas digestivos.

Posição da Cabeça Cinco

Posicione as mãos em torno da garganta, sem tocá-la diretamente, as pontas dos dedos tocando-se. Com essa posição tratamos as glândulas tireóide e paratireóide, a laringe, as cordas vocais e os nódulos linfáticos. Aplique-a em casos de distúrbios do metabolismo, problemas de peso, [illegible] alta ou baixa, irritação da garganta, inflamação das amígdalas, gripes, rouquidão e agressões reprimidas e excessivas. Ela também facilita a auto-expressão.

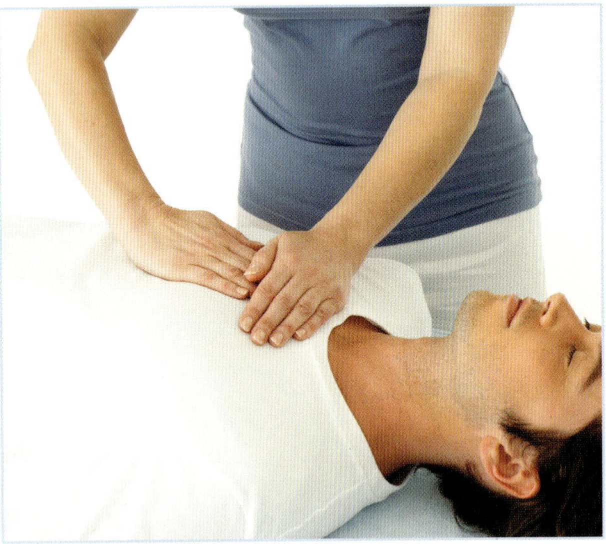

Posição Frontal Um

Coloque uma das mãos sobre a glândula timo, abaixo da clavícula, e a outra no meio do peito, formando ângulo reto com a primeira sobre o esterno (juntas, elas formam um "T"). Essa posição trata a glândula timo, o coração e os pulmões. Ela está ligada ao quarto chakra. Aplique-a para fortalecer os sistemas imunológico e linfático e para tratar doenças do coração ou dos pulmões, bronquite, surdez, fraqueza geral e depressão.

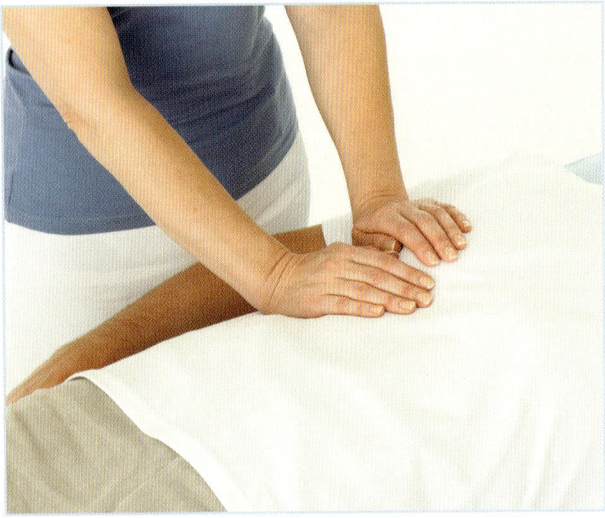

Posição Frontal Dois

Coloque uma das mãos sobre as costelas inferiores, na base da caixa torácica, no lado direito, e a outra logo abaixo, na linha da cintura. Essa posição trata o fígado e a vesícula biliar, o pâncreas, o duodeno e partes do estômago e do intestino grosso. Trate com ela doenças do fígado e da vesícula biliar, como hepatite e pedras na vesícula, distúrbios digestivos e metabólicos e desintoxicação. Ela também equilibra emoções, como a raiva e a depressão.

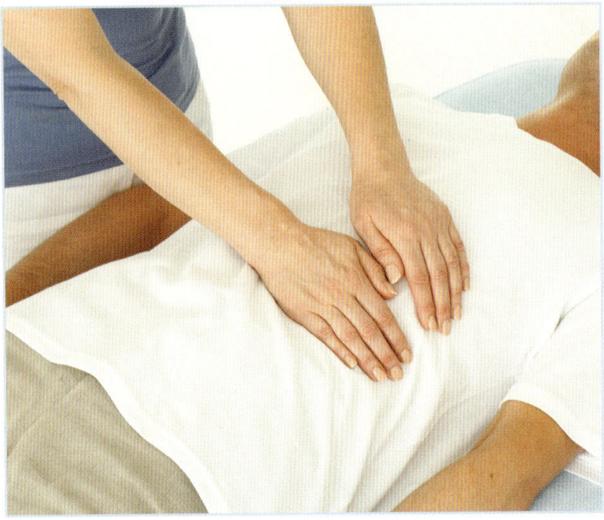

Posição Frontal Três

Coloque uma das mãos sobre as costelas inferiores, na base da caixa torácica, no lado esquerdo, e a outra logo abaixo, na linha da cintura. Essa posição trata o baço e partes do pâncreas, dos intestinos delgado e grosso e do estômago. Trate com ela distúrbios do pâncreas e do baço, diabete, gripes, infecções, distúrbios digestivos, anemia e leucemia. Em casos de AIDS e câncer, ela estabiliza o sistema imunológico.

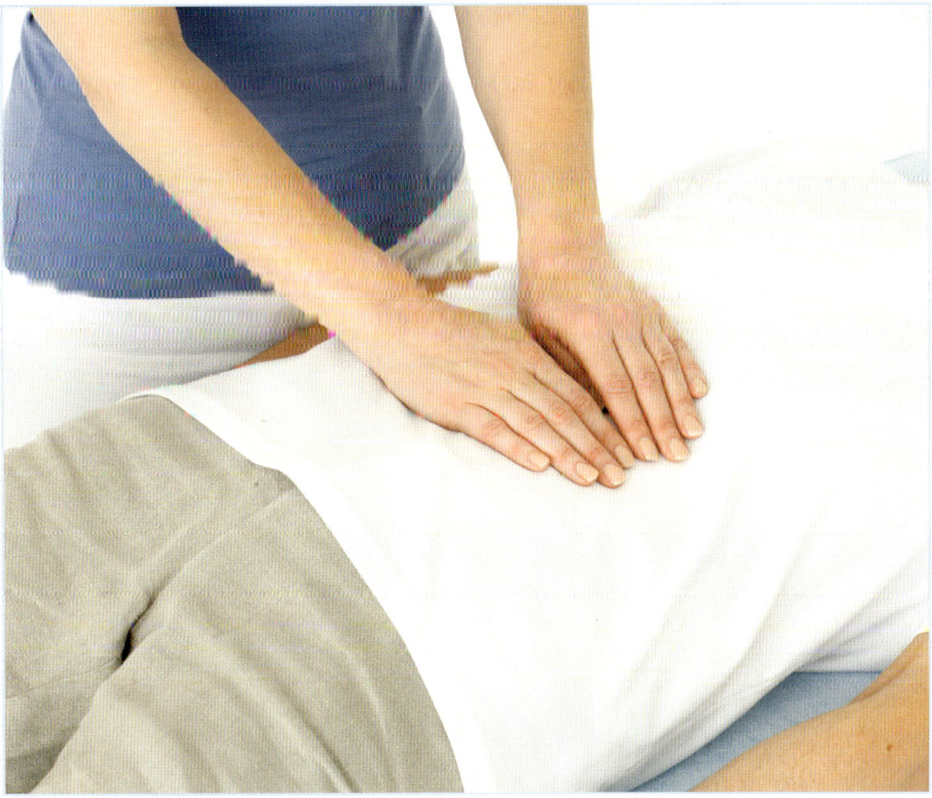

Posição Frontal Quatro

Coloque uma das mãos acima e a outra abaixo do umbigo. Com essa posição tratamos o plexo solar, o estômago, os órgãos digestórios, o sistema linfático e os intestinos. Ela está associada ao segundo e ao terceiro chakras. Aplique-a para distúrbios estomacais e intestinais, e para emoções fortes, como depressão, medos e choque. Também é eficaz para repor as energias e a vitalidade.

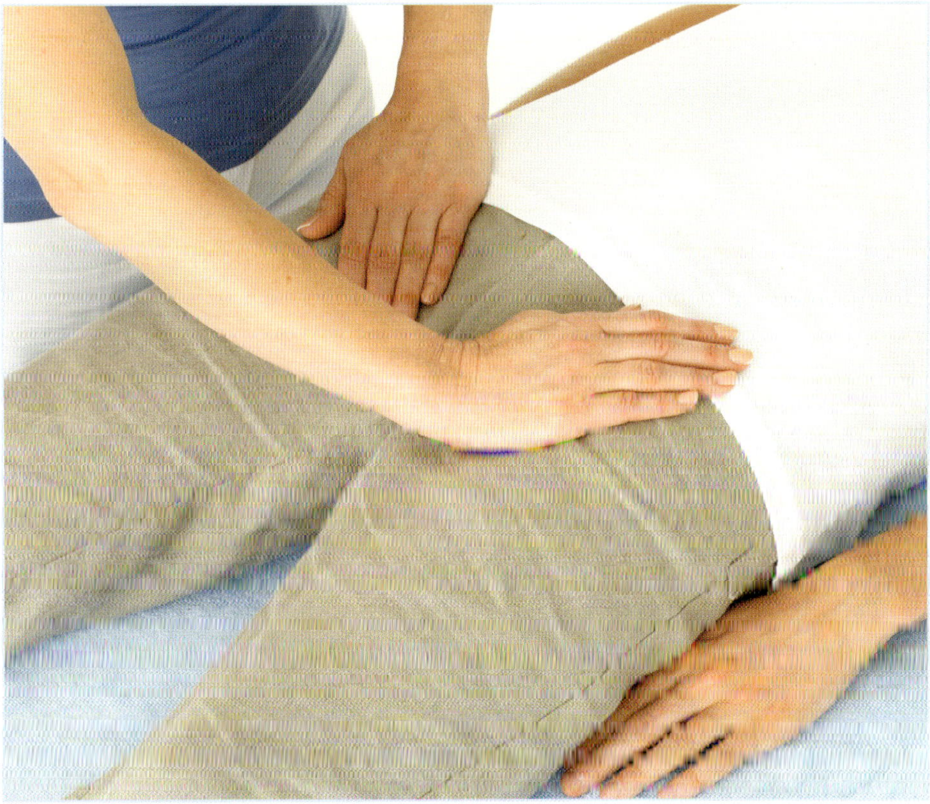

Posição Frontal Cinco

Esta posição também é conhecida como Posição em V. Para homens, coloque as mãos na área da virilha, sem tocar a genitália. Para mulheres, descanse ambas as mãos sobre o osso pubiano. Essa posição é eficaz para tratar os órgãos abdominais, os intestinos, a bexiga e a uretra. Ela tem relação com o primeiro chakra. Aplique-a para distúrbios urogenitais, menstruais e da menopausa, e no tratamento de desordens digestivas e do apêndice, de cãibras, dores lombares, tumores ovarianos e problemas do útero, da bexiga e da próstata.

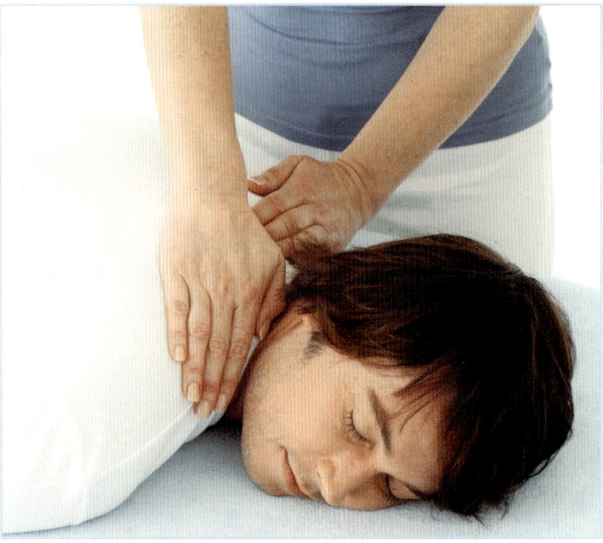

Posição Dorsal Um

Coloque ambas as mãos sobre os ombros, à direita e à esquerda da coluna, com os dedos apontando na mesma direção. Essa posição trata a nuca e os músculos dos ombros. Aplique-a para aliviar a tensão nos ombros e na nuca, para problemas no pescoço, para stress, emoções reprimidas e problemas relacionados com o senso de responsabilidade.

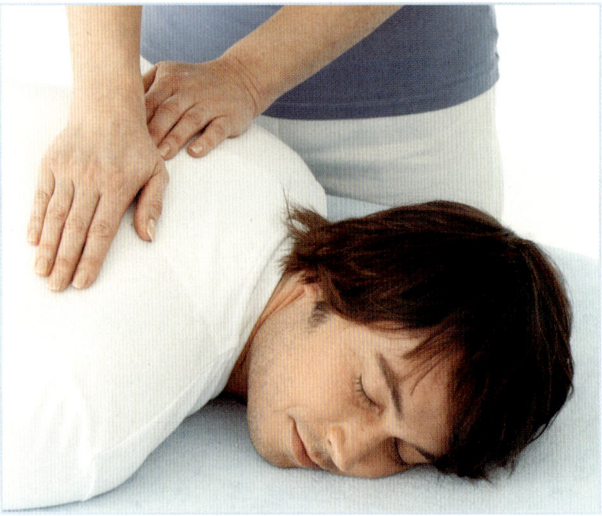

Posição Dorsal Dois

Coloque as mãos sobre as escápulas, com as pontas dos dedos de uma delas tocando a base da palma da outra. Posição eficaz para os ombros, o coração, os pulmões e a parte superior das costas. Aplique-a para doenças pulmonares e cardíacas, para tosse, bronquite, problemas nas costas e nos ombros, perturbações emocionais intensas e depressão. Ela promove a capacidade de amar, a confiança e a alegria.

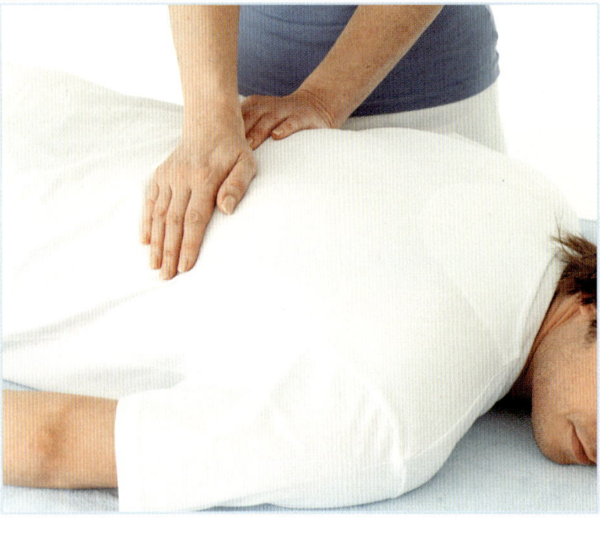

Posição Dorsal Três

Coloque as mãos sobre as costelas inferiores e os rins. Essa posição trata as glândulas supra-renais, os rins e o sistema nervoso. Aplique-a para doenças renais, alergias e desintoxicação, para febre do feno, choques decorrentes de acidentes e para o medo, situações estressantes e dores lombares. Ela relaxa a região intermediária das costas e alivia o stress e a dor acumulados no passado.

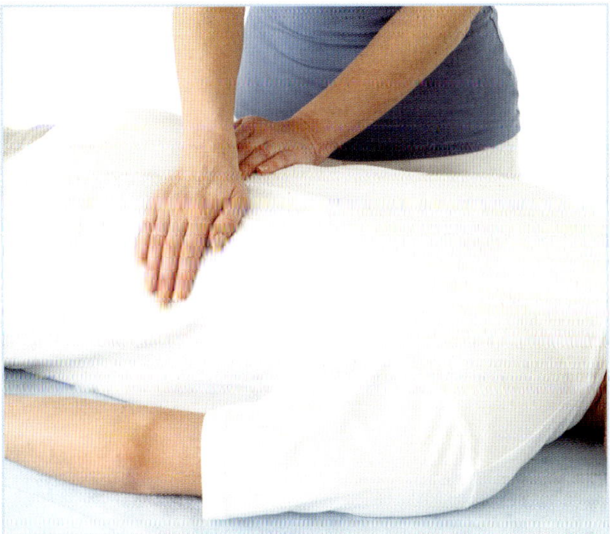

Posição Dorsal Quatro

Coloque as mãos sobre a região lombar, na linha dos quadris. Essa posição trata dores ciáticas, lombares e dos quadris, fortalece a linfa e os nervos e estimula a criatividade e a sexualidade.

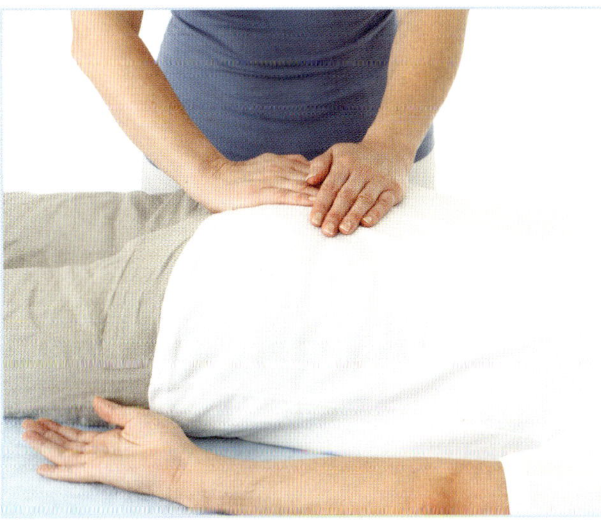

Posição Dorsal Cinco (A) - Posição em T

Coloque uma das mãos sobre o sacro e a outra em ângulo reto com a primeira sobre o cóccix, formando um T. Com essa posição tratamos os intestinos, o sistema urogenital e o nervo ciático. Relacionada com o primeiro chakra, ela ajuda em situações de medo existencial. Aplique-a para hemorróidas, complicações digestivas, inflamações intestinais, distúrbios da bexiga, da próstata e da vagina e para aliviar dores ciáticas.

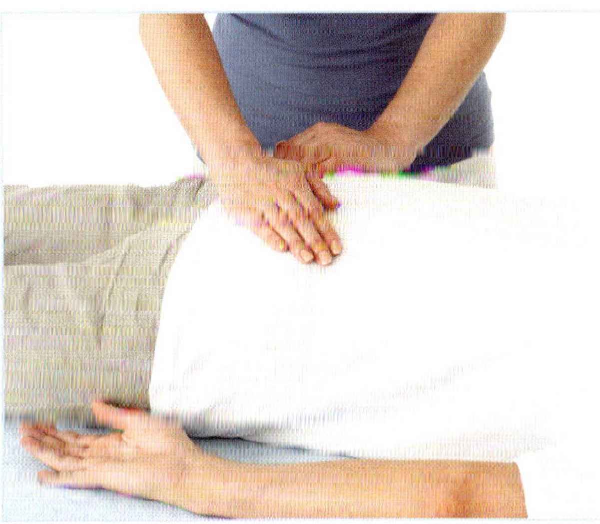

Posição Dorsal Cinco (B) Posição em V

Como alternativa, coloque as mãos sobre as nádegas do receptor, formando um V, com as pontas dos dedos de uma delas (a base do V) diretamente sobre o cóccix. Essa posição promove um fluxo mais livre da energia na espinha, harmonizando assim o sistema nervoso e estimulando a confiança.

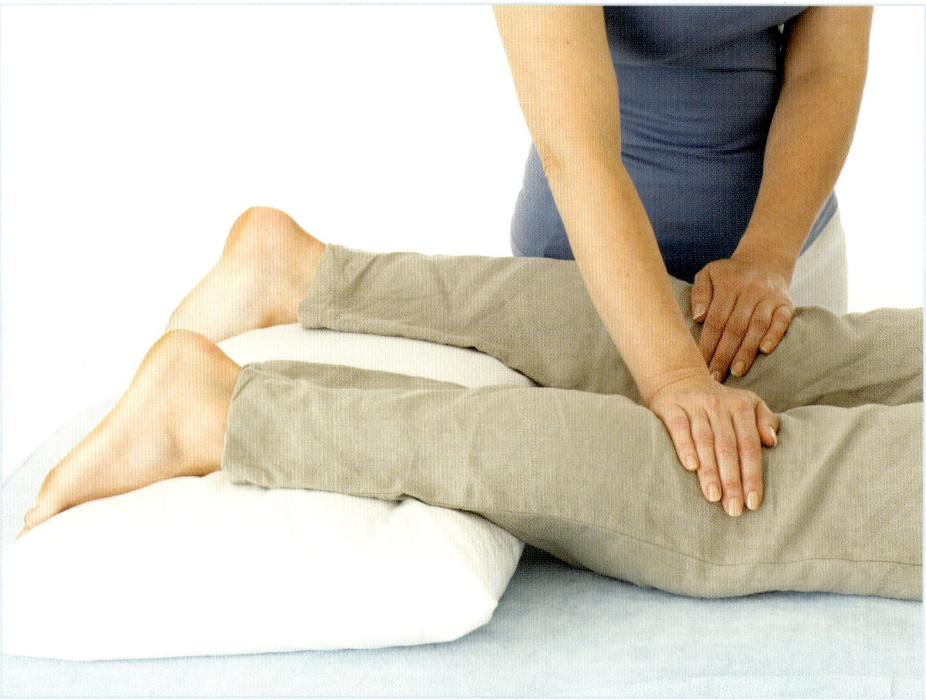

Posição da Cavidade dos Joelhos

Cubra a cavidade dos joelhos com as mãos. Essa posição trata todo o conjunto da articulação do joelho. Use-a para machucaduras nas articulações causadas por práticas esportivas e para bloqueios que interrompem o fluxo de energia dos pés para a região lombar. Aplique-a também para aliviar o medo, especialmente o medo de morrer.

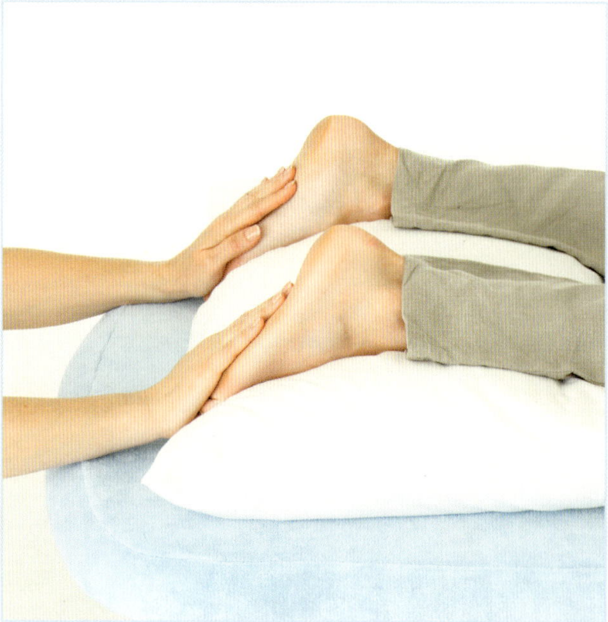

Posição da Sola dos Pés (A ou B)

Coloque as mãos sobre a sola dos pés, com as pontas dos dedos das mãos cobrindo os dedos dos pés (A). Nessa posição, o receptor pode sentir uma liberação de energia. Com as mãos posicionadas na direção contrária (B), o receptor sentirá um forte fluxo de energia dos pés em direção à cabeça.

Essas duas posições são eficazes para tratar as zonas reflexas dos pés correspondentes a todos os órgãos do corpo. Aplique-as para fortalecer o primeiro chakra e para proporcionar uma base sólida para todos os chakras e partes do corpo.

16 posições extras de mãos

As posições extras de mãos são úteis quando o receptor está tendo algum problema físico ou emocional e você quer enviar um fluxo mais intenso de energia Reiki para áreas específicas.

Objetivos pertinentes

Problemas de saúde pertinentes compreendem dor ciática, dor no pescoço, circulação deficiente nas pernas, medos e tensao, dor nos quadris, sintomas de stress, dores de cabeça, esclerose múltipla, dores nas costas, problemas com o metabolismo e o peso. Mantenha as mãos na posição durante 3 a 5 minutos. Se houver sensações intensas de calor, frio, formigamento, tremor ou absorção de energia numa determinada posição, permaneça nela por mais tempo, até sentir que as mãos voltaram ao "normal".

Posição da cabeça

Coloque as mãos no topo do crânio. Essa posição é eficaz para tratar fissuras cerebrais e o sistema capilar. Aplique-a para stress, dores de cabeça, distúrbios relacionados com o equilíbrio e para concentração. Para esclerose múltipla, aplique tratamento regular e intensivo.

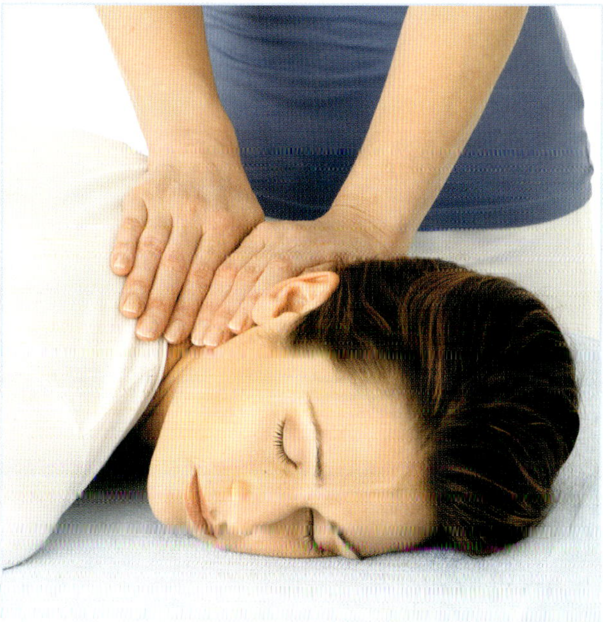

Posição das vértebras do pescoço

Coloque uma das mãos sobre a nuca e a outra sobre as vértebras cervicais. Aplique essa posição para deslocamento do pescoço devido a choque violento, para dores nos ossos, para o coração, a coluna, os nervos e problemas no pescoço.

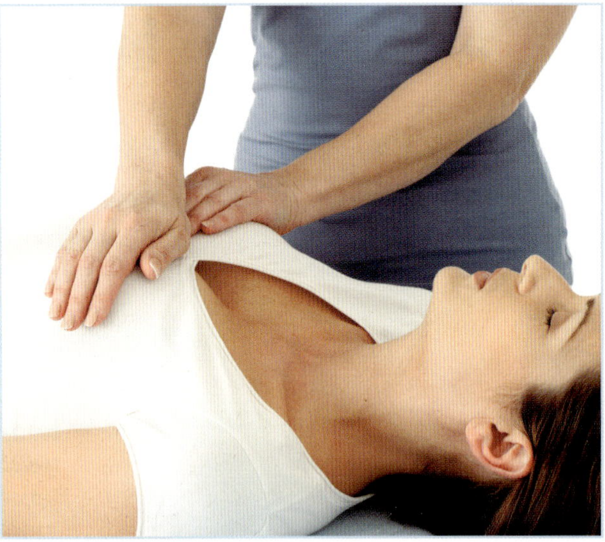

Posição do peito/tórax

Coloque as mãos em ambos os lados do peito. Essa posição ajuda a harmonizar os aspectos masculino e feminino. Pergunte à receptora se ela se sente desconfortável em ser tocada nessa área.

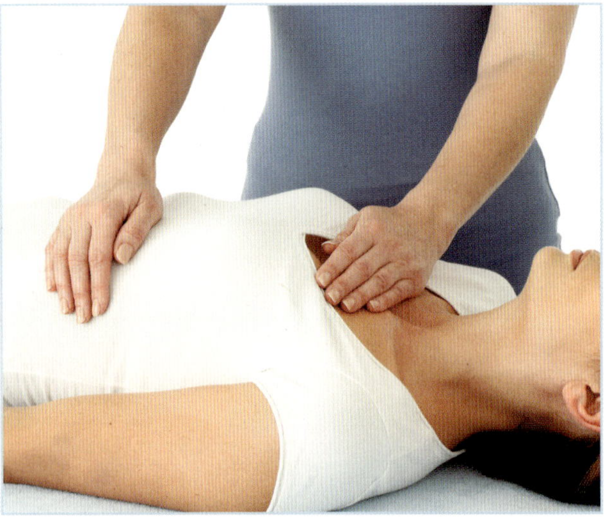

Posição do baço e do timo

Coloque uma das mãos sobre a área do baço (lado esquerdo do corpo, logo abaixo da caixa torácica) e a outra abaixo da clavícula, sobre a glândula timo. Essa posição trata o sistema linfático e o baço, aliviando problemas do sistema imunológico e de auto-imunidade.

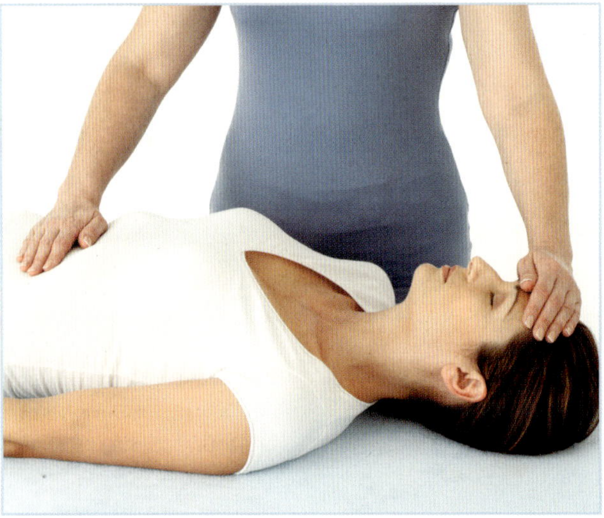

Posição da cabeça e do abdômen

Coloque uma das mãos sobre a testa e a outra no abdômen (logo abaixo do umbigo). Essa posição acalma, centra e promove o equilíbrio espiritual e o bem-estar geral.

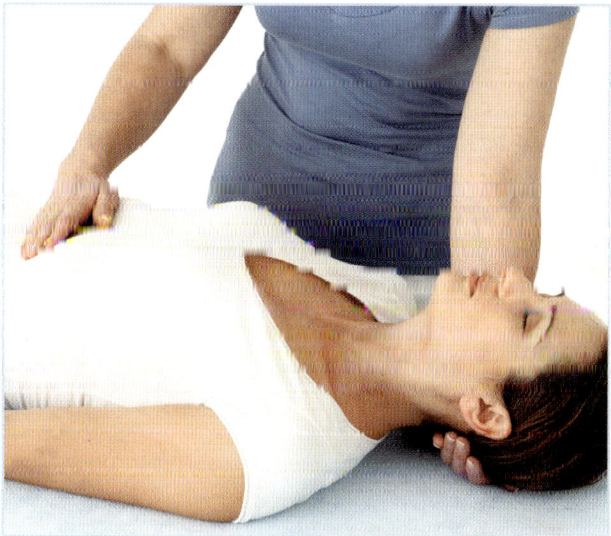

Posição da cabeça e do plexo solar

Coloque uma das mãos na região da nuca e a outra sobre o plexo solar. Essa posição acalma o sistema nervoso e relaxa quem sofre de stress e de choques emocionais.

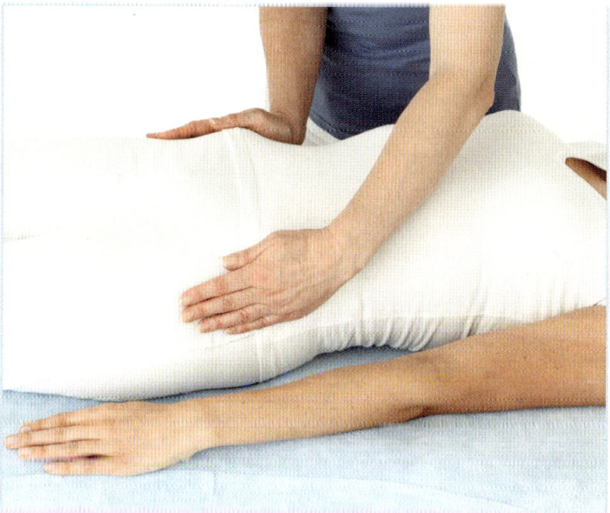

Posição da articulação dos quadris

Coloque as mãos sobre os quadris direito e esquerdo. Essa posição é eficaz para tratar as articulações dos quadris, varizes, dores nas pernas e o ponto da vesícula no sistema de meridianos do corpo.

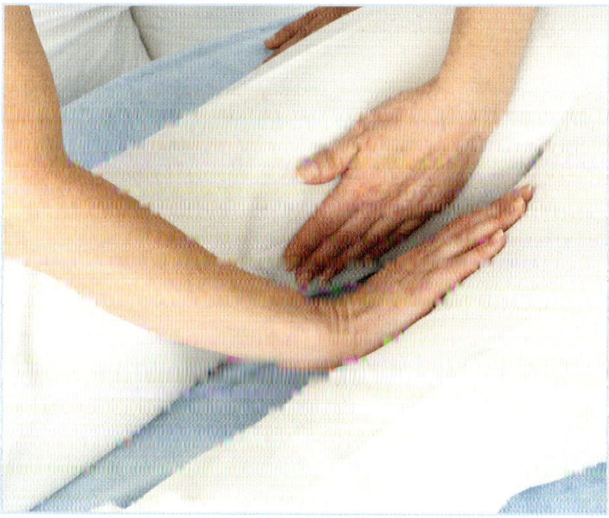

Posição da face interna das coxas

Coloque as mãos espalmadas na face interna de cada coxa (as pontas dos dedos apontam em direções contrárias). Essa posição trata os intestinos e libera emoções e tensões. Também dissipa medos arraigados.

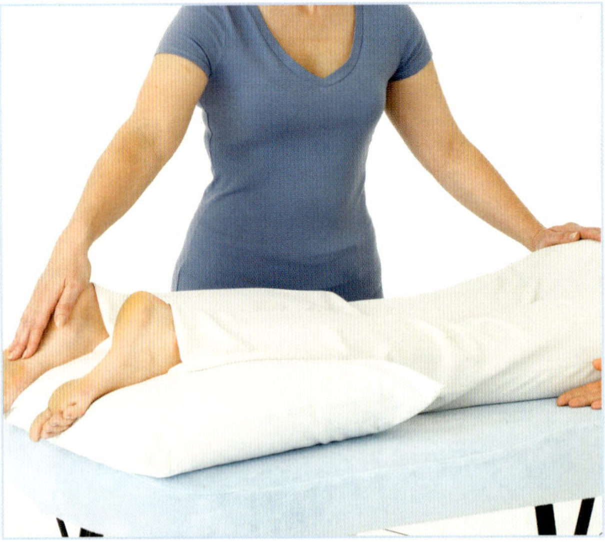

Posição das nádegas, das pernas e dos calcanhares

Coloque uma das mãos sobre a nádega ou o sacro e a outra sobre o calcanhar do mesmo lado. Sempre que possível, trate os dois lados. Essa posição é eficaz para dores ciáticas. Trate a perna inteira, da nádega até o calcanhar, posicionando as mãos na face posterior da perna, começando na coxa, descendo pelo joelho, panturrilha e tornozelo e terminando na sola do pé.

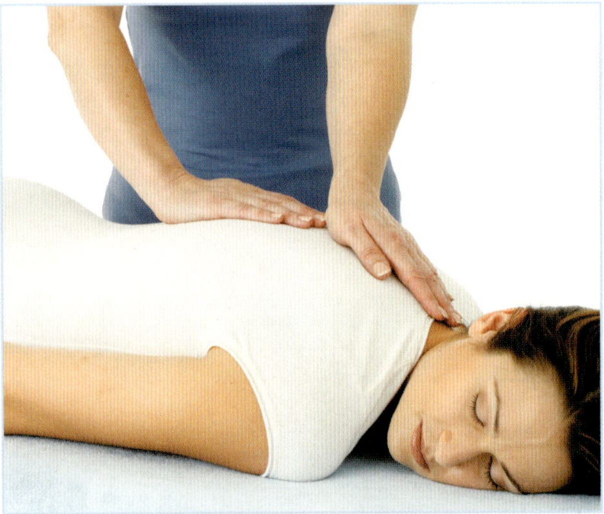

Posição da coluna

Coloque as mãos, uma depois da outra, começando na parte superior da coluna, e descendo em direção à porção inferior. Trate até o cóccix e termine com a Posição Dorsal Cinco (A) ou (B) (ver p. 139). A posição da coluna é benéfica para tratar problemas nas costas, desgaste de disco e doenças degenerativas.

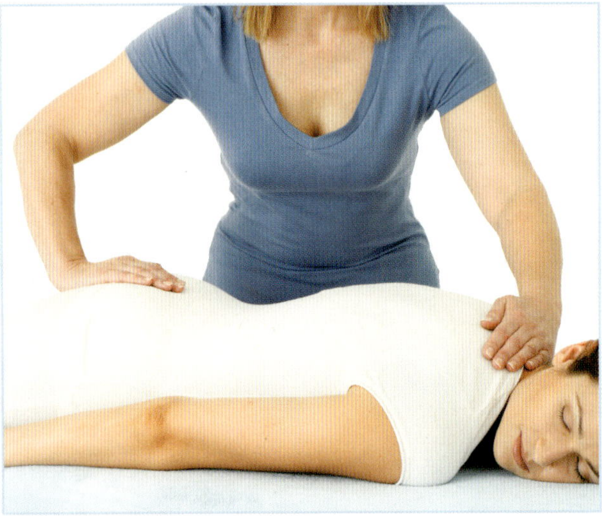

Cóccix e pescoço

Coloque uma das mãos sobre o cóccix e a outra no pescoço. Mantenha a posição até sentir que o fluxo da energia é uniforme nas duas mãos. Essa posição trata a coluna, especialmente a sétima vértebra, e equilibra a energia da espinha. Aplique-a também em casos de ressaca, pois ela combate os efeitos negativos do álcool.

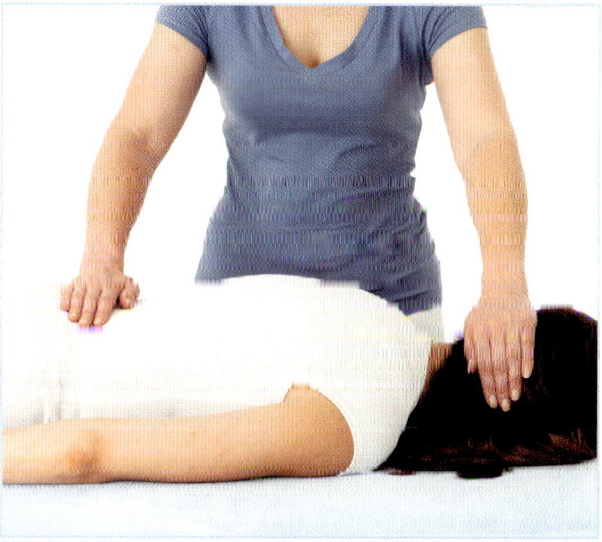

Região lombar e nuca

Coloque uma das mãos na região lombar e a outra na nuca. Essa posição é apropriada para terminar o tratamento, pois relaxa profundamente e acalma o sistema nervoso, transmitindo ainda uma sensação de segurança.

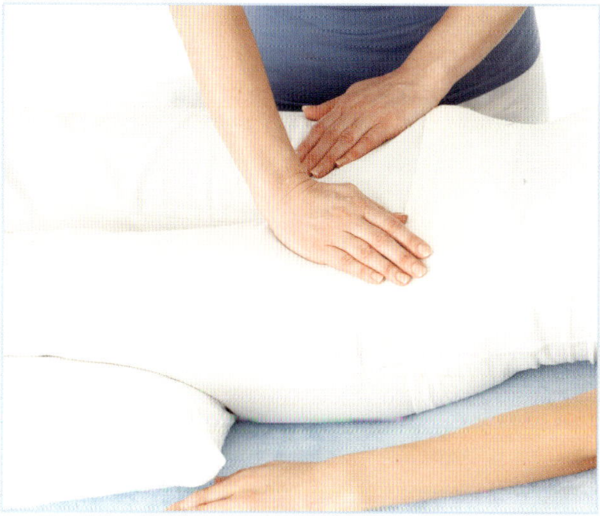

Região da virilha

Coloque ambas as mãos na parte anterior do corpo, sobre a região da virilha. O Reiki aqui é eficiente para tratar a circulação nas pernas, a pressão baixa e o sistema linfático. Essa posição também fortalece a energia do primeiro chakra (vontade de viver e questões de segurança), favorece a fertilidade e revigora o sistema imunológico.

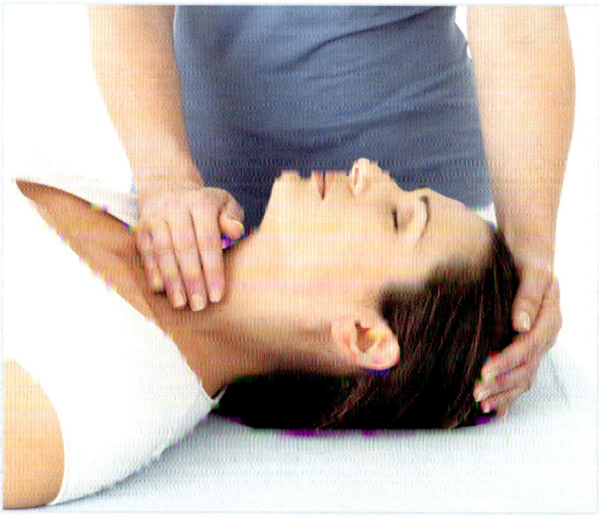

Garganta e topo da cabeça

Coloque uma das mãos sobre a garganta (quinto chakra) e a outra no topo da cabeça (sétimo chakra). Essa posição é benéfica para as glândulas tireóide, pineal e pituitária e para o hipotálamo. Ela equilibra o metabolismo e é eficaz para tratar problemas relacionados com o peso (acima ou abaixo) e para pessoas idosas cujo metabolismo dá sinais de enfraquecimento. É benéfica também para mulheres que estão na menopausa, pois ela trata o hipotálamo, que controla a liberação de hormônios no corpo.

Ombros, braços e mãos

Coloque as mãos, uma em cada ombro, no ponto de articulação com o braço, dedos apontando para baixo. Essa posição libera a tensão nos ombros. Depois de 2 a 3 minutos, passe a tratar cada braço separadamente, colocando uma das mãos na articulação do braço direito com o ombro e a outra no cotovelo, depois no pulso e por fim na palma da mão. Essa posição favorece o fluxo da energia de cura pelos braços e mãos. Trate até sentir que a energia está equilibrada. Em seguida trate o braço esquerdo do mesmo modo.

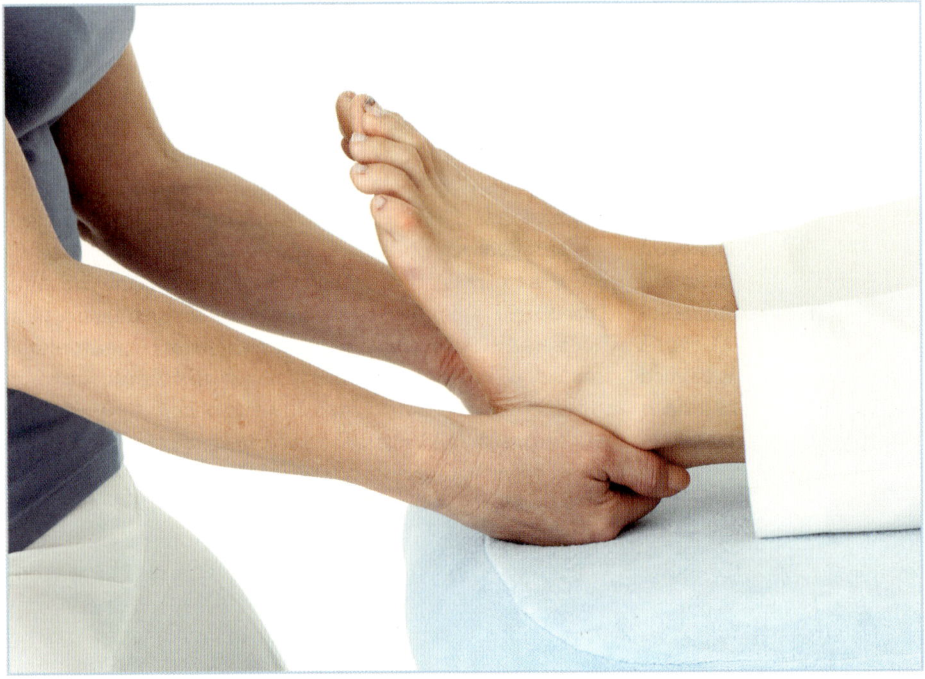

Pés, tornozelos, calcanhares e dedos dos pés

Os pés têm zonas de energia, chamadas zonas reflexas, que correspondem a todas as partes do corpo. A aplicação de Reiki às solas dos pés, aos tornozelos, calcanhares, dedos e ao dorso dos pés envia a energia de cura para todos os órgãos e outros pontos associados no corpo físico.

Tratamento simplificado de Reiki

Se não houver tempo para um tratamento completo de Reiki, você pode aplicar um tratamento simplificado. Use essas posições para "recarregar as baterias", por exemplo, durante uma viagem ou numa situação de stress, como dor de cabeça ou tensão. O equilíbrio de todos os chakras é uma vantagem suplementar propiciada por este procedimento. O tratamento simplificado é aplicado com o receptor sentado numa cadeira.

Alisamento da aura

Comece o tratamento com o alisamento da aura, feito num movimento descendente da cabeça aos pés (ver p. 62), para produzir um efeito calmante.

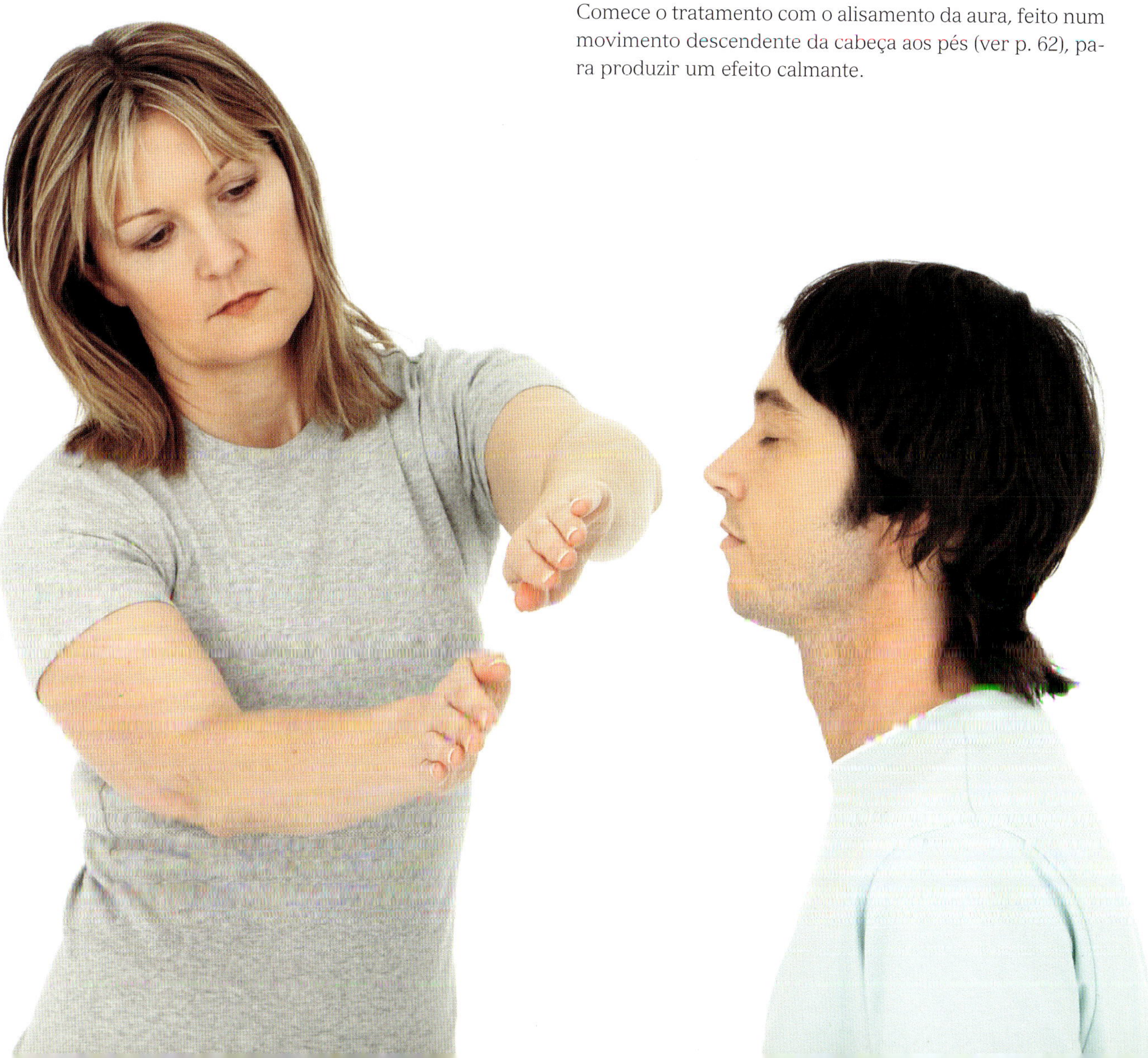

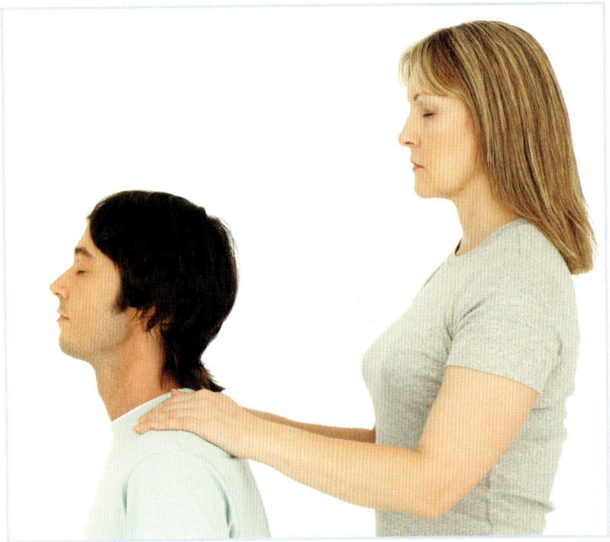

Posição Um

Coloque as mãos no centro dos ombros. Com essa posição tratamos tensões nos ombros, nos braços e na região lombar, e também possíveis choques emocionais.

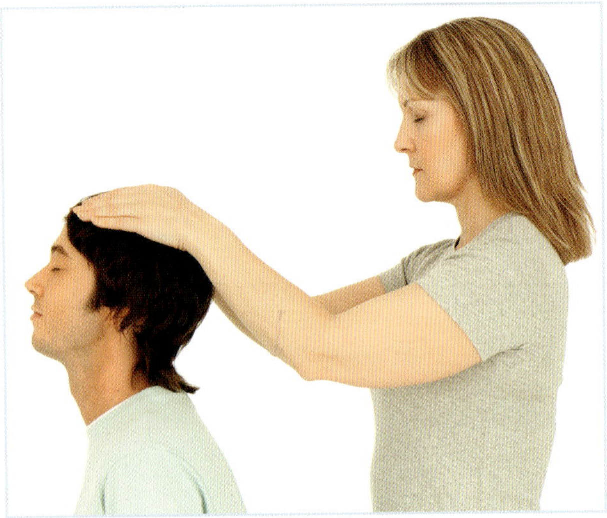

Posição Dois

Coloque as mãos no topo da cabeça, mas sem cobrir o sétimo chakra (deixe um pequeno espaço entre as mãos). Essa posição harmoniza e fortalece a função do cérebro e alivia a pressão na cabeça, a tontura, a indigestão e cãibras estomacais.

Posição Três

Coloque uma das mãos sobre a medula oblonga (ponto de junção da parte posterior da cabeça com a coluna) e a outra sobre a testa. Essa posição harmoniza a energia entre o sexto chakra e a parte detrás da cabeça e influencia as glândulas pineal e pituitária. É útil para dores de cabeça, hemorragia nasal, resfriados e gripes.

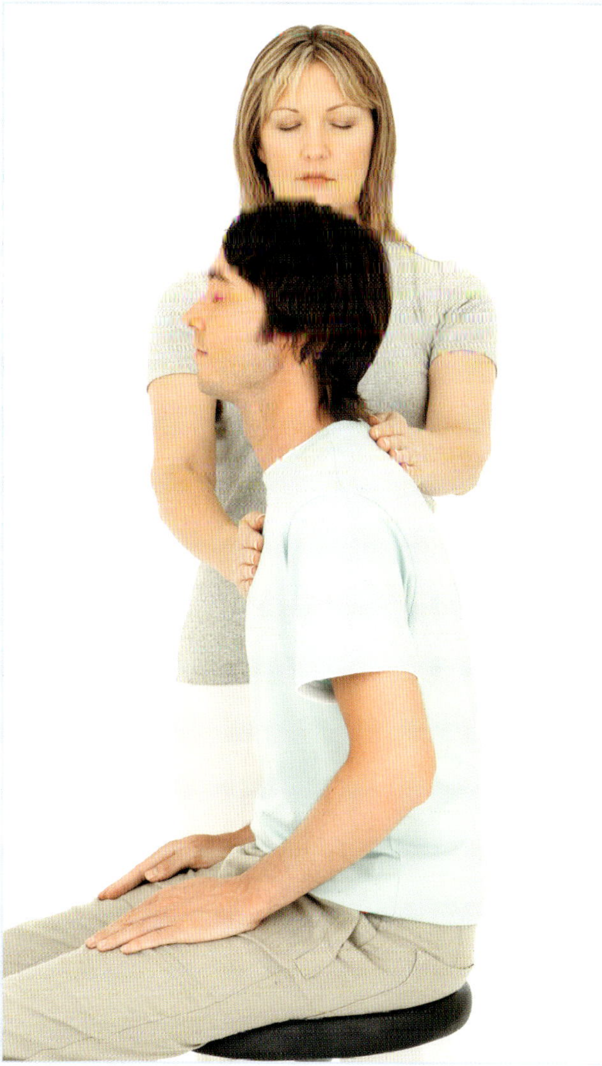

Posição Quatro

Coloque uma das mãos sobre a glândula timo, logo abaixo da clavícula, e a outra na parte alta das costas, logo abaixo da sétima vértebra do pescoço. Com essa posição, você trata o sistema imunológico, os pulmões, a região lombar, dores de cabeça, resfriados, tosses e problemas pré-menstruais e ósseos.

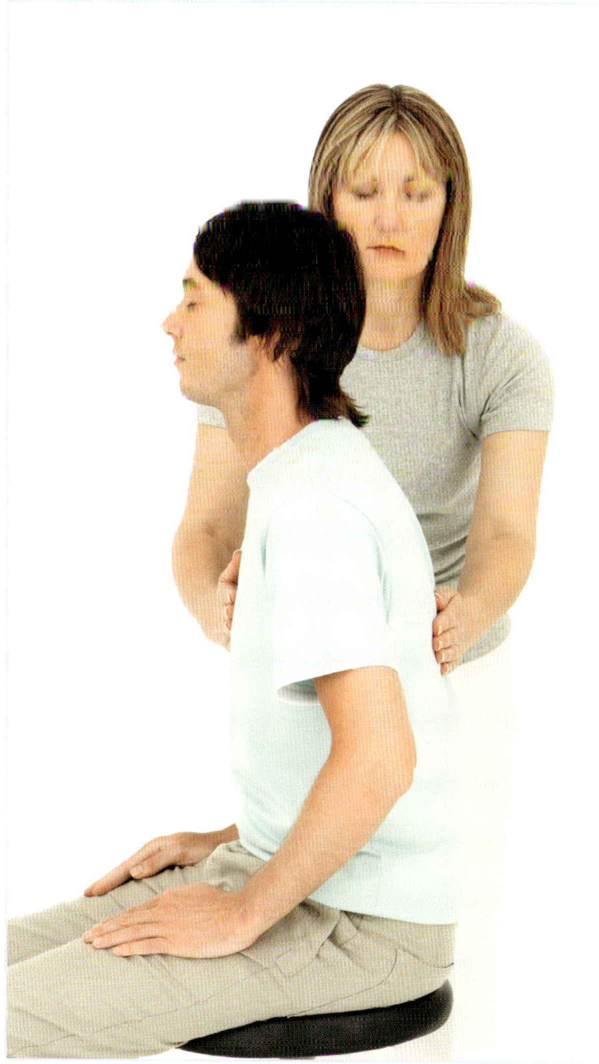

Posição Cinco

Coloque uma das mãos sobre o chakra do coração e a outra nas costas, um pouco abaixo da primeira, cobrindo as glândulas supra-renais. Essa posição trata o coração, as supra-renais, a vesícula biliar e o pâncreas; ela ajuda em casos de alergias, asma, tosses, insônia, nervosismo e medos

Posição Seis

Coloque uma das mãos sobre o estômago, cobrindo o terceiro chakra/plexo solar e a outra na mesma altura nas costas, acima da linha da cintura, na linha dos rins. Essa posição trata as supra-renais, os rins, o nervo ciático, o pâncreas e o baço. Ela também acalma e ajuda em casos de flatulência, náusea e edema ou retenção de líquido.

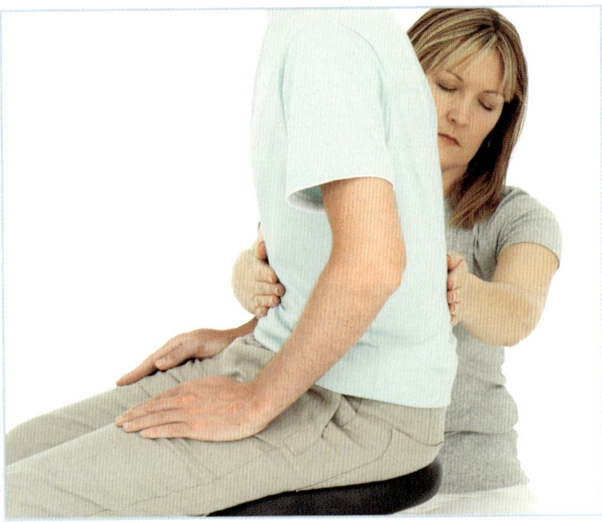

Posição Sete

Coloque uma das mãos sobre o umbigo e a outra nas costas, na mesma altura da primeira, acima do sacro. Essa posição trata constipação, taquicardia, níveis de insulina, incontinência, edema e choque. Ela acelera a digestão, a absorção de nutrientes e aumenta a energia.

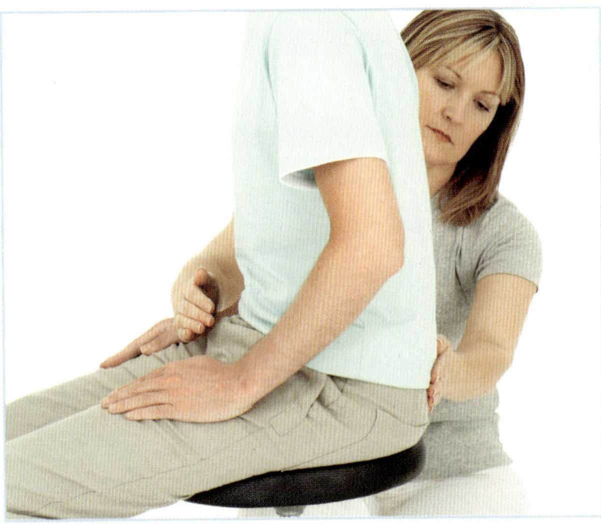

Posição Oito

Coloque uma das mãos sobre o baixo-ventre acima do osso pubiano e a outra na região lombar, sobre o cóccix. Deixe a mão sobre o púbis ligeiramente afastada do corpo físico, aplicando o tratamento através da aura. O efeito é o mesmo como se você tocasse o receptor, pois a energia permeia o corpo físico. Essa posição trata o sistema linfático, a próstata, a bexiga e os órgãos reprodutores. Também ajuda em casos de constipação, insônia e dores menstruais, e favorece a circulação sangüínea.

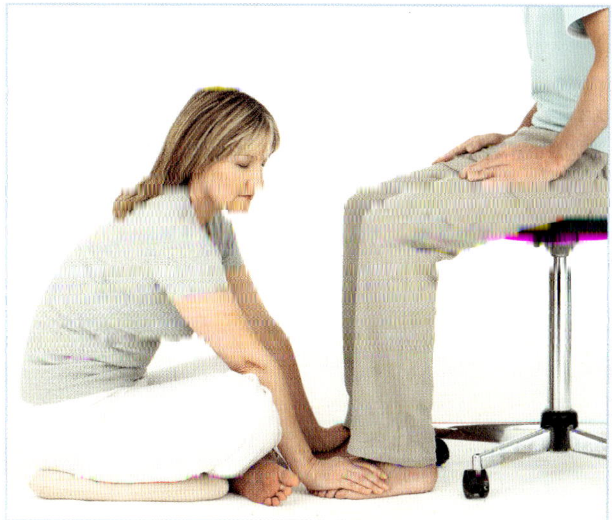

Joelhos

Ponha as mãos sobre os joelhos. Alternativamente, envolva cada joelho com as duas mãos (como se fosse um "sanduíche") de 3 a 5 minutos. Essa posição é eficaz para problemas no joelho, lesões sofridas em práticas esportivas e ferimentos nas articulações. Emocionalmente, ela está ligada a questões relacionadas com o medo e com o progresso na vida.

Pés

Segure cada pé entre as mãos, formando um "sanduíche", tratando assim as zonas reflexas, localizadas na sola de cada pé e correspondendo a todos os órgãos do corpo. Essa posição também ajuda a desenvolver a base e fortalece o primeiro chakra.

Coluna

Termine o tratamento com um movimento ascendente da mão desde a região do sacro, direcionando os dedos ao longo das vértebras da coluna. Esse movimento renova a energia e fortalece o corpo.

Reiki em Grupo

No tratamento em grupo, compartilhamos a energia Reiki com outros praticantes e amigos. O Reiki é um meio de comunicação não-verbal que cria intimidade entre doador e receptor. Nós entramos em sintonia com a outra pessoa e sentimos onde nossas mãos se fazem necessárias. Compartilhar Reiki com outras pessoas é como dedicar tempo a uma convivência de qualidade, a qual sempre enriquece os relacionamentos. Os tratamentos em grupo são especialmente eficazes em casos de doenças graves, pois várias posições de mãos são aplicadas ao mesmo tempo e a força do Reiki flui com mais intensidade.

Trabalho em grupo de três ou mais pessoas

O receptor deita-se e recebe Reiki dos demais integrantes do grupo. O número de participantes pode variar de 3 a 7 pessoas. O tempo de tratamento é em geral menor (em torno de 20 minutos para cada tratamento) do que o dedicado a um tratamento normal. Os integrantes do grupo revezam-se na condição de receptor. Cada doador trata uma área diferente. O tratamento deve ser aplicado em silêncio.

Instruções

1 Um dos doadores alisa com ambas as mãos a aura três vezes, num movimento da cabeça aos pés, para relaxar o receptor.

2 Em seguida os doadores tratam a frente do corpo durante aproximadamente 10 minutos, aplicando as posições de mãos específicas ou trabalhando intuitivamente. Uma pessoa trata a cabeça, duas outras aplicam posições nos lados direito e esquerdo do tronco, e a quarta trabalha as pernas e os pés. Concluído o tratamento na frente, o receptor vira-se para que os doadores tratem as costas, do mesmo modo, durante outros 10 minutos.

3 No fim do tratamento, um dos doadores alisa a aura: duas vezes para baixo e a última vez para cima, para fortalecer a energia.

Sanduíche de Reiki

Este tratamento é realizado num grupo de três pessoas e dura 15 minutos. O receptor senta-se no meio e é tratado simultaneamente por dois doadores, um sentado à sua frente e o outro às suas costas.

Instruções

1 Um dos doadores alisa a aura, como no Passo 1 à esquerda.

2 Em seguida os doadores posicionam as mãos ao mesmo tempo, intuitivamente, em diferentes regiões do corpo do receptor.

3 No fim, um dos doadores alisa a aura novamente e troca de lugar com o receptor, de modo que os três realizam o papel de doador e de receptor.

Neste tratamento em grupo, chamado sanduíche de Reiki, em que o receptor fica sentado entre dois doadores, estes posicionam as mãos nas partes do corpo que intuem precisar de energia.

Círculo de energia Reiki

Este círculo de energia é ideal para encontros e seminários. Você pode praticá-lo no trabalho (no início ou fim de reuniões) para criar uma melhor comunicação com os colegas e fazer com que todos se sintam mais presentes. Cada participante se sente parte do círculo, unido ao todo maior. As mãos ficam em contato durante 5 a 10 minutos.

Instruções

1 Todos ficam de pé ou sentados em círculo, fazendo algumas respirações profundas e relaxando os ombros

2 Cada um oferece a palma direita, voltada para baixo, para a pessoa à sua direita, enviando-lhe energia; e oferece a palma esquerda, virada para cima, para a pessoa que está à esquerda, para receber energia. Os braços ficam soltos e confortáveis.

3 Receba a energia pelo lado esquerdo (feminino), sentindo-a passar pela palma, subindo pelo braço e entrando na região do peito (quarto chakra), antes de descer pelo braço direito (lado masculino) e sair pela palma para entrar na mão da pessoa à sua direita.

4 Perceba possíveis sensações nas mãos e no corpo enquanto doa e recebe ao mesmo tempo. Tome consciência da união com cada integrante do círculo.

Abraço de Reiki

O abraço de Reiki é uma forma muito eficaz e enriquecedora de trocar energia amorosa. É também uma maneira muito apropriada de agradecer à pessoa que lhe aplicou um tratamento, e também de relacionar-se num nível mais profundo, permutando energia de coração a coração.

Instruções

1 Ao abraçar, cada um aproxima a parte superior do corpo de modo que o lado esquerdo do peito toque o lado esquerdo do peito do outro. Assim a energia flui mais livremente. As mãos são postas na parte superior ou inferior das costas da outra pessoa. Os dois devem se sentir confortáveis.

2 Fiquem o tempo que quiserem nesse abraço amoroso e relaxante. Será maravilhoso se ambos conseguirem experimentar uma sensação de fusão, pois sentirão que se tornam um com a outra pessoa.

Reiki para doenças comuns

O nosso estado natural como seres humanos é ser saudáveis e felizes. Entretanto, um desafio importante na vida é lidar com as suas diferentes facetas – algumas delas negativas –, o que pode ser difícil. Segundo a lei do universo, nós criamos a nossa própria realidade por meio de ações e pensamentos. Se estes forem positivos, receberemos o mesmo em troca, na forma de amor, alegria, compreensão e experiências positivas. Se tivermos pensamentos ou sentimentos negativos com relação às outras pessoas, com o tempo eles podem se acumular no nosso organismo e se transformar em doenças físicas.

Descobrindo a verdadeira razão da doença

O Reiki nos possibilita entrar em contato com a causa da doença ou do desequilíbrio do corpo porque ele age nos níveis físico, mental, emocional e espiritual. Tanto o doador como o receptor precisam prestar muita atenção a possíveis mensagens vindas do corpo e da mente, pois elas podem ser muito sutis.

O vínculo corpo-mente

Ao receber Reiki, a energia de cura sustenta a capacidade natural do corpo de curar a si mesmo como uma prioridade. Isso significa que a energia libera negatividade, bloqueios e toxinas do corpo. Se quisermos, podemos acelerar esse processo de cura procurando a razão por trás do problema físico, com a intenção de encontrar, tratar e eliminar sua verdadeira causa. Isso implica o compromisso de examinar o problema com honestidade. A principal condição para haver cura é a disposição do receptor de estar aberto à mudança e à transformação de atitudes, comportamentos e perspectivas. Sem mudança, não é possível haver desenvolvimento espiritual, e este é uma exigência para que a cura se processe.

Existe uma interação constante entre corpo, psique e emoções; a energia positiva (alegria, amor) mantém o corpo flexível e maleável, ao passo que a energia reprimida (raiva, tristeza) e desejos insatisfeitos (frustração, decepção) criam bloqueios, inicialmente no corpo energético e em seguida no corpo físico. Se esses corpos não são ouvidos, eles criam desequilíbrios e doenças no corpo com o avançar da idade. Outros fatores, como genes, meio ambiente e poluição, alimentação e atividades físicas, também influenciam o estado de saúde do corpo.

Instrumentos

A mente é um instrumento poderoso que pode trabalhar a favor ou contra o nosso bem-estar e a nossa saúde. A doença é resultado de desequilíbrios, muitas vezes causados por atitudes mentais ou crenças inconscientes, as quais têm origem em reações emocionais aos acontecimentos da vida. Este capítulo pode inspirar-lhe algumas idéias com relação a si mesmo e aos outros no sentido de detectar as possíveis causas emocionais dos seus problemas.

Comece fazendo-se as seguintes perguntas:

"Quais são os meus medos?"

"O que estou pensando?"

"O que estou segurando e não expressando?"

"Como isso está se manifestando fisicamente em mim nesse momento no tempo?"

Ouça o seu corpo e o seu coração; você encontrará as respostas dentro de você.

A técnica do *Mental Healing* aprendida no Segundo Grau (ver p. 86) também é um instrumento valioso para procurar a razão oculta sob a doença e os problemas emocionais do passado e do presente. Neste capítulo, você conhecerá possíveis causas de doenças e interações entre corpo, mente e alma, além de modos de aplicação do Reiki para curá-las.

Do harmonioso fluxo da energia entre corpo, mente e espírito resulta uma sensação de paz e tranqüilidade. O Reiki ajuda a promover essa harmonia e sensação preservando e aumentando o seu bem-estar natural.

Possíveis causas das doenças

Olhos: Visão, percepção e audição interiores (terceiro olho), não ser visto pelos outros, não querer ver o que está acontecendo; ligados às cavidades dos seios da face, onde se acumulam lágrimas retidas.

Dentes: Sentimentos de indecisão ao longo de muito tempo.

Garganta: Raiva, mágoa e outros sentimentos engolidos, incapacidade de expressar a si mesmo; bloqueios causados por sufocar palavras, pensamentos ou crenças, não dizendo o que precisa ser dito, incapacidade de dizer a verdade.

Região superior das costas: Lado direito – raiva retida, dar em excesso, conter a irritação, atacar ou revidar, defender-se ou reter, defender-se por um desequilíbrio entre dar e receber; lado esquerdo – tristeza armazenada, pesar, aflição, perda, culpa.

Braços e mãos: Questões de dar (mão direita) e receber (mão esquerda) amor, medo de liberar, apego a coisas e pessoas (com que aspectos na vida você não consegue lidar?).

Cóccix: Sobrevivência, medo do sucesso, medo da vitalidade e da ação, atividade da kundalini.

Joelhos: Inflexibilidade no pensar, obstinação, indecisão (que decisão você tem medo de tomar?).

Tornozelos: Compreensão relacionada com o pensar; medo da morte e do morrer (que mudanças você precisa fazer em sua vida?)

Lado direito do corpo: Representa as energias masculinas, extrovertidas, da sobrevivência (questões de dinheiro e de emprego), aventura, atividade externa, agressividade, pensamento lógico e aplicação da vontade.

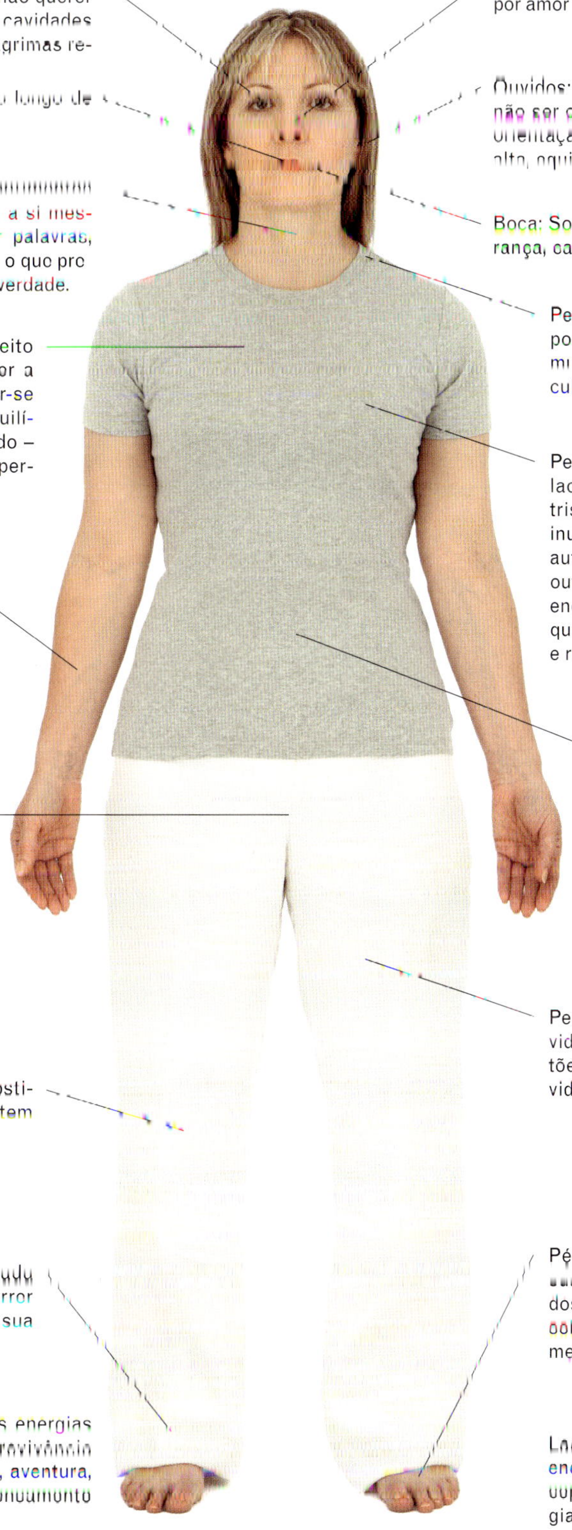

Nariz: Sentir e cheirar, resposta sexual; clamor por amor e necessidade de auto-reconhecimento.

Ouvidos: Bloquear o que você não quer ouvir, não ser ouvido por outros, relutância em ouvir a orientação interior, relacionadas com pressão alta, equilíbrio e [illegible]

Boca: Sobrevivência, como lidamos com a segurança, capacidade de aceitar novas idéias.

Pescoço e ombros: Assumir cargas e responsabilidades pela família, trabalho, mundo e outras pessoas; sentimentos de culpa e stress.

Peito/coração/pulmões: Questões de relacionamento, angústia, perda, medo, tristeza, rejeição, mágoa, sentimentos de inutilidade, emoções reprimidas, baixa auto-estima, sentimento controlado por outros; reprimir por medo de estar vivo, energia baixa, expectorar sofrimento, bloqueios de amor e desequilíbrios entre dar e receber.

Região lombar: Raiva e ressentimento armazenados, sentir-se desamparado, tentar ser perfeito, questões de dinheiro e medos indefiníveis, desequilíbrio sexual, barreiras contra o sexo oposto e questões com abuso sexual.

Pernas: Associadas com o progresso na vida, medo do futuro e da mudança, questões familiares (o que o está detendo na vida?).

Pés: Representam o que você defende e sua firmeza na vida; defesa de si mesmo e dos outros; associados com segurança e sobrevivência, consecução de objetivos e medo de dar o próximo passo na vida.

Lado esquerdo do corpo: Representa as energias femininas do alimento, da receptividade, criatividade, intuição e energias delicadas e amorosas.

Lista de órgãos relacionados com comportamentos e doenças

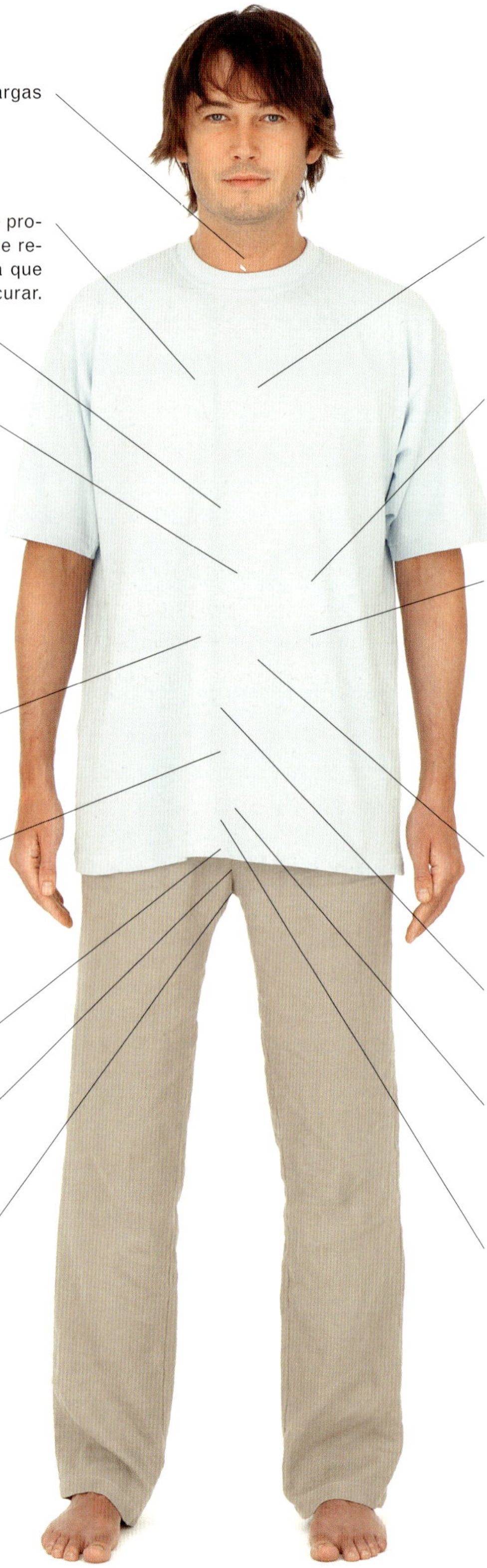

Tireóide: Sentimentos de humilhação e cargas emocionais de acusação.

Pulmões: Perda da capacidade de receber e problemas respiratórios significam que você se recusa a inspirar a vida; pneumonia significa que você está cansado da vida e não se deixará curar.

Fígado: Indicações de raiva e medo acumulados no decorrer de longos períodos de tempo.

Estômago: Medo e pavor de não ter a capacidade de assimilar o novo e o desconhecido; as coisas são engolidas e difíceis de digerir, como velhos padrões aprendidos e condicionamentos da família, de colegas e de professores; uma úlcera é raiva corroendo as entranhas; sentimentos de ansiedade criam um estômago nervoso; medo de desaprovação causa indigestão de antigos pensamentos, sentimentos e idéias que não se ajustam mais à sua vida.

Vesícula biliar: Indicações de raiva que se transformou em amargura; sentimentos rígidos e desenvolvimento de orgulho condenável.

Trato intestinal: Constipação indica retenção de sentimentos, em geral de raiva, medo e culpa; sentimentos de estar preso no passado, recusa em adotar novas idéias. Diarréia e colite indicam liberação de velhos sentimentos, pensamentos e idéias sem realmente abordá-los e resolvê-los; medo e rejeição de coisas que podem nutri-lo.

Genitais: Questões de sobrevivência, medo da vida, relacionados com o primeiro chakra.

Próstata: Culpa sexual, raiva das mulheres; sentimentos de impotência, desamparo e questões com nascimento, incesto e abuso sexual.

Testículos: Representam a energia masculina, problemas nessa região podem resultar de medo ou rejeição da energia masculina.

Coração: Indicações de que você pode estar insatisfeito com sua incapacidade de amar a si mesmo e os outros; o coração é o centro do amor e da segurança.

Baço: Ser obcecado por coisas; retenção de situação inacabada com relacionamentos passados; poderia ter relação com a morte de uma pessoa amada (pais ou parceiro), com um emprego ou estilo de vida que cria associações indesejadas com o passado.

Glândulas supra-renais e rins: Hiperatividade do sistema nervoso simpático, descargas das supra-renais, cura de todo o sistema auto-imune. Questões: autocrítica, sentimentos de vergonha e decepção com a vida e com você mesmo; confusão; indicações de sentimentos não expressos, especialmente a raiva; trate como para choque, trauma, doença, cirurgia, desequilíbrio emocional, stress, alergias, energia baixa e resposta de medo.

Pâncreas: A doçura desapareceu da vida; a centelha, o tempero e o sabor deixaram de existir, caracterizados por ser doces demais ou "açucarados".

Abdômen: A sede das emoções, contendo os sentimentos mais profundos, centro da sexualidade, sistema digestório.

Ovários/útero: Indica raiva acumulada contra os homens; questões não resolvidas com nascimento, aborto, estupro, incesto, abuso, medo, culpa e raiva com relação à sexualidade.

Bexiga: Retenção de antigos sentimentos, como raiva acumulada; essa pode ser relacionada com medo e culpa em torno da sexualidade; medo de liberar acompanhado de ansiedade.

Reiki em primeiros socorros

Podemos aplicar o Reiki diretamente como primeiros socorros. Ele exerce um efeito muito calmante sobre o sistema nervoso, especialmente quando as pessoas estão em estado de choque depois de um acidente.

Para suportar o stress

Numa emergência, o corpo entra automaticamente no modo "luta ou fuga" em que o córtex supra-renal libera a produção de adrenalina, a qual suporta a nossa reação ao stress extremo. O sangue transporta a adrenalina para as células do corpo, deixando a pessoa pronta para agir e reagir. Entretanto, as glândulas supra-renais exaurem-se rapidamente e ficam sob tensão e stress. Você pode ajudar pessoas em situações de emergência acalmando-as e equilibrando-as com Reiki.

Queimaduras

Sem tocar, aplique Reiki na região afetada durante 20 a 30 minutos, possivelmente entre intervalos. A dor pode piorar inicialmente, antes de começar a diminuir. Se o Reiki for aplicado imediatamente, a formação de bolhas é menos provável.

Feridas

Aplique Reiki sobre a ferida (posicionando as mãos acima do corpo, sem tocá-lo). Mais tarde, depois de feitos os curativos apropriados, aplique Reiki pela bandagem.

Ataque cardíaco

Peça socorro médico imediatamente. Nesse meio-tempo, aplique Reiki na região superior e inferior do abdômen, mas não diretamente sobre o coração.

Medo

Coloque as mãos sobre o terceiro chakra (região do plexo solar), sobre as glândulas supra-renais (no meio das costas) e na região da nuca (sobre a medula oblonga). Alternativamente, aplique *Mental Healing* (ver p. [illegible]) e Tratamento a Distância (ver p. [illegible]).

Picadas de insetos

Aplique Reiki diretamente no local da picada durante 20 a 30 minutos. Se você puder fazer isso imediatamente, o in[illegible]

Contusões e entorses

Aplique Reiki imediatamente, diretamente no local da contusão ou da entorse, durante 20 a 30 minutos.

Ossos quebrados

Feita a reposição do osso no lugar por um profissional da saúde, posicione as mãos sobre o gesso. A dor pode aumentar um pouco no início do tratamento.

Choque

Chame os serviços de emergência imediatamente. Enquanto espera, aplique Reiki sobre o plexo solar (terceiro chakra) e sobre as glândulas supra-renais simultaneamente. Como alternativa, trate a região posterior da cabeça e as glândulas supra-renais ao mesmo tempo. Mais tarde, trate os ombros ou apenas segure a mão da pessoa afetada; coloque as mãos onde você pode alcançar com facilidade.

> *"Uma manhã a nossa torradeira pegou fogo. Meu filho entrou em choque por causa das chamas. Eu coloquei as mãos sobre o corpo dele, no centro da parte anterior e na mesma altura nas costas e ele se acalmou imediatamente."*
>
> *Brigitte*

Atenção: O Reiki não substitui os serviços médicos de emergência, devendo ser aplicado apenas para [illegible] assistência médica.

Tratamentos para doenças específicas

Ao tratar doenças específicas, precisamos antes definir se elas são agudas ou crônicas. Uma doença aguda é recente e responde rápida e diretamente à energia Reiki, enquanto problemas crônicos precisam de tratamento intenso e prolongado.

Doenças agudas

Quando um receptor com sintomas agudos é tratado, a força do Reiki é absorvida imediatamente e em grandes quantidades, o que pode resultar na exacerbação dos sintomas. Essas reações de autocura fazem parte do processo de cura e são chamadas de "crise de cura". Como na homeopatia, essas manifestações chegam a um clímax, ocasião em que a energia tóxica é expelida do corpo. As reações de autocura são um bom sinal e indicam que a recuperação está em andamento. Elas geralmente amenizam em poucas horas ou dias. O receptor normalmente fica livre dos sintomas três dias após o tratamento de Reiki.

Doenças crônicas

Enfermidades crônicas exigem tratamento intenso durante várias horas e no decorrer de um período prolongado. Aqui a crise de cura, com suas reações de autocura, acontece numa etapa mais adiantada do processo curativo. Nessa etapa o receptor pode ter uma recaída, quando a energia Reiki e as toxinas reagem uma contra as outras antes que a energia Reiki consiga eliminar as toxinas. Ao manifestar-se, uma crise de cura assemelha-se a uma doença crônica retrocedendo à sua condição aguda. Nesse momento é fundamental continuar os tratamentos de Reiki, pois você chegou ao fundo da doença e as toxinas restantes estão sendo liberadas. Entretanto, uma crise de cura nem sempre é perceptível ao se tratar doenças crônicas. Às vezes sintomas físicos podem declinar brandamente, sem chegar a um clímax.

Aspectos práticos

O tempo recomendado para manter as posições das mãos é de 3 a 5 minutos, mas você pode ultrapassar esse tempo, especialmente se sentir que o receptor está absorvendo muita energia Reiki. Às vezes esse período pode levar de 10 a 15 minutos.

Todas as posições de tratamento aqui apresentadas são descritas para tratar outra pessoa, mas você pode também aplicá-las em si mesmo, como autotratamento. Talvez seja necessário ajustar a posição das mãos para alcançar as mesmas áreas do corpo. Nesse caso, use o bom senso e faça a adaptação que for mais apropriada.

Um receptor com uma doença aguda pode ter os sintomas intensificados depois de um tratamento de Reiki, mas essa reação de autocura é sinal de que a recuperação está se processando.

Dor de cabeça

Dores de cabeça podem ser causadas, além de outros motivos, por resfriados ou gripes, por tensão excessiva causada por preocupação, por [illegible] pouca água e por não se conseguir liberar toxinas do corpo.

Recomendação: Beber muita água e talvez usar o remédio Rescue dos Florais de Bach.

Tratamento

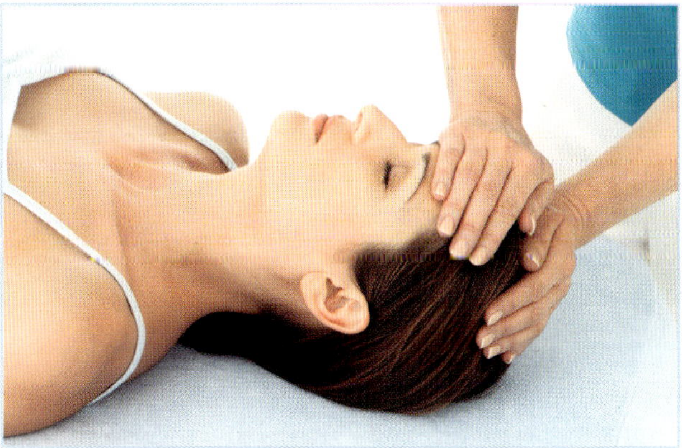

1 Coloque as mãos diretamente sobre a região dolorida que precisa ser tratada.

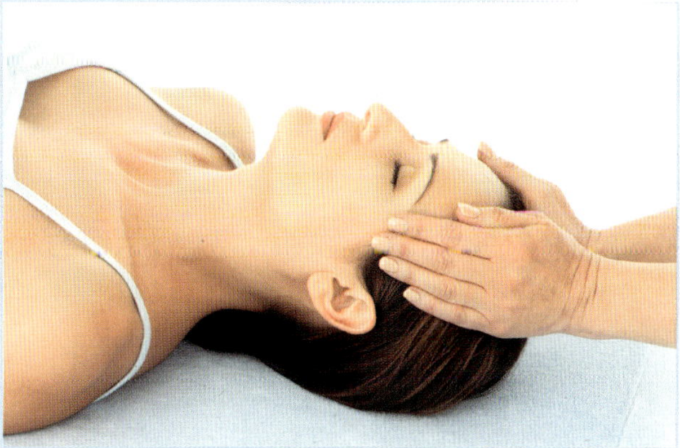

2 Coloque as mãos nos lados da cabeça, acima das orelhas, pontas dos dedos tocando as têmporas e as palmas acompanhando o contorno da cabeça, como na Posição da Cabeça Dois.

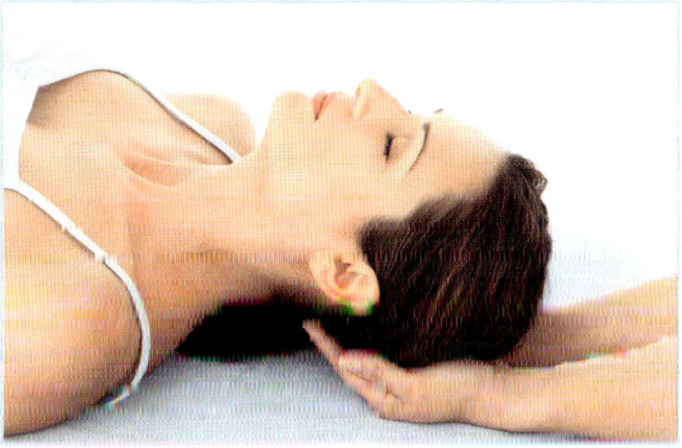

3 Sustente a parte posterior da cabeça com as mãos em concha, as pontas dos dedos tocando a medula oblonga, como na Posição da Cabeça Quatro. Essa posição relaxa e alivia a dor.

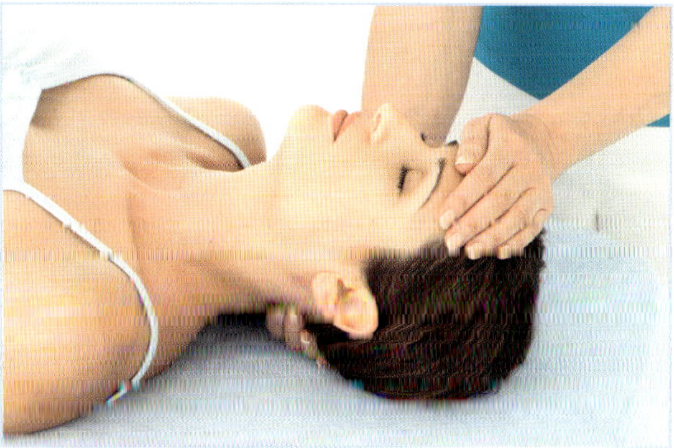

4 Coloque uma das mãos na região da nuca, sobre a medula oblonga, e a outra sobre a testa. Essa posição reduz o [illegible] esclerose múltipla, epilepsia e insônia

Enxaqueca

A enxaqueca é uma forma agravada da dor de cabeça. Enxaquecas comuns podem se transformar numa dor latejante em um ou nos dois lados da cabeça, ao passo que uma enxaqueca clássica geralmente começa com um distúrbio visual que se abranda e é seguido por dor de cabeça em um lado apenas. A enxaqueca tende a ser recorrente e pode ser causada por stress, sensibilidade ao alimento, luzes intensas, ruídos altos e menstruação. Ela é quase sempre acompanhada de náuseas, vômitos e indisposições estomacais, e indica um desequilíbrio entre fígado, vesícula biliar e baço.

Recomendação: Beber muita água e talvez usar o remédio Rescue dos Florais de Bach.

Tratamento

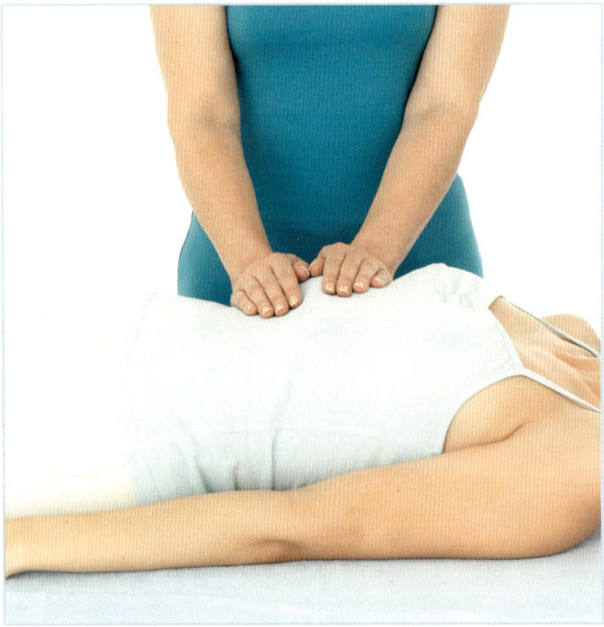

1 Coloque as mãos, próximas uma da outra, sobre a região inferior da caixa torácica, no lado direito do corpo, na Posição Frontal Dois.

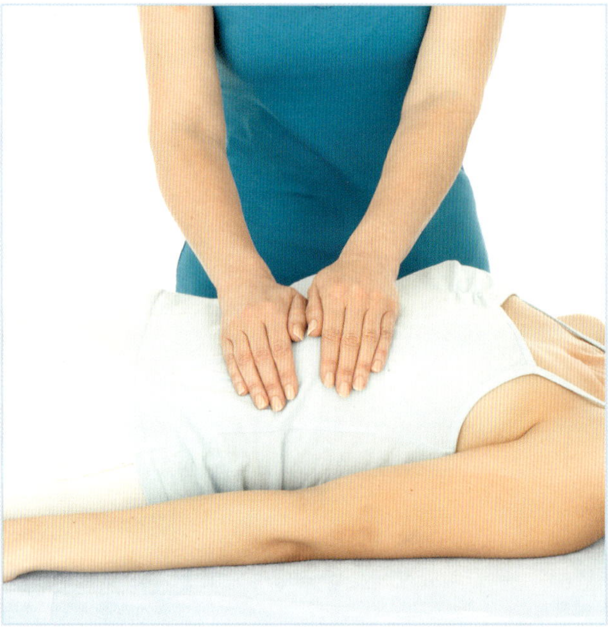

2 Mantendo as mãos na mesma altura, desloque-as para o lado esquerdo do corpo, na Posição Frontal Três. Essas posições tratam o fígado e a vesícula biliar, fortalecem o baço e facilitam a digestão.

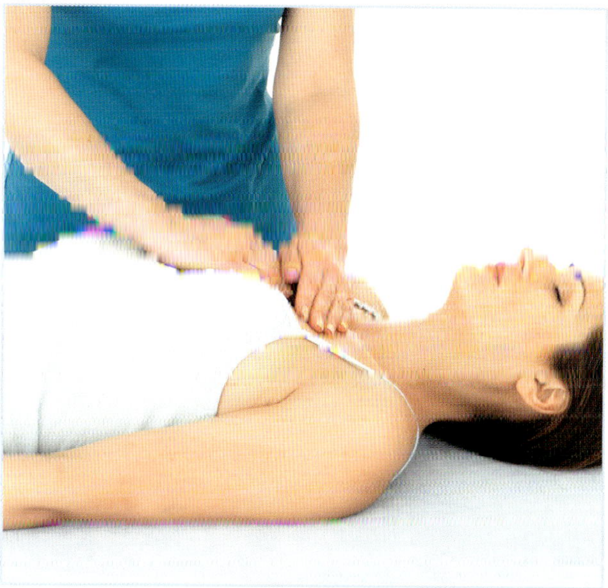

3 Em seguida, sustente a cabeça com as mãos em concha, as pontas dos dedos tocando a medula oblonga, na Posição da Cabeça Quatro. Essa posição alivia a tensão na cabeça e ajuda no caso de problemas digestivos.

4 Coloque uma das mãos sobre o timo e a outra sobre o esterno, formando um ângulo reto com a primeira na altura da clavícula, como na Posição Frontal Um. O Reiki aqui revigora e fortalece o sistema imunológico.

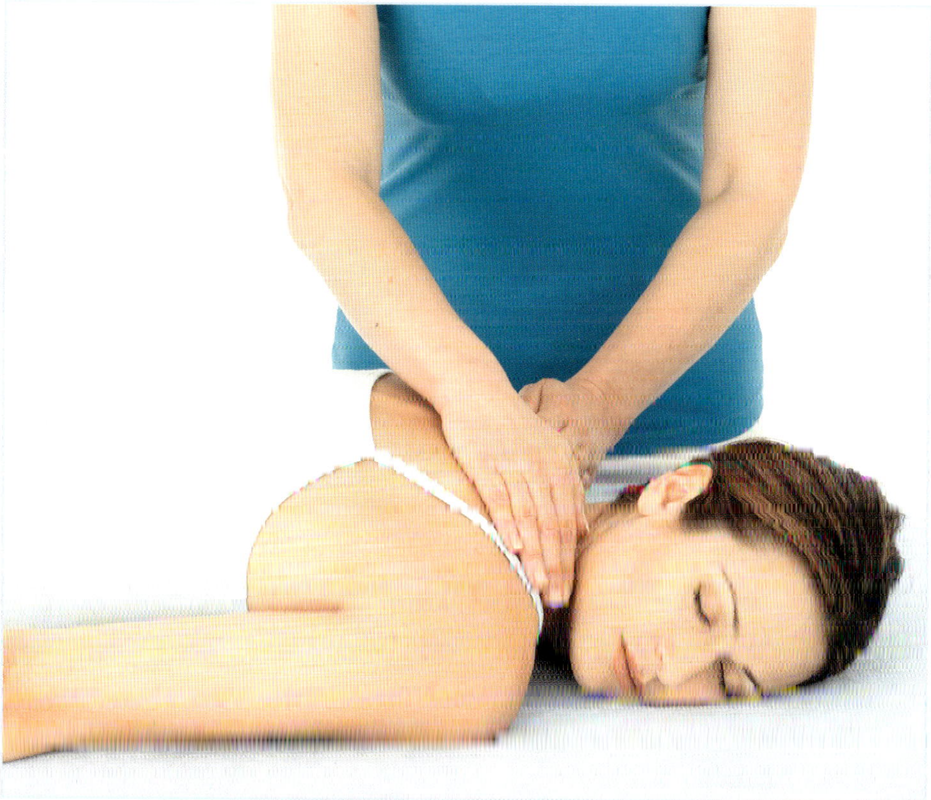

5 Coloque as mãos sobre os ombros, à direita e à esquerda da coluna, com os dedos de uma das mãos tocando o canal da coluna, na Posição Dorsal Um. Essa posição é propícia para liberar tensões no pescoço e nos ombros, para o stress e emoções bloqueadas. Além disso, você pode usar algumas dessas posições para tratar dores de cabeça (ver p. 163).

Dor no pescoço, nos ombros e na região superior das costas

A tensão no pescoço, nos músculos do pescoço e na região superior das costas é em geral causada por stress, postura incorreta, falta de exercícios ou por um desequilíbrio no fígado e na vesícula biliar. A dor pode também ser causada por inflamação na articulação dos ombros, lesões causadas por deslocamento súbito da cabeça ou do pescoço, dores nos ossos e dores do crescimento. Entre as causas emocionais de dores nessa região estão a repressão de emoções e a sensação de sobrecarga de responsabilidade. As posições descritas a seguir liberam a dor e a tensão no pescoço, nos ombros e na região superior das costas.

Recomendação: Descubra a causa da dor nas costas. Faça exercícios diários de alongamento (melhor pela manhã) para soltar e tonificar os músculos correspondentes. Faça exercícios aeróbicos e caminhadas enérgicas regularmente. Reduza os níveis de stress e libere emoções reprimidas, como a raiva e o medo. A massagem terapêutica e tratamentos quiropráticos podem ser muito benéficos.

ESTUDO DE CASO **DORES LOMBARES**

PERFIL DA CLIENTE

Eleanor (uma reikiana de Segundo Grau) combinou com seu jovem sobrinho Roy aplicar-lhe um tratamento na região lombar, pois ele estava tendo problemas nessa parte do corpo.

OTRATAMENTO DE REIKI

Eleanor propôs-se a adotar a seqüência normal (Posição Dorsal Um a Cinco); ao colocar as mãos sobre os ombros (Posição Dorsal Um), sentiu como se eles estivessem se movimentando de um lado para o outro, como na ação de amassar. Ao aproximar as mãos da coluna, a sensação voltou. No fim do tratamento, ela perguntou a Roy se ele vinha tendo algum problema com os ombros; ele respondeu que sim, que estavam muito sensíveis e doloridos. Eleanor perguntou, então, como ele se sentia depois do tratamento, e ele, surpreso, disse que se sentia melhor, que a dor havia desaparecido.

Tratamento

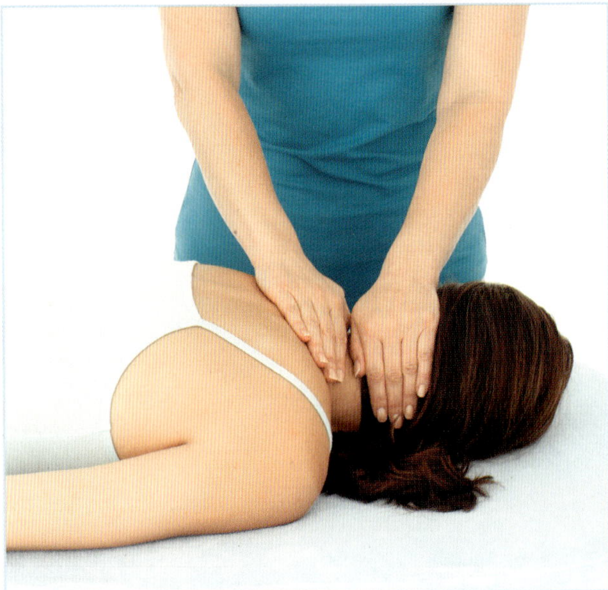

1 Coloque uma das mãos sobre a nuca e a outra sobre a primeira vértebra do pescoço.

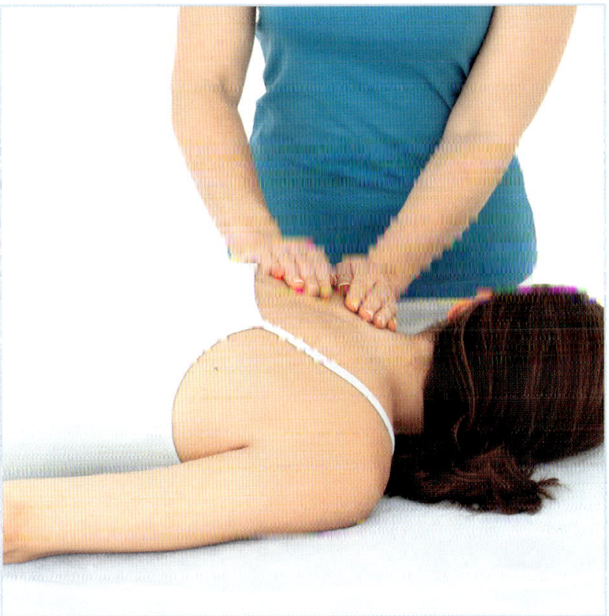

2 Coloque as palmas, unidas, sobre o ombro esquerdo, com a base tocando o músculo do ombro, dedos apontando para a coluna.

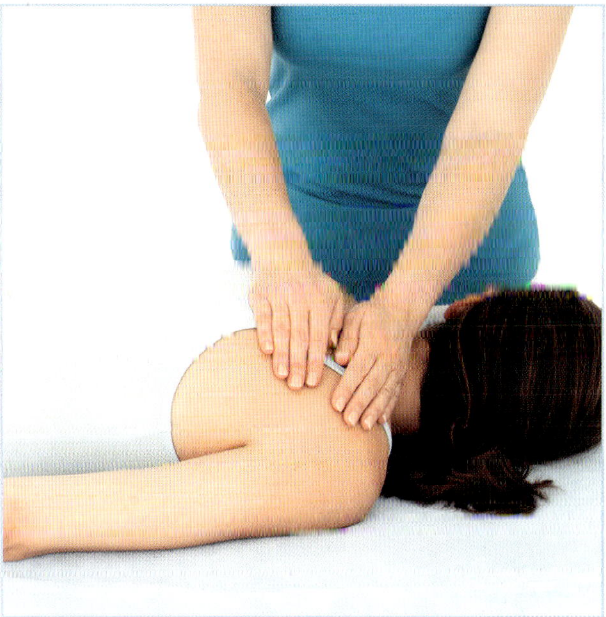

3 Desloque as palmas para o ombro direito; agora a base das palmas tocam a coluna e os dedos ficam em contato com o músculo do ombro.

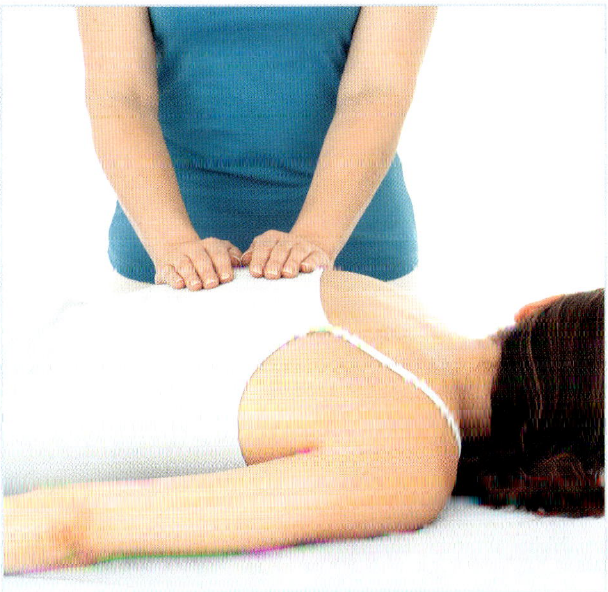

4 Repita os movimentos 2 e 3, mas agora com as mãos um pouco abaixo (distância correspondente à largura da mão), para tratar a região superior das costas.

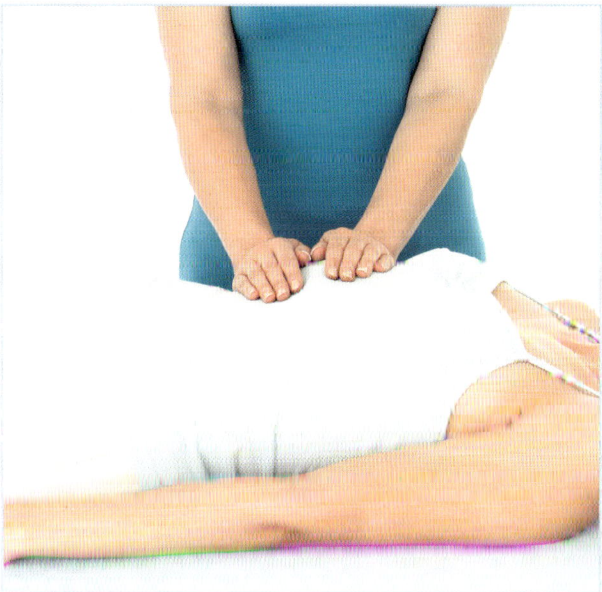

5 Coloque as mãos, próximas uma da outra, sobre a região inferior da caixa torácica, no lado direito do corpo, na Posição Frontal Dois.

Dor no meio das costas e na região lombar

As causas mais comuns das dores no meio das costas e na região lombar são o funcionamento deficiente dos rins, hábitos alimentares inadequados, stress e tensão. O stress pode desequilibrar a energia nos músculos dorsais e lombares, provocando espasmos quando os rins e os músculos lombares a eles ligados enfraquecem. A dor no meio das costas tem relação com desequilíbrios no fígado e no baço. As dores nas costas se desenvolvem em conseqüência de ações como: levantar muito peso, ficar muito tempo de pé, praticar pouco exercício, manter posição incorreta, ter problemas de reprodução e dores menstruais; mas elas podem também estar associadas a uma carência geral de suporte adequado na vida.

Recomendação: Descubra a causa da dor nas costas. Tente eliminar os fatores que provocam tensão muscular, como a falta de exercícios, sedentarismo, stress e emoções reprimidas. Mude de posição no caso de tarefas que envolvam ações repetitivas e o sedentarismo.

Tratamento

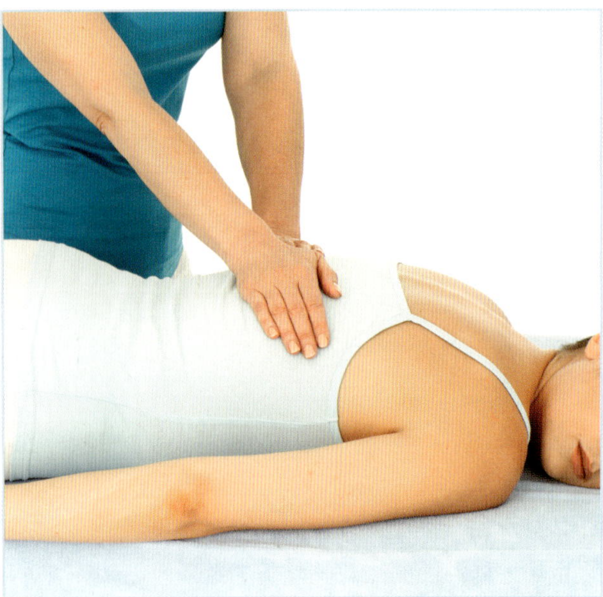

1 Coloque ambas as mãos nas costas, sobre as costelas inferiores, um pouco acima da linha da cintura, de modo a cobrir as glândulas supra-renais e a parte superior dos rins.

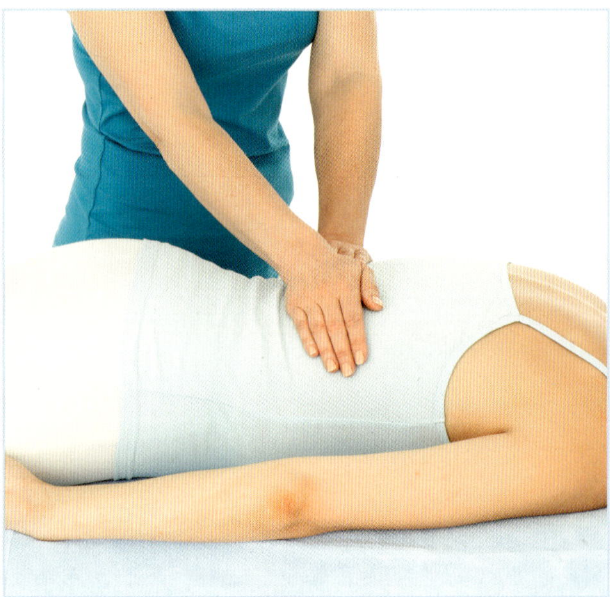

2 Em seguida desloque as mãos para baixo (largura da mão) para cobrir os rins na linha da cintura, na Posição Dorsal Três. (Os passos 1 e 2 ajudam a equilibrar as funções das supra-renais, dos rins e do sistema nervoso.)

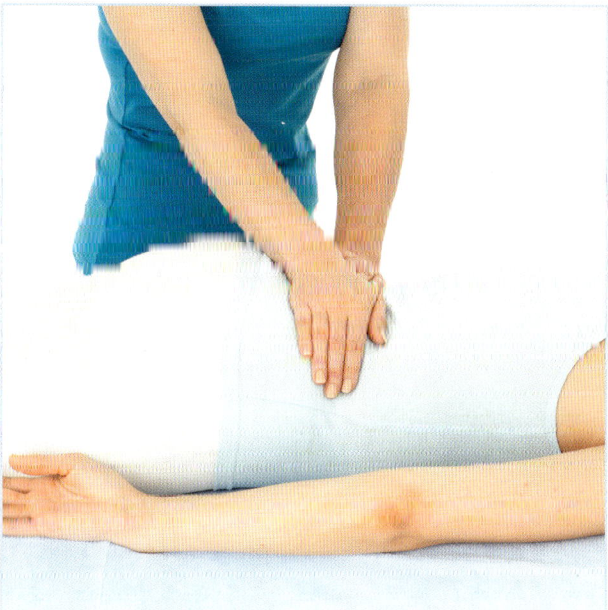

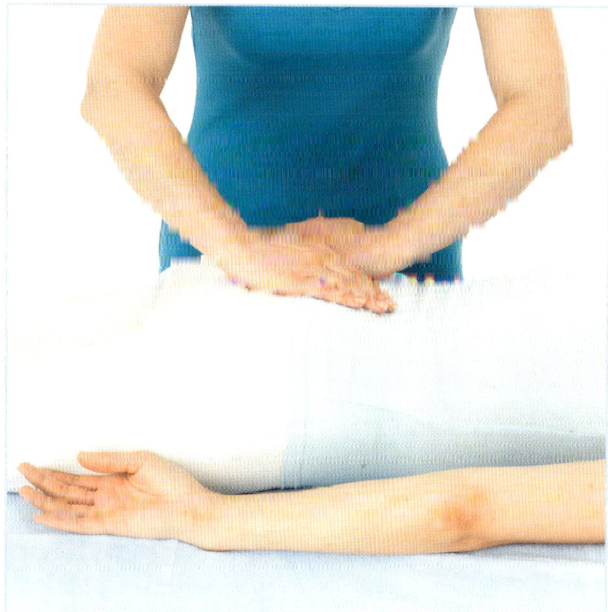

3 Coloque as mãos sobre a região lombar, na linha dos quadris, na Posição Dorsal Quatro.

4 Coloque as mãos num lado e no outro da porção inferior da coluna, sobre o sacro: uma das mãos com os dedos apontando para o cóccix e a outra apontando para cima. Essa posição alivia dores lombares e a dor ciática e fortalece a linfa e os nervos.

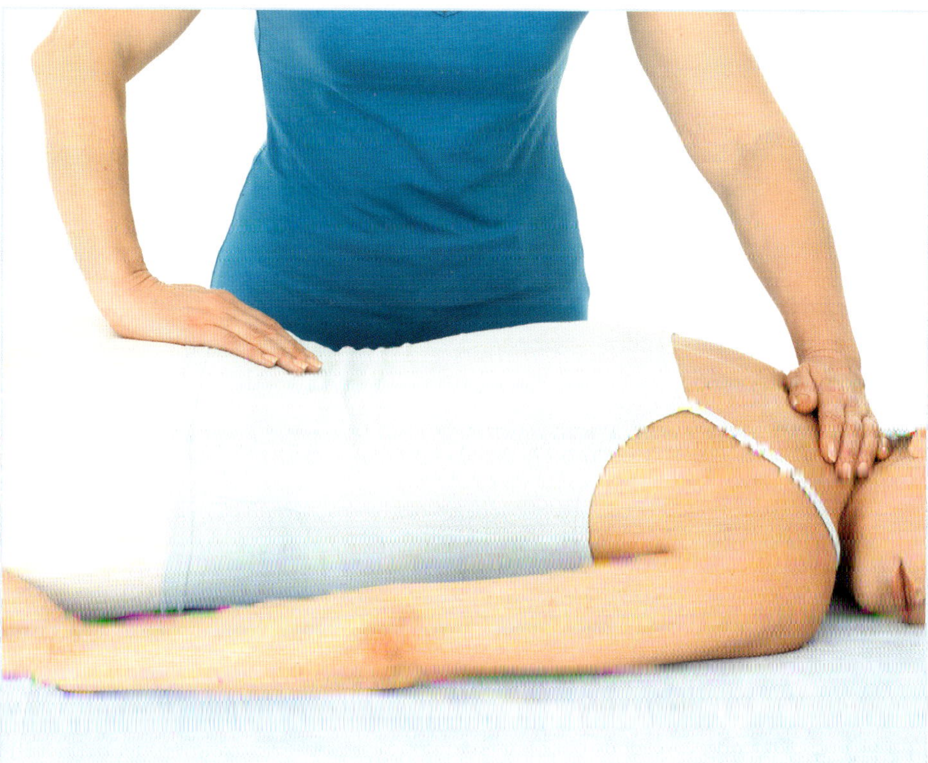

5 Conclua o tratamento colocando uma das mãos sobre o cóccix e a outra no pescoço. Essa posição equilibra a energia do dorso inteiro e de toda a coluna (ver p. 144). Além disso, você pode tratar o nervo ciático: coloque uma das mãos sobre uma nádega ou sobre o sacro e a outra no calcanhar do mesmo lado (ver p. 144). Alternativamente, você pode tratar as costas usando todas as posições dorsais (ver p. 138).

Dor ciática

O nervo ciático começa na linha da cintura, nos dois lados da coluna, e desce pelas nádegas e pernas. A dor ciática geralmente surge quando um nervo fica embaraçado pelos músculos que o envolvem. Essa dor pode ser muito intensa e às vezes é acompanhada por formigamento ou entorpecimento nas pernas. Mas a retenção de emoções ou de sentimentos também pode contribuir. As posições de mãos a seguir aliviam a dor ciática na região lombar e nas pernas.

Recomendação: Continue tratando-se com Reiki, mas procure também tratamento quiroprático.

ESTUDO DE CASO
DOR CIÁTICA, NAS COSTAS E NAS PERNAS

PERFIL DA CLIENTE
Yvonne tinha uma hérnia de disco e uma lesão de dois anos na região lombar, além de ciática e entorpecimento da perna direita.

TRATAMENTO DE REIKI
Depois de receber Reiki (Posição Dorsal Quatro e Cinco e Posição das Nádegas, Pernas e Calcanhares, p. 144), a rigidez e a dor na perna direita desapareceram. A cada tratamento ela comentava que a sensação e a vitalidade voltavam aos poucos à perna, e que ela mesma se sentia mais animada e energizada.

Tratamento

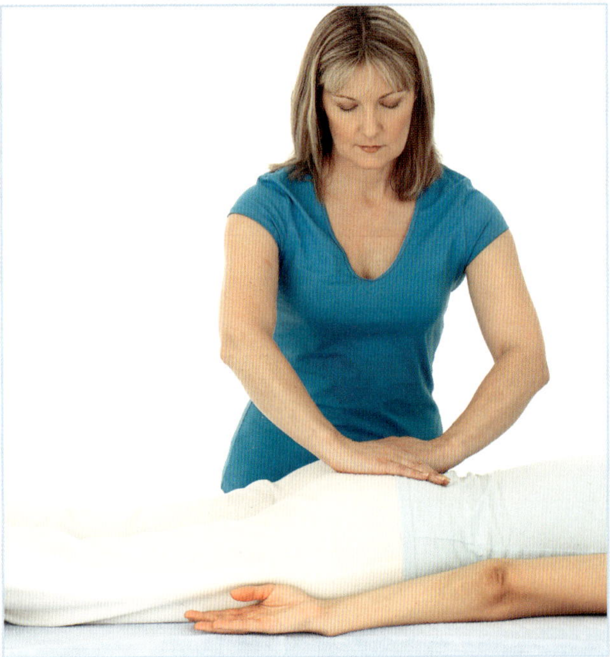

1 Coloque uma das mãos sobre o osso sacro, com os dedos apontando para baixo, e a outra ao lado da primeira, com os dedos apontando para cima.

2 Coloque uma das mãos sobre as nádegas, no ponto de manifestação da dor, ou sobre o sacro. A outra mão desloca-se sobre a perna, no mesmo lado, até chegar ao joelho. A cada vez, movimente a mão à distância correspondente à largura da palma.

3 Mantenha uma das mãos sobre o joelho e movimente a outra até o calcanhar, cada vez deslocando-a à distância correspondente à largura da palma.

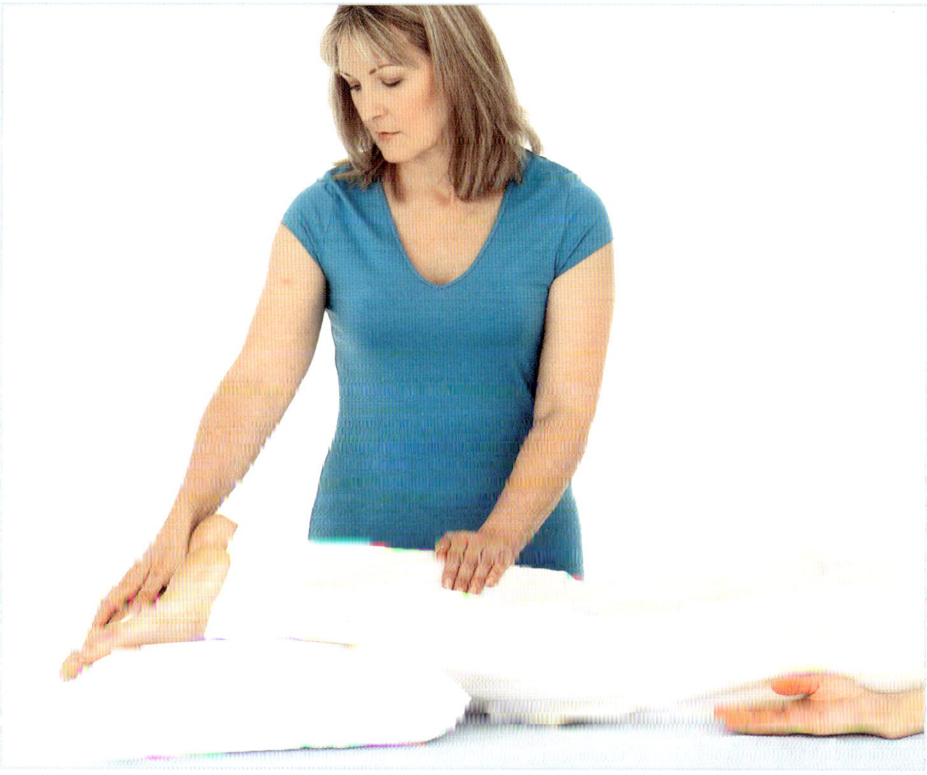

4 Coloque uma das mãos sobre a sola do pé e a outra logo abaixo do joelho. Em seguida trate o lado menos dolorido da perna do mesmo modo.

Resfriados e gripes

Resfriados são infecções na boca, no nariz e na garganta causadas por vírus; entre os sintomas temos espirros, coriza, congestão nasal, tosse, inflamação da garganta e dor de cabeça. Um resfriado é uma forma natural que o corpo encontra para limpar-se e desintoxicar-se de resíduos acumulados. A gripe apresenta sintomas semelhantes ao resfriado comum. Ela se caracteriza por dores de cabeça e dos músculos, febre, arrepios, e é causada por vírus diversos. Semelhante ao resfriado, a gripe é um modo do corpo eliminar resíduos e toxinas. Alimentação inadequada, stress e falta de exercícios enfraquecem o sistema imunológico, favorecendo a ação de vírus no corpo.

Recomendação (resfriados): Repouse e beba muito líquido para ajudar a desintoxicação. Evite tomar medicamentos para reduzir ou eliminar os sintomas, pois isso pode interromper o processo de autolimpeza do corpo. No entanto, tomar vitamina C e talvez multivitaminas ajuda a aliviar os sintomas.

Recomendação (gripe): Conserve-se quente, repouse na cama e mantenha o quarto na penumbra. Beba muito líquido (água e chás de ervas) e preste atenção às necessidades do corpo. Esse é um tempo para relaxar, recolher-se e respeitar as exigências do corpo. Se necessário, use um analgésico recomendado, descongestionantes nasais, inalação de vapor e pastilhas para a garganta para atenuar os sintomas.

Tratamento

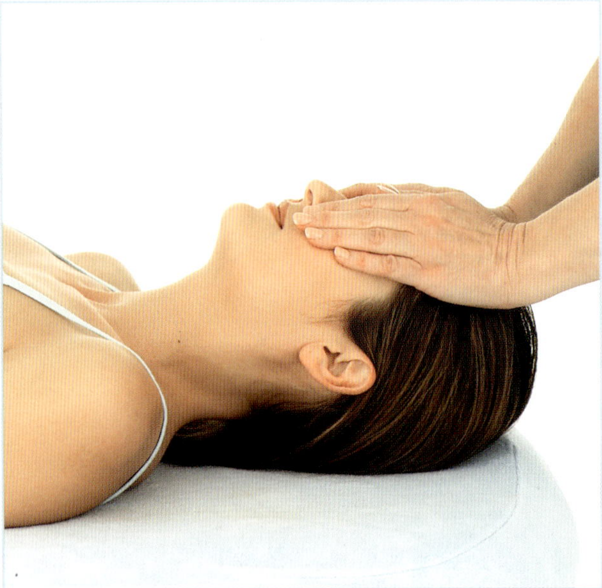

1 Coloque as mãos à direita e à esquerda do nariz, cobrindo a testa, os olhos e as maçãs do rosto, na Posição da Cabeça Um. Essa posição ajuda a desfazer bloqueios nos seios nasais.

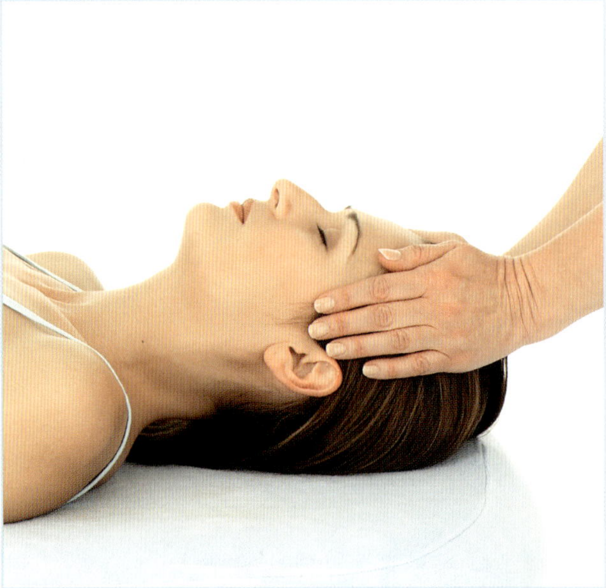

2 Em seguida coloque as mãos nos lados da cabeça, acima das orelhas, com os dedos tocando as têmporas e as palmas acompanhando o contorno da cabeça, na Posição da Cabeça Dois.

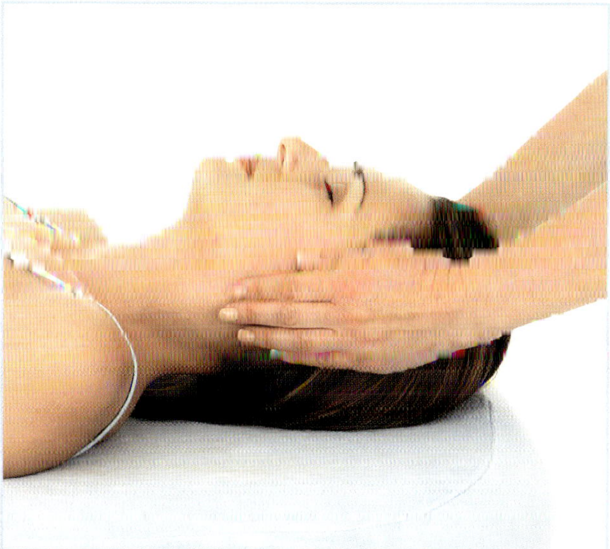

3 Coloque as mãos sobre as orelhas, na Posição da Cabeça Três. Essa posição ajuda a soltar possíveis pressões no ouvido interno e libera bloqueios, ajudando assim a aliviar distúrbios nasais e da garganta e amenizando resfriados e gripes.

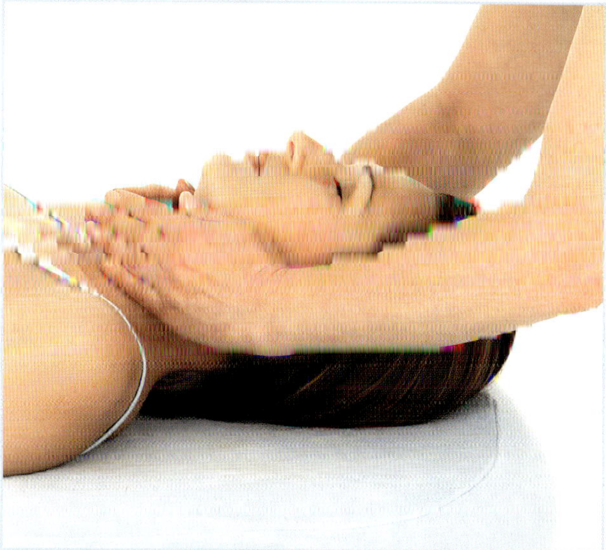

4 Coloque as mãos delicadamente em torno da garganta, sem tocá-la diretamente, as pontas dos dedos tocando-se, na Posição da Cabeça Cinco. Essa posição trata os nodos linfáticos e abranda a inflamação da garganta e a gripe.

5 Coloque a mão direita na região inferior da caixa torácica, no lado esquerdo do corpo (região do baço), e a esquerda logo abaixo da clavícula sobre a glândula timo. Essa posição trata o sistema linfático e o baço; também ajuda no caso de problemas do sistema imunológico e favorece a desintoxicação. (Ver também Posição do Baço e do Timo, p. 142). Alternativamente, aplique um tratamento completo ou faça um autotratamento (ver pp. 134 e 128).

Tosse

A tosse pode ser causada por poeira, fumaça, gases e inflamação das vias aéreas superiores, e é um efeito colateral do resfriado comum. A tosse é uma ação reflexa para limpar a garganta de catarro, muco e outras formas de irritação. Uma tosse persistente precisa ser analisada por um médico habilitado, pois indica um problema latente; em alguns casos é necessária a prescrição de medicamentos.

Recomendação: Abstenha-se de produtos à base de leite, pois causam acúmulo de muco no sistema.

Tratamento

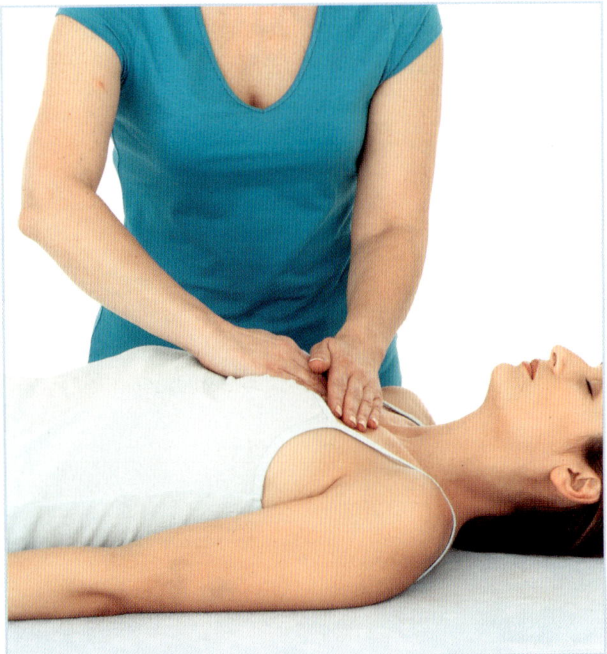

1 Coloque uma das mãos horizontalmente sobre o meio do peito e outra em contato com a primeira logo abaixo da clavícula para tratar a região superior dos pulmões e a glândula timo.

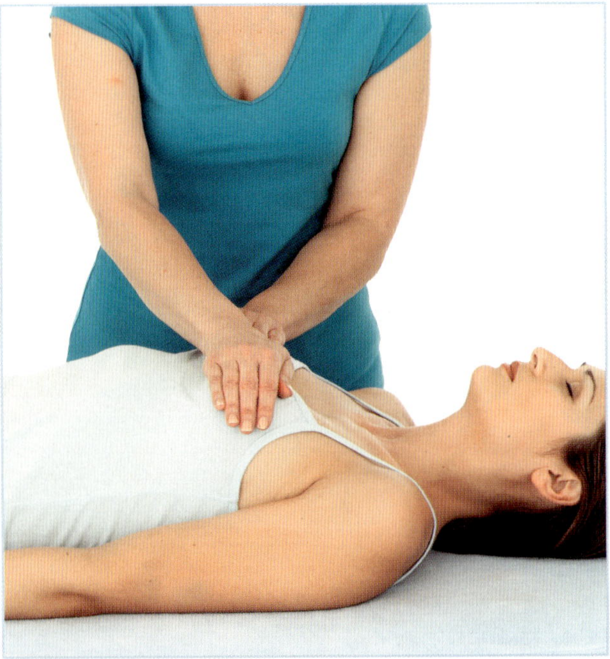

2 Coloque as mãos sobre os seios ou sobre o peito do receptor. Para mulheres, se você julgar conveniente, mantenha as mãos uns 3 cm acima dos seios. A energia Reiki é absorvida pela aura. (Ver também Posição do Peito/Tórax, p. 142). Essa posição trata os pulmões.

Bronquite

A bronquite é uma infecção dos brônquios (canais que levam o ar da traquéia para os pulmões), acompanhada por tosse freqüente que produz catarro. Ela é causada por organismos levados pelo ar para os brônquios. As principais causas da bronquite crônica são o fumo e a poluição. Também pode resultar da incubação repetida de resfriados por causa da ingestão de antibióticos e outros medicamentos.

Recomendação: Pare de fumar (ativa e passivamente) e beba muito líquido. Use inalações de vapor e medicamentos, se necessário.

Tratamento

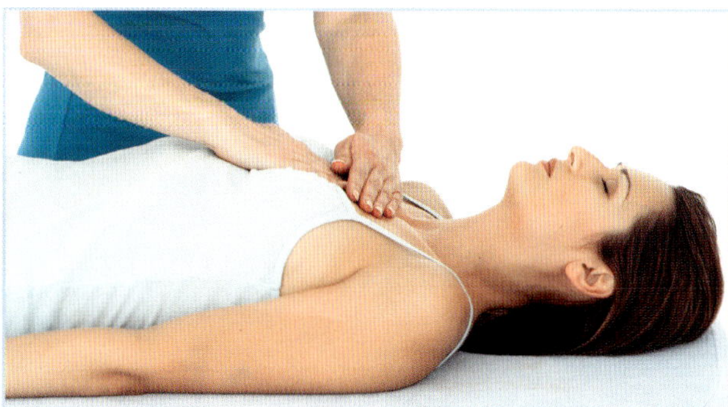

1 Coloque uma das mãos horizontalmente sobre o meio do peito e outra em contato com a primeira logo abaixo da clavícula para tratar a região superior dos pulmões e a glândula timo.

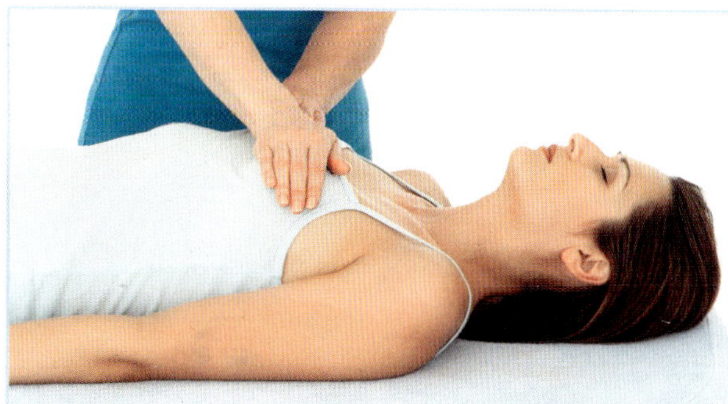

2 Coloque as mãos sobre os seios ou sobre o peito do receptor. Para mulheres, se você julgar conveniente, mantenha as mãos uns 3 cm acima dos seios. A energia Reiki é absorvida pela aura.

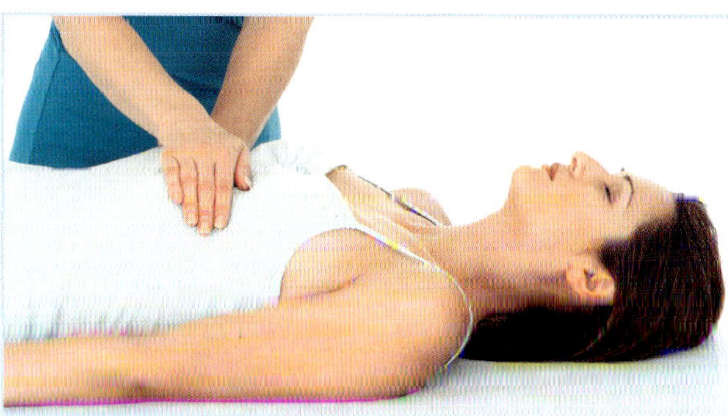

3 Continue com as mãos na mesma direção, mas agora desloque-as um pouco para baixo, à distância correspondente à largura da mão. Coloque a mão esquerda sobre o lado direito do corpo e a direita sobre o lado esquerdo. Essa posição fortalece o sistema imunológico e alivia o trato respiratório.

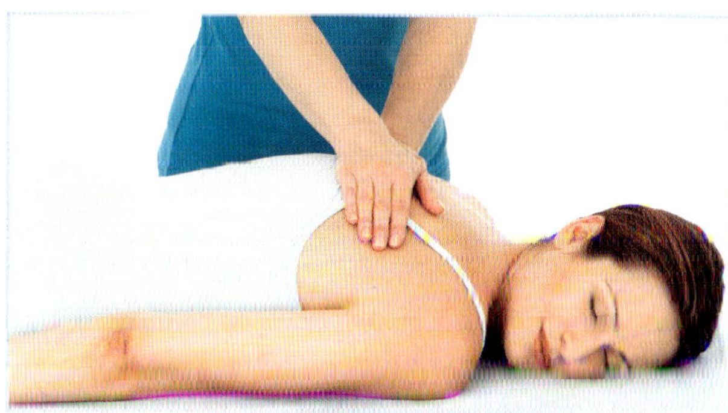

4 Coloque as mãos na região superior das costas, entre as escápulas, uma em cada lado do corpo, as pontas dos dedos de uma delas tocando a coluna e a base da outra, na Posição Dorsal Dois. Essa posição é eficaz para problemas nos pulmões, tosses e bronquite.

Asma

A asma é uma inflamação recorrente dos brônquios e bronquíolos. Em geral sua manifestação é precedida por um histórico de resfriados crônicos e de bronquite. Essa inflamação causa constrição e aumenta a produção de catarro, estreitando as passagens do ar. Seus sintomas são dispnéia, respiração ofegante e tosse. A asma normalmente se desenvolve na infância e desaparece na idade adulta. Acessos podem ser desencadeados por exercícios, infecção, pólen, poeira, stress e ingestão de altas doses de antibióticos, o que enfraquece o sistema auto-imune. Pode haver relação entre rins debilitados e o surgimento dos sintomas.

Recomendação: Elimine trigo, açúcar e produtos derivados do leite de sua alimentação. Procure evitar proteínas animais para purificar o sistema. Evite também café, chá e álcool.

Tratamento

1 Coloque uma das mãos horizontalmente sobre a glândula timo (abaixo da clavícula) e a outra no meio do peito, formando um ângulo reto com a primeira, na Posição Frontal Um.

2 Coloque uma das mãos horizontalmente no meio do peito, e a outra, sobre o esterno, logo abaixo da clavícula. Essa posição trata a região superior dos pulmões e a glândula timo.

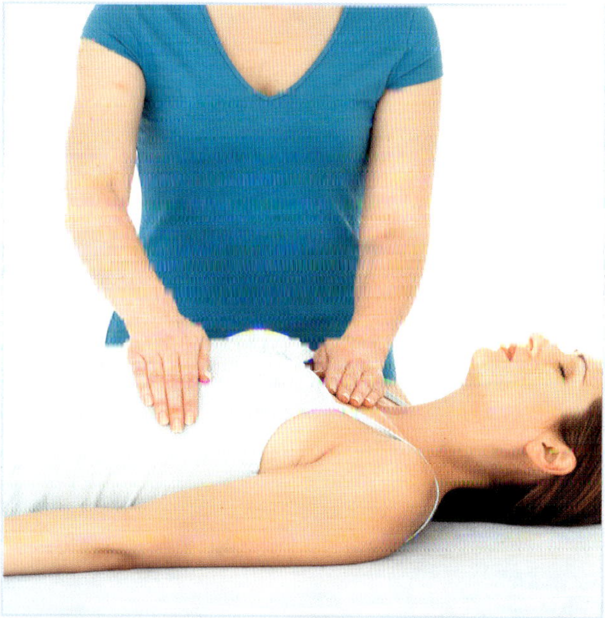

3 Coloque as mãos sobre os seios ou sobre o peito do receptor. Para mulheres, se você julgar conveniente, mantenha as mãos uns 3 cm acima dos seios. A energia Reiki é absorvida pela aura. (Ver também Posição do Peito/Tórax, p. 142). Essa posição trata os pulmões.

4 Coloque uma das mãos sobre a glândula timo (horizontalmente sobre a parte superior do esterno), abaixo da clavícula e a outra na região do baço, no lado esquerdo do corpo, na base da caixa torácica.

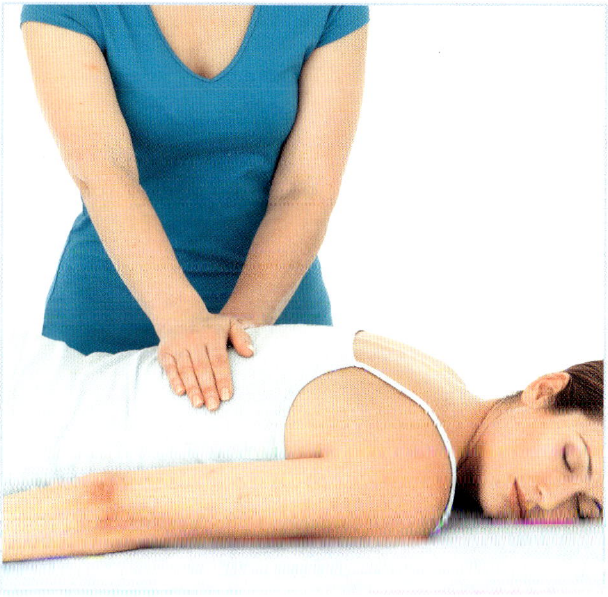

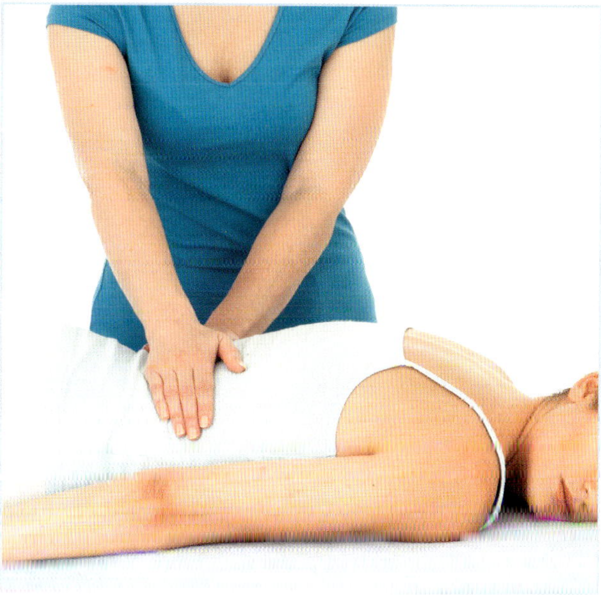

5 Coloque ambas as mãos nas costas, sobre as costelas inferiores, acima da linha da cintura, de modo a cobrir as glândulas supra-renais e a região superior dos rins.

6 Em seguida desloque as mãos para baixo (pela largura da mão) para cobrir os rins no nível da cintura, na Posição Dorsal Três. Essa posição equilibra as funções das glândulas supra-renais, dos rins e do sistema nervoso.

Alergias

A alergia é uma condição com uma resposta imune inapropriada desencadeada por contato com uma substância normalmente inofensiva, como poeira, pólen ou outras partículas aéreas. Reações alérgicas também podem resultar da ingestão de um determinado alimento e do contato da pele com substâncias químicas. Às vezes o fígado é incapaz de neutralizar certas substâncias, produzindo depósitos e uma reação imune. A substância que o corpo reconhece como "estranha" acumula-se em lugares como o sistema linfático, os intestinos, o fígado e o baço. O sistema imunológico tende a trabalhar em excesso para livrar o corpo dessas substâncias, e como conseqüência ele pode sofrer um colapso total. Use essa seqüência para febre do feno, alergias da pele e de alimentos e para outras alergias em geral.

Recomendação: Beba 2 litros de água por dia, no mínimo, para facilitar o processo de desintoxicação. Além disso, procure tratar-se com homeopatia; aplique compressas de gengibre sobre o fígado para eliminar toxinas; ou procure cantar para fortalecer o baço, pois este é o órgão de combate à alergia. Com relação à alimentação, evite a substância que lhe causa este mal. Açúcar refinado, trigo, vinagre e derivados do leite podem desencadear alergias.

ESTUDO DE CASO **ECZEMA**

PERFIL DO CLIENTE

Quando o bebê de Maria (aluna do Terceiro Grau de Reiki) recebeu sua primeira injeção, ele desenvolveu um furúnculo enorme na perna e um início de eczema na cavidade dos joelhos. Os médicos disseram que isso não tinha nada a ver com a injeção e queriam que a mãe lhe ministrasse antibióticos; ela se recusou. O eczema se espalhou por todo o corpo, produzindo bolhas e sangramento.

TRATAMENTO DE REIKI

Além de trocar a alimentação, Maria resolveu aplicar-lhe Reiki por uns 10 a 15 minutos por dia, adotando principalmente a posição "Auto-equilíbrio dos Chakras", pp. 48-9. Três semanas depois o bebê parou de coçar da noite para o dia. Daí em diante, a pele começou a melhorar cada vez mais, e hoje ele é como deve ser – muito bonito.

Tratamento

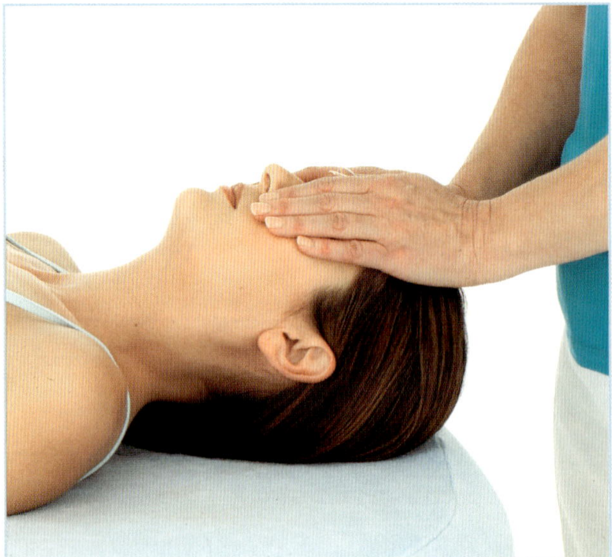

1 Coloque as mãos à direita e à esquerda do nariz, cobrindo a testa, os olhos e as maçãs do rosto, na Posição da Cabeça Um. Essa posição dissolve possíveis bloqueios dos seios nasais.

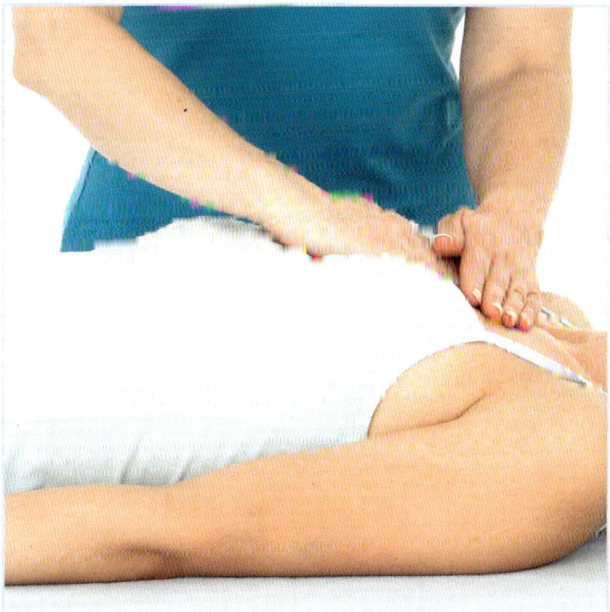

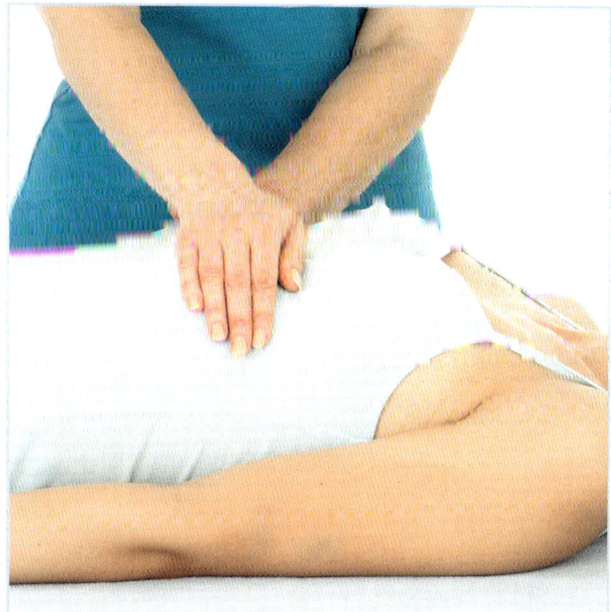

2 Coloque uma das mãos horizontalmente sobre a glândula timo (abaixo da clavícula) e a outra sobre o meio do peito, formando um ângulo reto com a primeira, na Posição Frontal Um. Essa posição trata os pulmões e fortalece o sistema imunológico.

3 Coloque as mãos, uma à frente da outra, um pouco acima do nível da cintura, para tratar o sistema linfático e facilitar a eliminação de toxinas do corpo.

4 Coloque uma das mãos sobre o timo (horizontalmente acima do esterno) abaixo da clavícula e a outra sobre a área do baço, no lado esquerdo do corpo, junto à base da caixa torácica. Essa posição fortalece o sistema imunológico. Além disso, dedique algum tempo ao tratamento da pele se houver erupções. Trate também o fígado, o baço, o estômago e os intestinos grosso e delgado.

Artrite

Artrite é a inflamação de uma articulação. Seus sintomas são inchaço, dor, vermelhidão e rigidez. Ela assume três formas principais: osteoartrite, artrite reumatóide e artrite infecciosa. A osteoartrite está associada à idade, principalmente, e resulta de desgaste prolongado nas articulações. A artrite reumatóide é um distúrbio auto-imune em que o corpo "ataca" a articulação; ela geralmente afeta as mãos, os pulsos, os braços e os pés. A artrite infecciosa é uma infecção dos fluidos da articulação causada por bactérias; pode ter relação com infecções como a caxumba, a febre reumática, a rubéola ou a varicela.

Recomendação: Evite ingerir produtos derivados do leite e gorduras animais. Talvez seja necessário usar medicamento. Faça exercícios leves e informe-se sobre suplementos alimentares que podem ajudar a tratar as articulações.

ESTUDO DE CASO **ARTRITE**

PERFIL DA CLIENTE

Lorna (aluna do Segundo Grau de Reiki) sofria de inflamação, inchaço e dor nas articulações. Em geral a dor se manifestava por um período de tempo – três dias – e sempre afetava uma área/articulação diferente do corpo, e então desaparecia por um mês ou pouco mais.

TRATAMENTO DE REIKI

Uma noite ela teve uma dor muito forte, quase insuportável, no ombro esquerdo. Como ela não tinha anestésicos em casa, aplicou-se Reiki durante uma hora, diretamente no ponto dolorido acompanhando o ombro esquerdo com a mão direita. Depois de 15 minutos, ela já sentiu a dor dissipar-se lentamente. Na manhã seguinte, ela estava livre da dor e se sentia bem melhor.

Tratamento

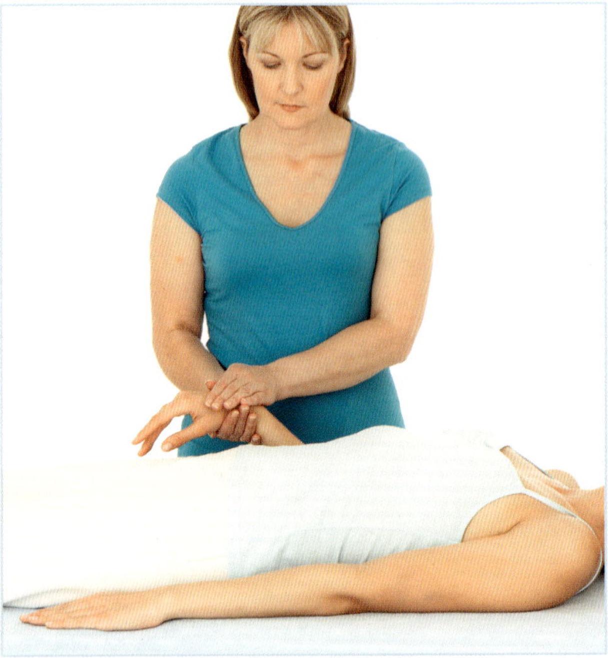

1 Trate as articulações com a posição "sanduíche": envolva a área afetada com as mãos ou trate-a lateralmente.

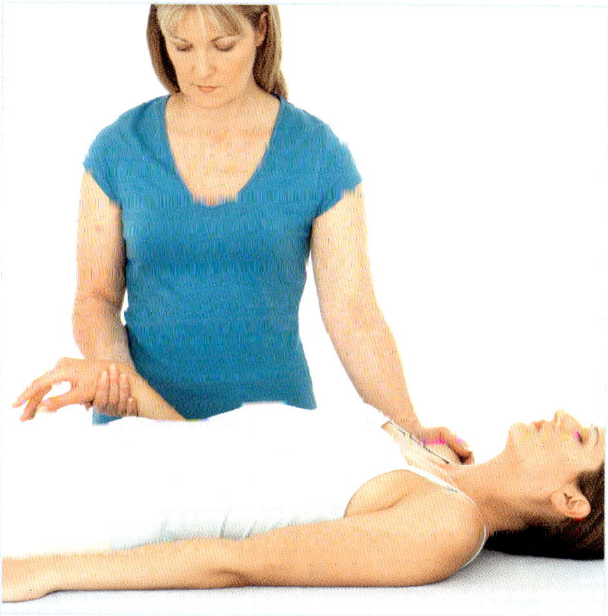

2 Promova o fluxo da energia pelos braços, pernas e pés. Coloque uma das mãos no ombro e a outra no pulso. Mantenha as mãos nessa posição até sentir que a energia está equilibrada.

3 Coloque uma das mãos na articulação da coxa com a nádega e a outra no tornozelo, promovendo o fluxo da energia na perna.

4 Coloque as mãos na sola dos pés, com os dedos das mãos cobrindo os dos pés, na Posição da Sola (A). Essa posição é eficaz para tratar as zonas reflexas de todo o corpo. Como alternativa, aplique um tratamento de Reiki completo (ver p. 134), permanecendo algum tempo a mais na área dolorida.

Insônia e problemas de sono

A insônia é um distúrbio dos padrões de sono regulares; quem sofre de insônia tem dificuldade de pegar no sono ou de continuar dormindo. Esse distúrbio pode ter relação com fatores ambientais (ruído ou luz) ou com o estilo de vida (excesso de cafeína, falta de exercícios, padrões de sono irregulares). Causas físicas, como desequilíbrios hormonais (durante a menopausa), precisam ser investigadas, como também um período excessivamente longo de insônia, que pode ter como causa um problema grave, como ansiedade, depressão ou a síndrome de abstinência de drogas. A insônia causada por preocupação é comum. Os sintomas incluem cansaço, irritabilidade e dificuldade em lidar com as tarefas diárias.

Recomendação: Procure não comer nada num período de 3 a 4 horas antes de preparar-se para dormir. De modo geral, evite café, doces (especialmente antes de ir para a cama), chá preto e refrigerantes. Rituais habituais antes de dormir – como ler, fazer uma pequena caminhada, um pouco de exercício (talvez yoga) e manter o quarto arejado – podem ajudar a desenvolver padrões de sono regulares. Se necessário, tome chás de ervas, que podem ser usados durante certo período de tempo.

Tratamento

1 Coloque as mãos à direita e à esquerda do nariz, cobrindo a testa, os olhos e as maçãs do rosto, na Posição da Cabeça Um. Essa posição equilibra as glândulas pituitária e pineal que regem o equilíbrio hormonal no corpo. É também eficaz para cansaço e stress e influencia o corpo todo.

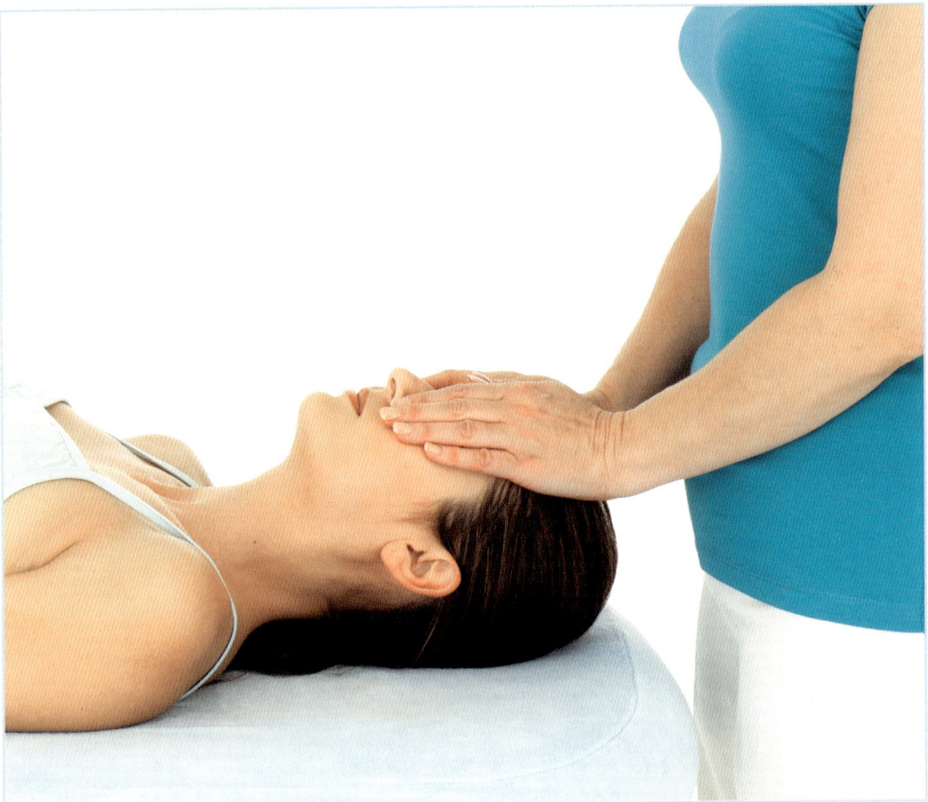

2 Coloque as mãos nos lados da cabeça, acima das orelhas, com a ponta dos dedos tocando as têmporas e as palmas seguindo o contorno da cabeça, na Posição da Cabeça Dois. Essa posição equilibra os hemisférios direito e esquerdo do cérebro, ajuda a aliviar o stress e a atividade mental excessiva e acalma a mente.

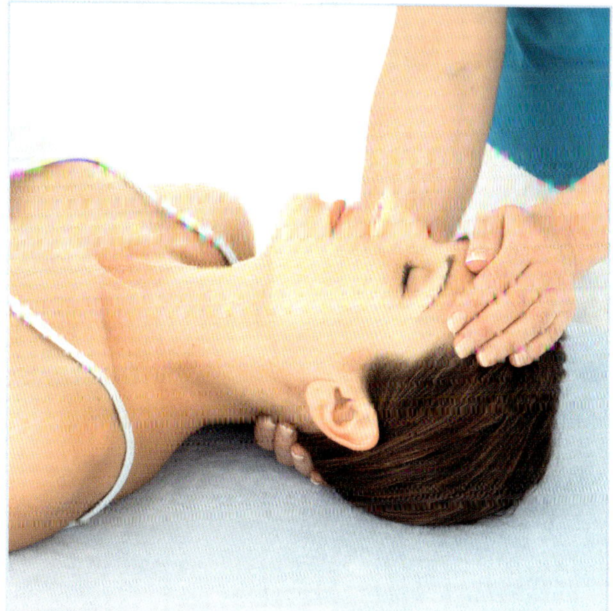

3 Coloque uma das mãos na região da nuca, sobre a medula oblonga, e a outra sobre a testa (chakra do terceiro olho). Essa posição reduz o stress, facilita a meditação e ajuda a resolver problemas de sono.

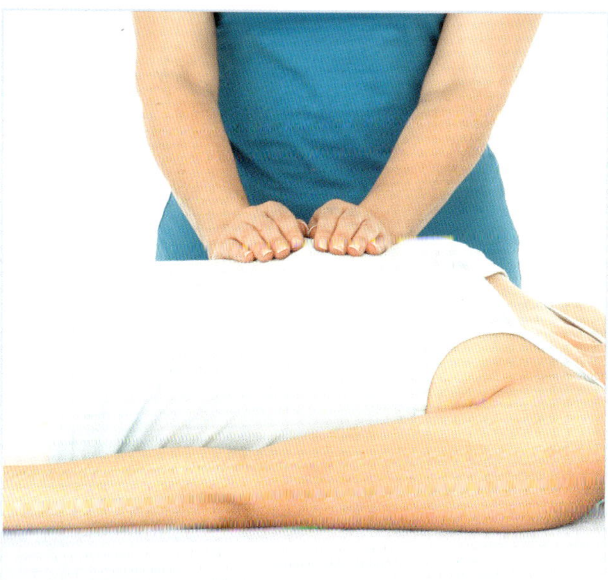

4 Coloque uma das mãos sobre as costelas inferiores, no lado direito, na base da caixa torácica, e a outra logo abaixo, no nível da cintura, na Posição Frontal Dois. Essa posição trata o fígado e a vesícula biliar, e equilibra emoções como a raiva e a depressão.

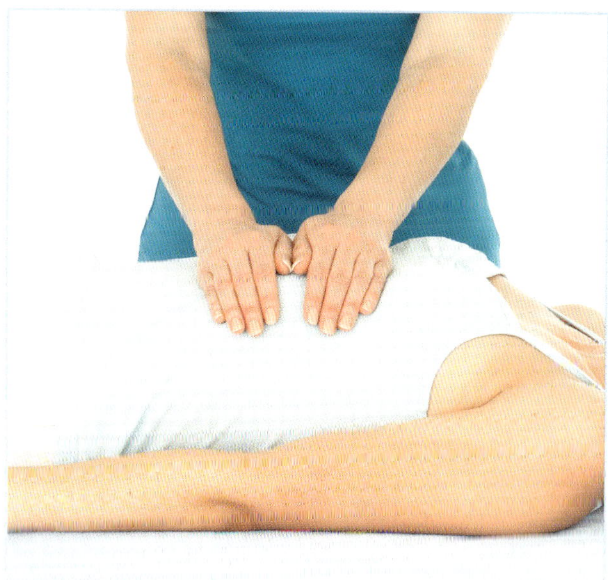

5 Trate o lado esquerdo do corpo da mesma maneira, aplicando a Posição Frontal Três, eficaz para distúrbios digestivos e para estabilizar o sistema imunológico.

Cistite

Cistite é uma inflamação da bexiga e é causada por desenvolvimento bacteriano na mucosa da bexiga. Os sintomas são a necessidade de urinar freqüentemente acompanhada por uma sensação de ardência, com dor na região da bexiga. Mesmo esvaziando a bexiga, a sensação de urgência urinária ainda pode persistir. Essa condição é mais comum entre as mulheres porque a abertura uretral é bem menor do que a dos homens. Nos homens, a cistite normalmente acontece por causa da retenção de urina.

Recomendação: Beba muita água para ajudar a expelir as bactérias. Remédios também podem ser receitados. Evite alimentos muito ácidos, como carnes, derivados do leite, ovos, frutas cítricas, açúcar refinado, comidas oleosas, sal, cafeína, álcool e alimentos condimentados. Beba muita água, chás de ervas e uva-do-monte, suco de cenoura e de limão. Medite e repouse para que o corpo volte a ter harmonia e equilíbrio.

A seqüência de tratamento também pode ser usada para micção noturna e incontinência.

ESTUDO DE CASO **CISTITE**

PERFIL DA CLIENTE

Isabelle sofria de cistite crônica e infecção renal, que se tornava aguda algumas vezes por ano.

TRATAMENTO DE REIKI

Ela foi tratada com Reiki (Posição Frontal Cinco e sobre o osso pubiano e a região dos órgãos reprodutores – ver as posições de tratamento para cistite abaixo e na página oposta) numa ocasião em que sentiu muita dor, e mais tarde no mesmo dia comentou que se sentia muito melhor.

Tratamento

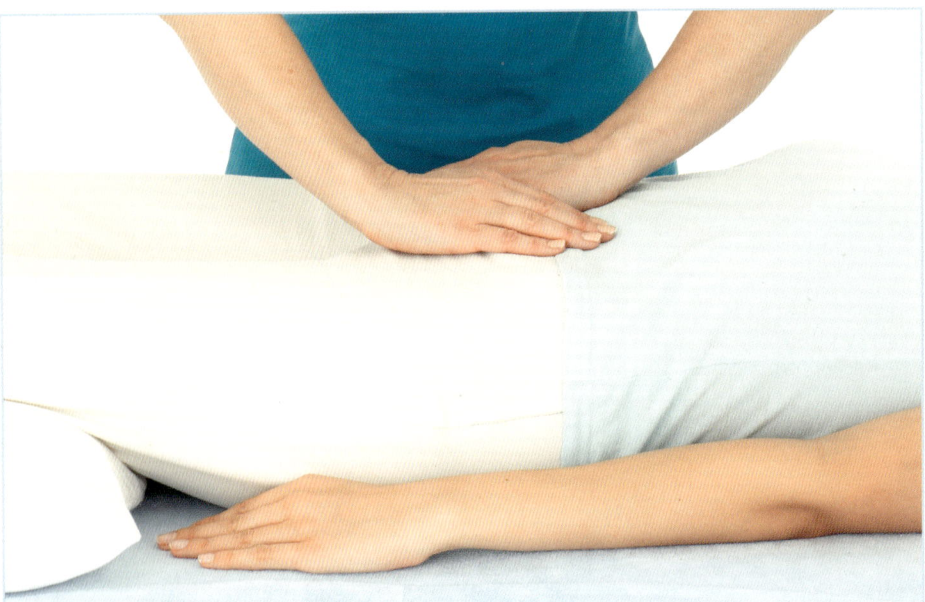

1 Coloque as mãos sobre o osso pubiano, abrangendo a região dos órgãos reprodutores. Uma das mãos aponta para baixo e a outra para cima. Antes do tratamento, pergunte à receptora se ela se sente desconfortável em ser tocada nessa área; se a resposta for positiva, mantenha as mãos uns 3 cm acima da área. A receptora absorve a energia Reiki através da aura.

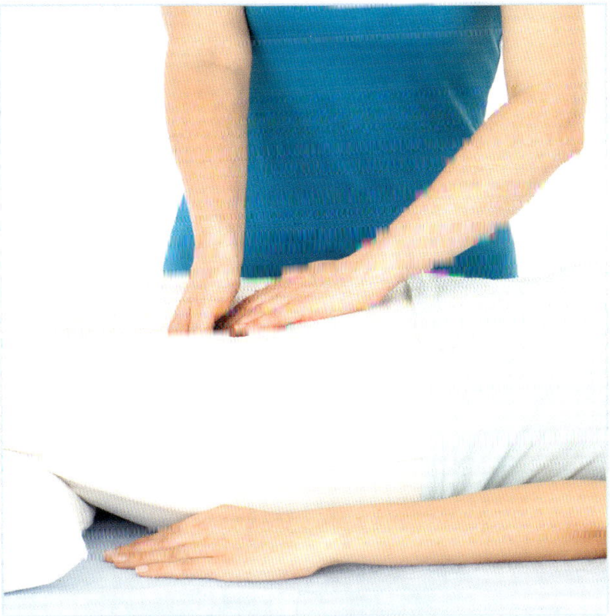

2 Coloque uma das mãos sobre o osso pubiano e a outra entre as pernas, com a palma cobrindo totalmente os órgãos reprodutores. Se houver desconforto por parte da receptora, siga o procedimento descrito em 1.

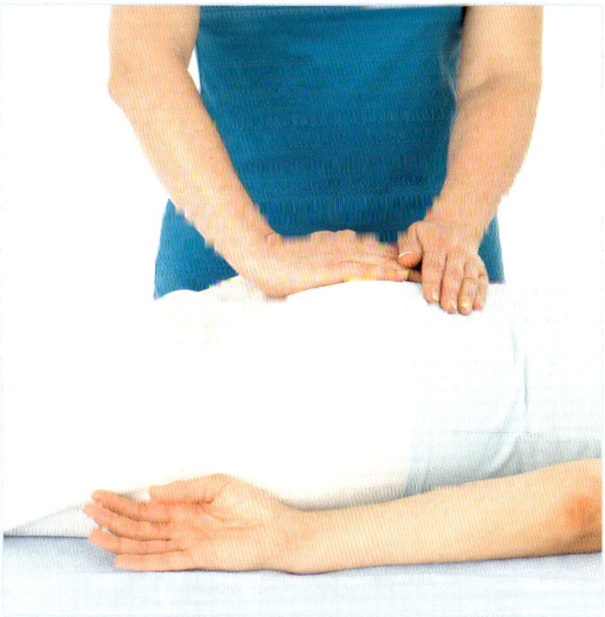

3 Coloque uma das mãos sobre o sacro (na região lombar) e a outra sobre o cóccix, em ângulo reto com a primeira, formando um T. Essa posição trata distúrbios da bexiga.

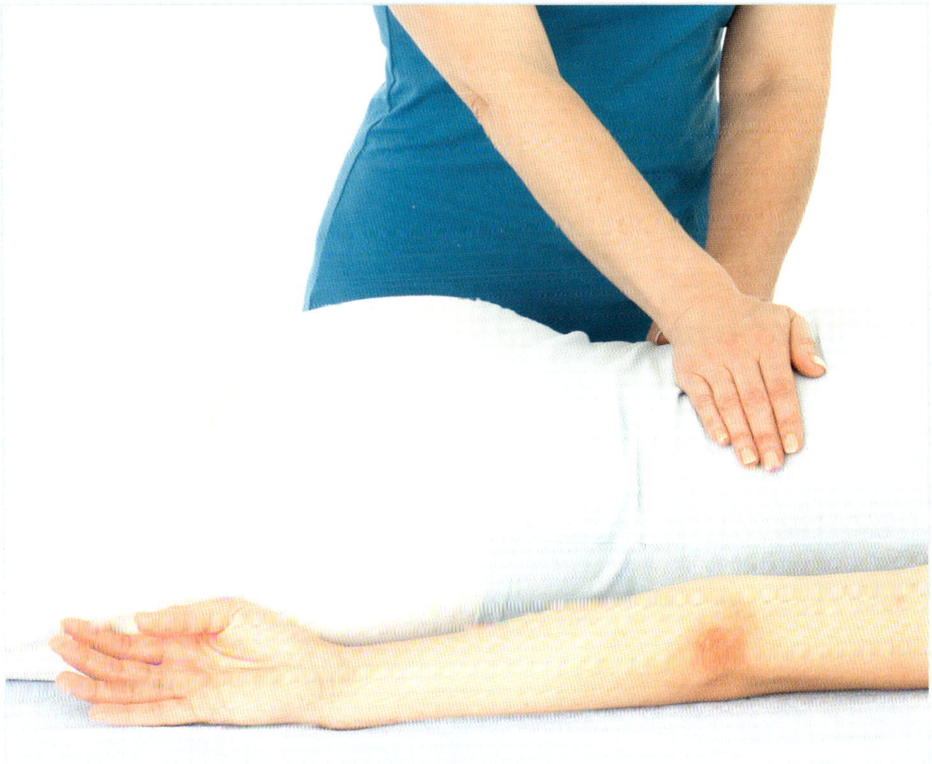

4 Trate os rins: coloque as mãos sobre a porção inferior da caixa torácica, acima dos rins, na Posição Dorsal Três. Trate também as suprarrenais, deslocando as mãos para cima à distância equivalente à largura da mão.

Indigestão (dispepsia)

A indigestão é sentida como azia, dor abdominal, náusea ou flatulência. Em geral suas causas são: comer demais ou muito rápido, comer alimentos com muita gordura ou temperos. Também pode ser causada pelo stress. Outras razões podem ser abalos emocionais e combinações inadequadas de alimentos, ou um desequilíbrio no baço, o órgão que fornece energia vital para o intestino grosso e o delgado. É importante que o baço não esteja enfraquecido por uma dieta deficiente.

Recomendação: Desenvolva hábitos alimentares saudáveis. Faça refeições simples e procure combinar alimentos protéicos com vegetais folhosos. Proteínas e carboidratos (amido) devem ser evitados numa mesma refeição. Frutas e doces devem ser ingeridos sozinhos. Os seguintes alimentos favorecem a digestão: maçãs, cevada, casca de toranja, limão, lima e cenoura. Evite carnes, derivados do leite, ovos, óleos comuns, açúcar, alimento condimentado, frituras e álcool.

Tratamento

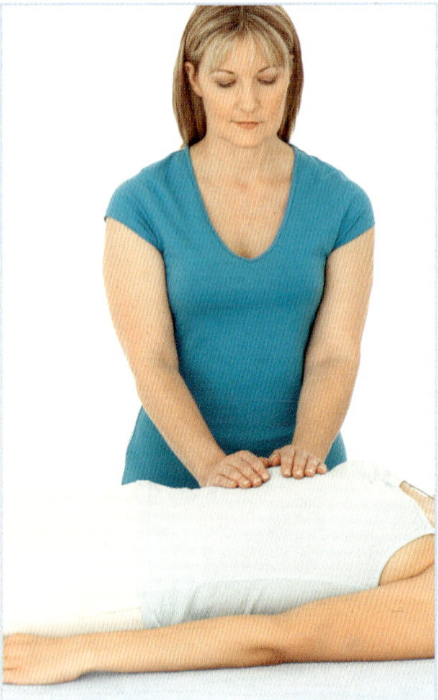

1 Coloque as mãos próximas uma da outra sobre as costelas inferiores e a cintura do receptor, no lado direito, na Posição Frontal Dois. Essa posição trata as áreas do aparelho digestório (pâncreas, duodeno, fígado, vesícula biliar, estômago e intestino grosso).

2 Em seguida, coloque as mãos na mesma direção, mas desloque-as para o lado esquerdo do corpo, na Posição Frontal Três, para tratar o baço e o pâncreas. Essa posição é indicada para distúrbios digestivos.

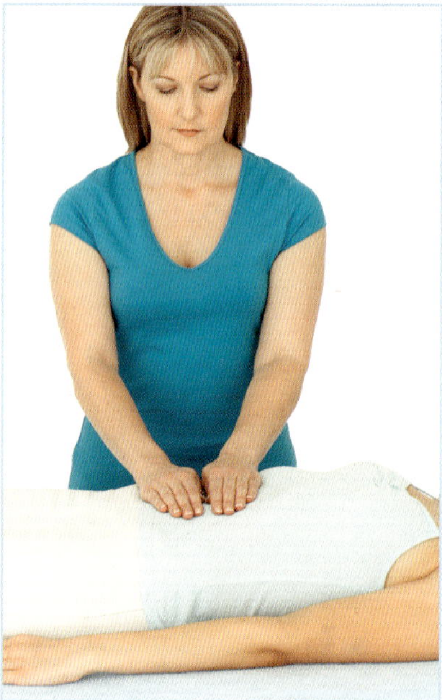

3 Coloque uma das mãos acima do umbigo (região do plexo solar) e a outra abaixo do umbigo, na Posição Frontal Quatro. Essa posição trata o estômago e os intestinos e alivia a sensação de saturação.

Diarréia

Diarréia é a eliminação freqüente de fezes líquidas, em geral causada pela ingestão de alimentos contaminados. A diarréia crônica pode ser sinal de alguma doença oculta, por exemplo, a doença de Crohn, colite ulcerativa ou síndrome de intestino irritável, mas na maioria dos casos é causada por uma debilidade no sistema digestório, este inclui o baço, o estômago, o pâncreas, o fígado, a vesícula biliar e os intestinos grosso e delgado. Podemos considerar a diarréia como a reação normal do corpo à presença de uma toxina no trato digestivo. Ela é uma das formas que o corpo encontra para eliminar vírus, bactérias e alimento tóxico. O problema principal é a perda de líquidos, minerais e sais do corpo. Em crianças, esse distúrbio pode ser perigoso e deve ser sempre avaliado por um médico com urgência.

Recomendação: Beba muita água, sempre enriquecida com minerais e sais. Evite certos alimentos, como mel, espinafre, leite de vaca, damasco, ameixas, sementes de gergelim e tudo o que for difícil de digerir. Pense na possibilidade de consultar um homeopata qualificado para um apoio extra. Medite e receba massagem para relaxar profundamente.

ESTUDO DE CASO **DOENÇA DE CROHN**

PERFIL DA CLIENTE

Regina vinha sofrendo da doença de Crohn do intestino grosso havia muitos anos e tomava esteróides regularmente.

TRATAMENTO DE REIKI

Depois de receber alguns tratamentos completos de Reiki, com a aplicação das 17 posições de mãos básicas (ver pp. 134-40), com um tempo extra dedicado às Posições Frontais Dois-Cinco, ela não precisou mais dos esteróides e a dor desapareceu. Seu médico ficou impressionado com o progresso.

Tratamento

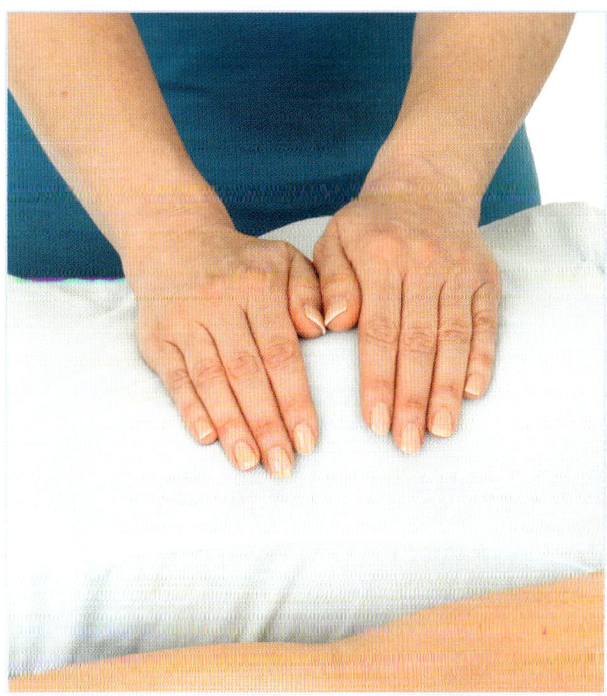

1 Aplique as três posições de mãos indicadas para o tratamento da indigestão (instruções na p. oposta)

Constipação

Podemos descrever a constipação como a evacuação de fezes duras, secas e esporádicas. Sintomas que muitas vezes acompanham a constipação são dor de cabeça, língua saburrosa, sensação de cansaço, respiração pesada e depressão. A falta de fibras na dieta e debilidade do baço também podem causá-la.

Recomendação: Adote uma dieta com muita fibra, composta de vegetais verdes e produtos integrais. Coma muita fruta em estado natural. Beba muita água (2 a 3 litros) por dia. Veja a possibilidade de tratar-se com acupuntura (ou acupressura) para fortalecer os meridianos do baço. Faça exercícios de alongamento e yoga regularmente e caminhadas diárias em passo acelerado.

Tratamento

1 Coloque as mãos na linha da cintura, sobre o umbigo, as pontas dos dedos de uma das mãos tocando a base da palma da outra. Essa posição trata o intestino grosso e distúrbios intestinais em geral.

2 Continue tratando a região do cólon: coloque as mãos em forma de V (uma das mãos apontando para baixo e a outra para cima) sobre a região pubiana, na Posição Frontal Cinco.

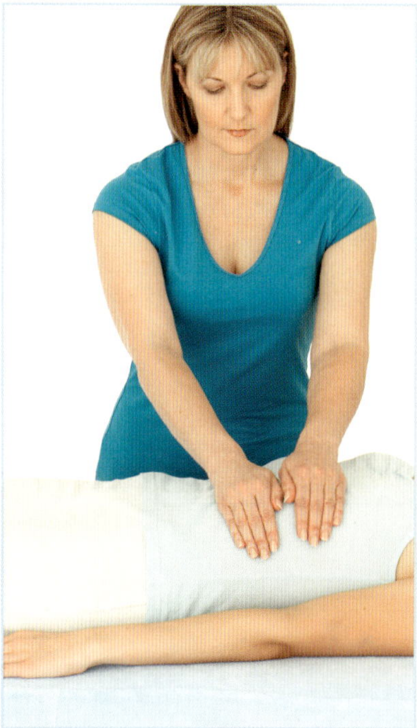

3 Para finalizar, coloque as mãos no lado esquerdo do corpo, sobre a porção inferior da caixa torácica, na linha da cintura, aplicando a Posição Frontal Três. Essa posição trata o baço e o pâncreas e é eficaz para distúrbios digestivos.

Síndrome do intestino irritável

Os sintomas da síndrome do intestino irritável (SII) são cãibras, dor abdominal, inchaço, constipação e diarréia. Tudo isso pode causar muito desconforto e aflição, mas esse mal não afeta os intestinos de modo permanente e não leva a doenças graves como o câncer. A maioria das pessoas consegue abrandar os sintomas com dietas, controle do stress e medicação prescrita. Para algumas pessoas, porém, a SII pode ser um problema muito sério, pois pode incapacitá-las para o trabalho e impedir que viagem ou que participem de eventos sociais. Às vezes as manifestações desaparecem por alguns meses e depois voltam, mas há pessoas que sofrem um agravamento constante dos sintomas com o passar do tempo.

Recomendação: Evite comer muito, evite trigo, centeio, cevada, chocolate, produtos derivados do leite, álcool e líquidos com cafeína, como café, chá e cola. Evite o stress, abalos emocionais e situações de conflito. É recomendável fazer exame preventivo para alergia, pois pessoas com SII talvez não possam digerir glúten, que se encontra no trigo, no centeio e na cevada. Pessoas com doença celíaca, que pode ser diagnosticada com um exame de sangue, não podem ingerir esses alimentos.

Tratamento

1 Aplique as três posições de mãos recomendadas para a indigestão (ver p. 186). Esse tratamento é eficaz também para flatulência, o acúmulo de gases no trato digestivo que pode levar à SII, à indigestão e a distúrbios da vesícula biliar.

Problemas menstruais

Algumas mulheres sofrem mais do que outras de problemas menstruais e pré-menstruais. Fluxos menstruais doloridos (dismenorréia) são comuns e os motivos são desconhecidos, enquanto a amenorréia (ausência de fluxo menstrual) ocorre devido ao stress, fome, anorexia e gravidez. Um fluxo menstrual excessivo (menorragia) pode ser resultado de um desequilíbrio hormonal, contraceptivos intra-uterinos, fibromas ou pólipos (excrescências nos tecidos). Alterações do período menstrual normal podem indicar um problema subjacente. Todo problema relacionado com a menstruação deve ser avaliado por um médico habilitado, que verificará irregularidades no ciclo. Mulheres com sintomas da síndrome pré-menstrual, como seios doloridos, períodos menstruais irregulares e fluxos excessivos, geralmente têm altos níveis de estrogênio.

Recomendação: Evite comer carne vermelha, usar muito sal na comida, açúcar, gorduras lácteas e cafeína. A ingestão de suplementos como vitaminas do complexo B, C e E, e ainda cálcio, magnésio e zinco, podem aliviar os sintomas. Evite stress emocional e faça muitos exercícios abdominais para fortalecer o útero. Estude a possibilidade de usar homeopatia ou óleos essenciais. Examine questões emocionais com perguntas como: Quais são os meus sentimentos mais profundos com relação ao fato de ser mulher?

ESTUDO DE CASO **DOR MENSTRUAL**

PERFIL DA CLIENTE

Catherine (aluna do Primeiro Grau de Reiki) tinha cãibras e se sentia cansada durante o período menstrual.

TRATAMENTO DE REIKI

Ela passou a se sentir muito melhor depois de se tratar com Reiki (aplicando as Posições Frontais Três e Quatro do autotratamento, p. 130, posicionando as mãos diretamente sobre o ponto dolorido). A dor no abdômen é bem menos aguda com a aplicação de Reiki; ela sente muito calor passando pelas mãos, o que realmente acalma as cãibras.

Tratamento

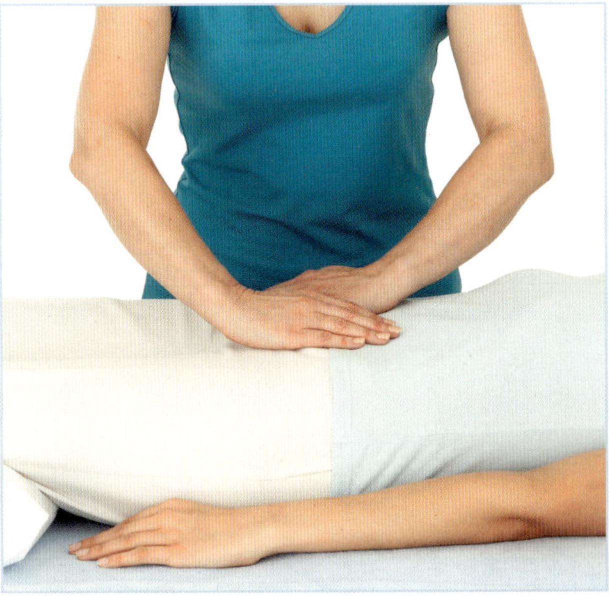

1 Coloque as mãos sobre o osso pubiano, abrangendo a região dos órgãos reprodutores. Uma das mãos aponta para baixo e a outra para cima. Antes do tratamento, pergunte à receptora se ela se sente desconfortável em ser tocada nessa área; se a resposta for positiva, mantenha as mãos uns 3 cm acima da área. A receptora absorve a energia Reiki através da aura.

2 Coloque uma das mãos sobre o osso pubiano e a outra entre as pernas, com a palma cobrindo totalmente os órgãos reprodutores. Se houver desconforto por parte da receptora, siga o procedimento descrito em 1.

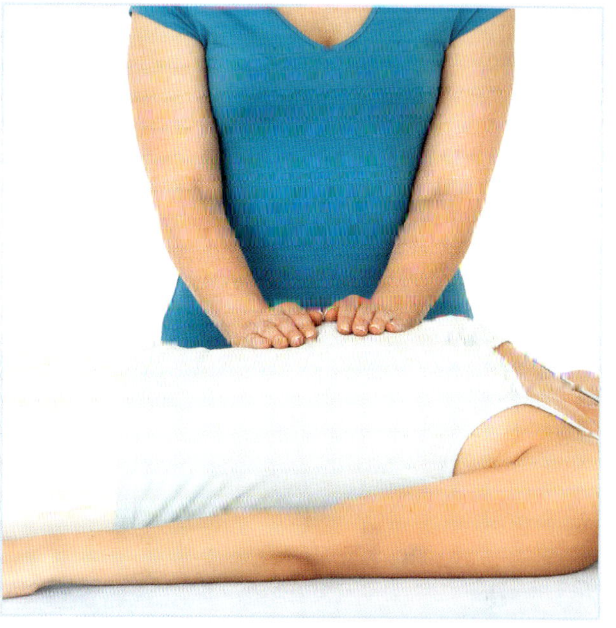

3 Coloque ambas as mãos, próximas uma da outra, sobre a porção inferior da caixa torácica do receptor, no lado direito do corpo, na Posição Frontal Dois.

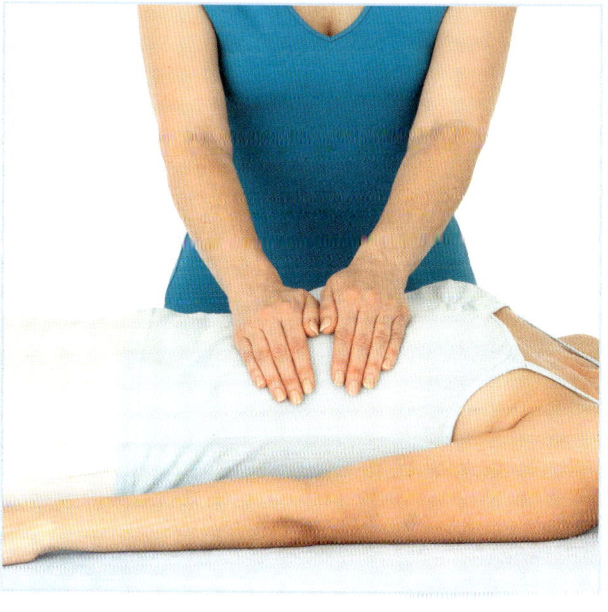

4 Mantendo as mãos na mesma altura, desloque-as para o lado esquerdo do corpo, na Posição Frontal Três. Essas duas posições tratam os intestinos e os órgãos digestores.

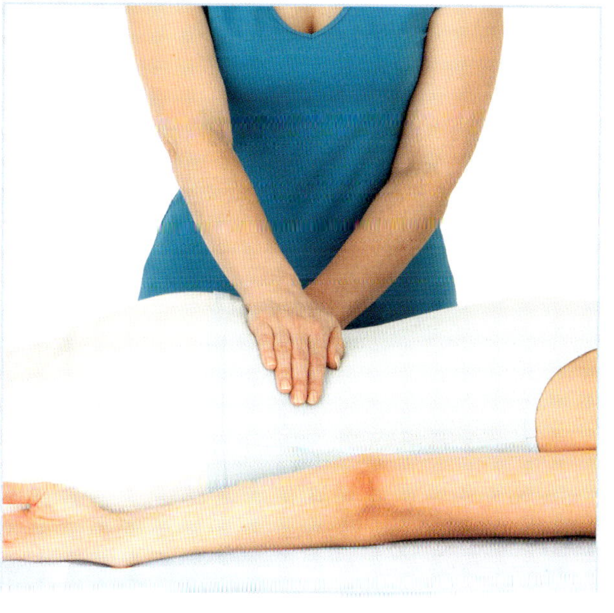

5 Para aliviar dores nas costas, trate diretamente a área dolorida colocando as mãos na região lombar na linha dos quadris, na Posição Dorsal Quatro.

6 Coloque uma das mãos sobre o sacro e a outra sobre o cóccix, formando um ângulo reto com a primeira, e acompanhando o contorno das nádegas, na Posição Dorsal Cinco (A) – Posição em T.

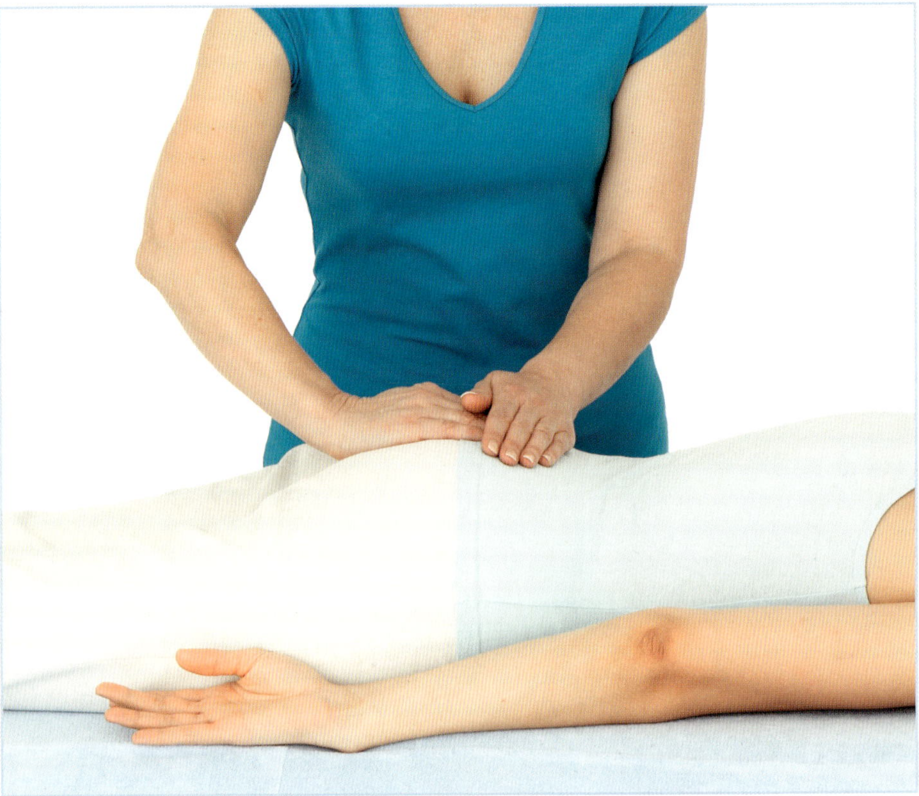

7 Para finalizar, coloque as mãos diretamente sobre a área dolorida, no osso pubiano, uma apontando para baixo e a outra para cima, na Posição Frontal Cinco.

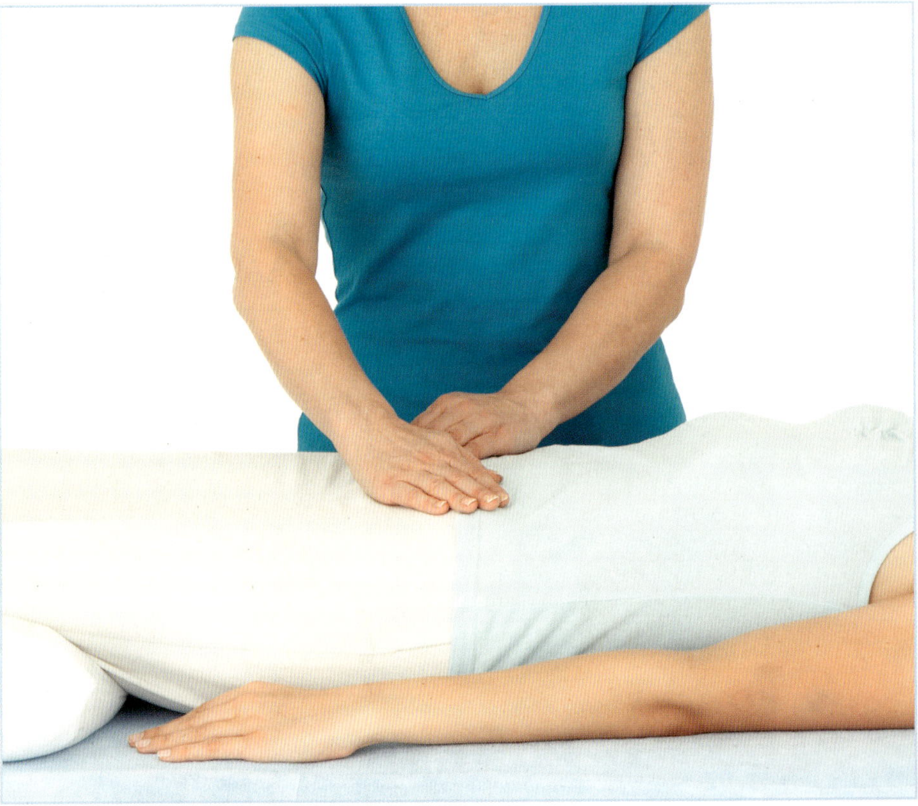

Menopausa

Menopausa é a cessação da menstruação nas mulheres em decorrência de mudanças importantes no equilíbrio hormonal, em geral tendo seu início entre os 45 e 50 anos. Os sintomas incluem "calorões", secura vaginal, alteração dos padrões de sono, suores noturnos, mau humor, lapsos de memória, dores nas articulações, diminuição da libido e depressão. A osteoporose (aumento da fragilidade dos ossos) e o aumento dos níveis de gordura no sangue também podem ocorrer. Nas culturas tradicionais, a menopausa é considerada o "ápice" da feminilidade, mas na sociedade ocidental ela pode ser um período de pesada carga emocional, e as mulheres talvez precisem abrir novas portas para encontrar novos níveis de autodescoberta. Os médicos tendem a prescrever a terapia de reposição hormonal (TRH), o que pode levar a um maior risco de gordura indesejada, retenção de água e mesmo câncer.

Recomendação: É importante manter uma dieta saudável, baixa em calorias e alta em fibras. Evite comer carnes, proteína animal e gordura, açúcar e produtos refinados. O café e o álcool podem causar ondas de calor. No lugar desses produtos, coma mais peixe fresco, frutas e vegetais. Também é bom tomar suplementos nutritivos apropriados (consulte uma nutricionista). Faça exercícios físicos e alongamentos regularmente, como caminhar diariamente em ritmo acelerado, andar de bicicleta, dançar, praticar Tai Chi e yoga. Algumas mulheres beneficiam-se com tratamentos complementares – homeopatia, ervas chinesas e florais de Bach.

Tratamento

1 Coloque as mãos sobre o osso pubiano, abrangendo a região dos órgãos reprodutores. Uma das mãos aponta para baixo e a outra para cima. Antes do tratamento, pergunte à receptora se ela se sente desconfortável em ser tocada nessa área; se a resposta for positiva, mantenha as mãos uns 3 cm acima da área.

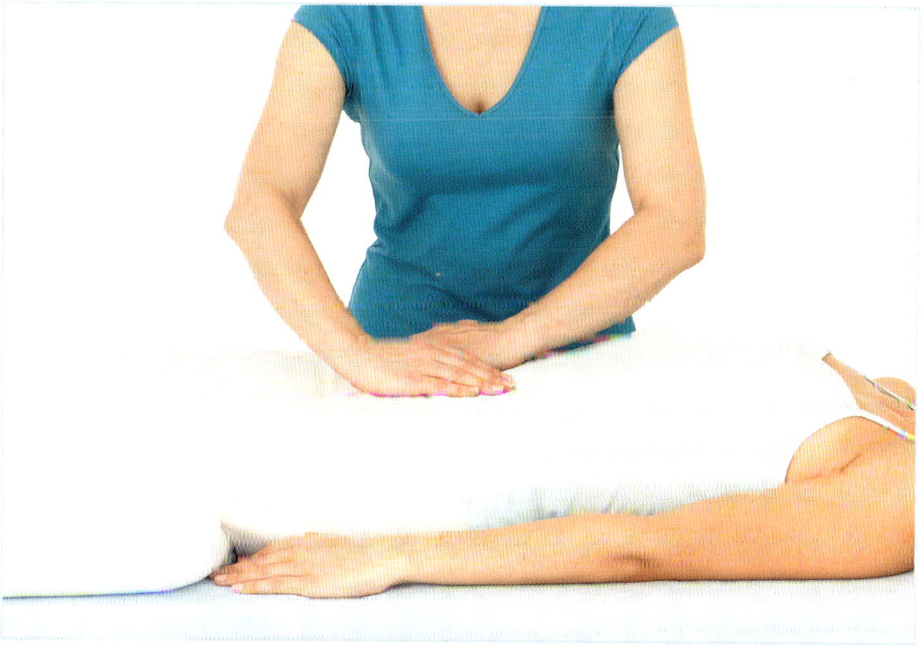

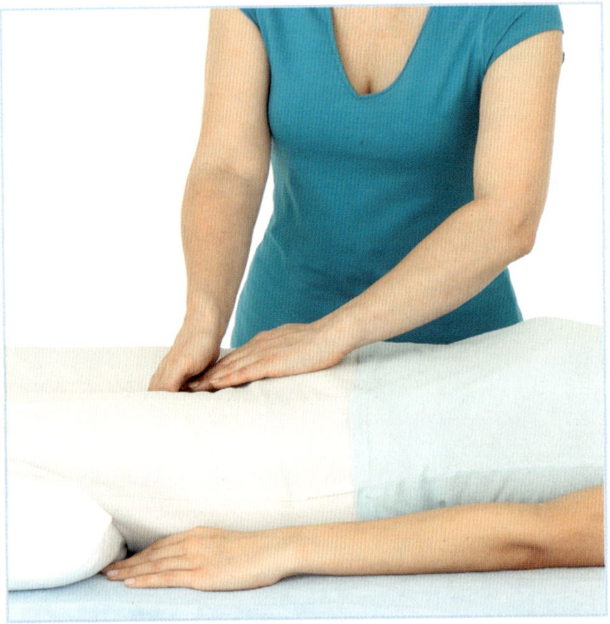

2 Coloque uma das mãos sobre o osso pubiano e a outra entre as pernas, com a palma cobrindo totalmente os órgãos reprodutores. Se houver desconforto por parte da receptora, siga o procedimento descrito em 1.

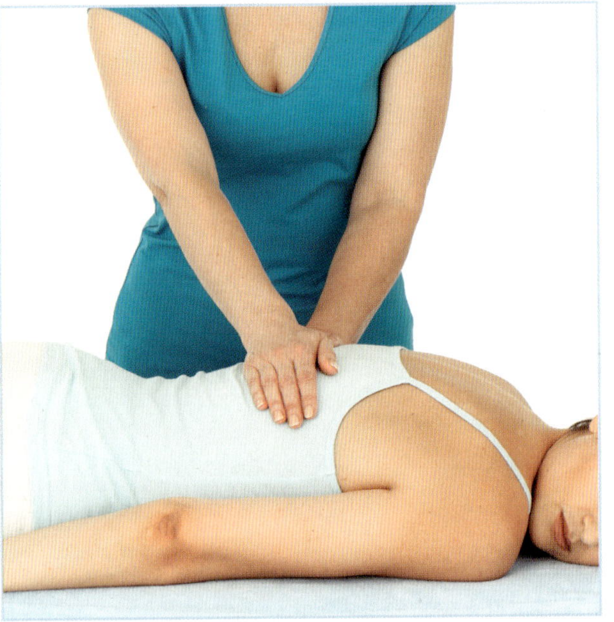

3 Coloque uma das mãos no lado esquerdo das costas sobre as costelas inferiores acima da cintura (uma distância correspondente à largura da mão, só que um pouco mais abaixo da usada na Posição Dorsal Dois), com as pontas dos dedos tocando a base da outra palma, que está no lado oposto do lado direito das costas.

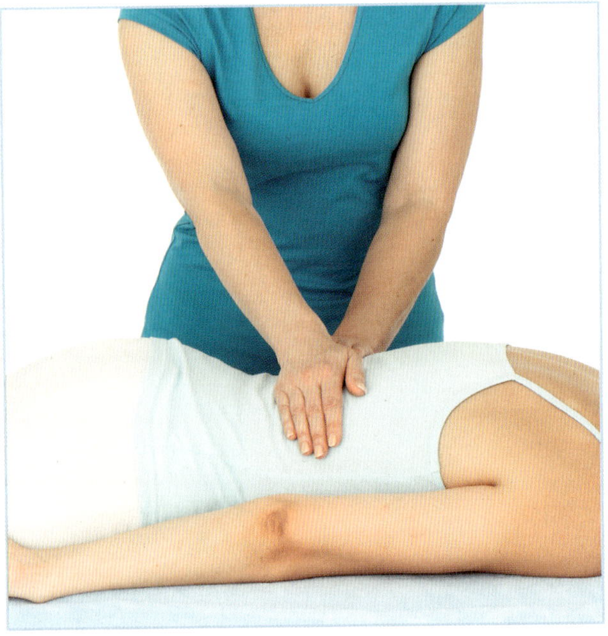

4 Desloque as mãos para baixo (distância correspondente à largura da mão), aproximando-se um pouco mais da linha da cintura. Essa posição trata as glândulas supra-renais, responsáveis pela resposta ao stress, pelo metabolismo e pelo impulso sexual.

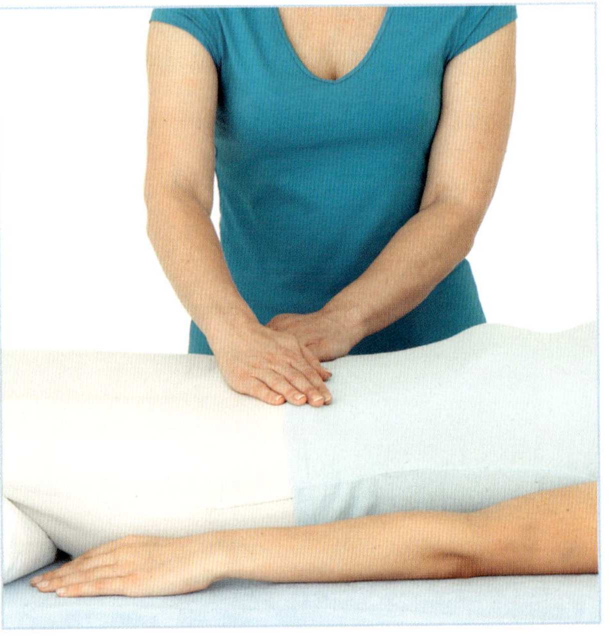

5 Coloque as mãos sobre o osso pubiano, formando um V, na Posição Frontal Cinco, para tratar os órgãos reprodutores femininos.

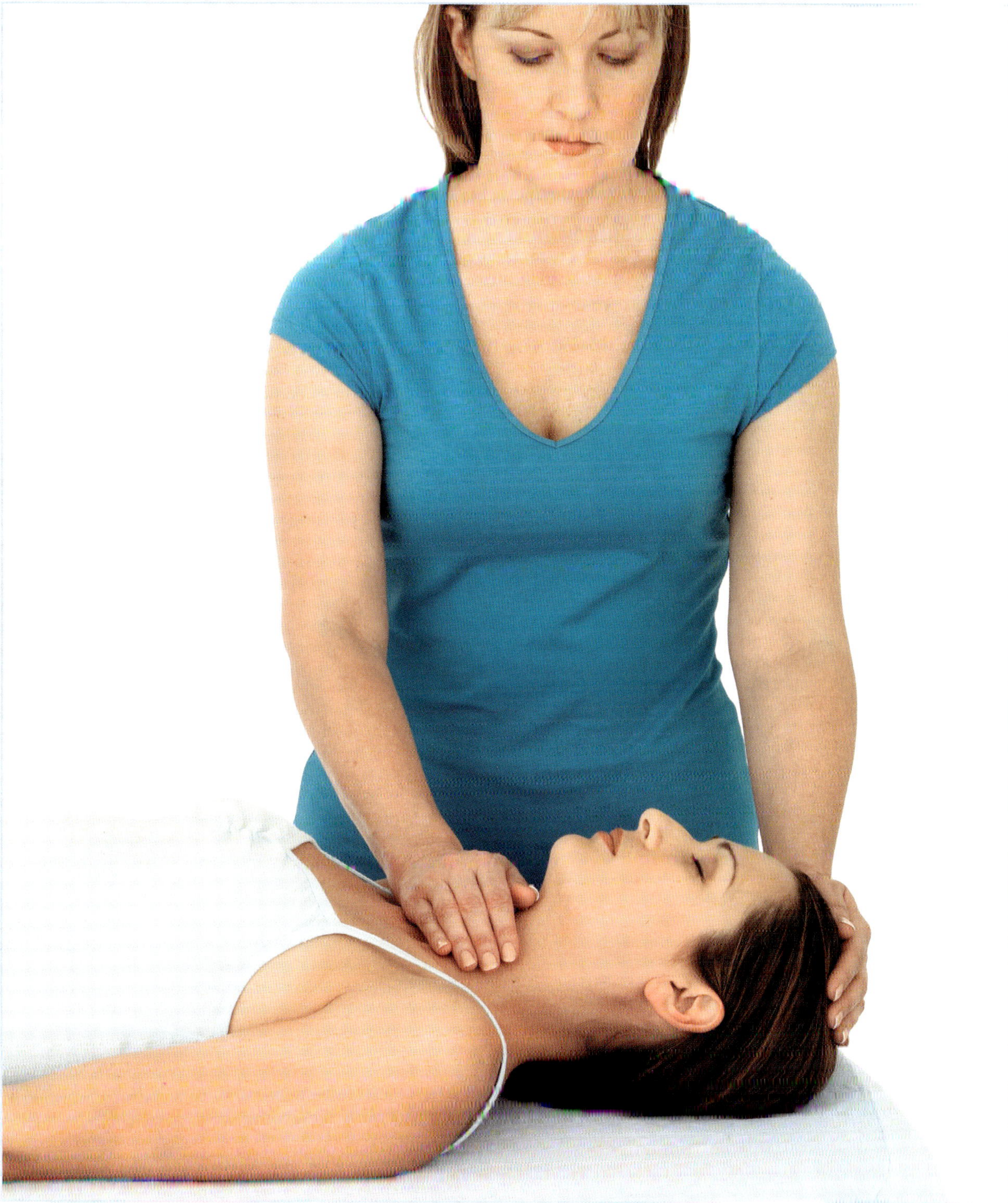

6 Para finalizar, coloque uma das mãos diretamente sobre a garganta, para tratar a tireóide (quinto chakra), e a outra no topo da cabeça (sétimo chakra). Essa posição trata as glândulas tireóide, pineal e pituitária, e o hipotálamo; ela equilibra o metabolismo e ajuda em casos de problemas de peso.

Diabete

O diabete é uma conseqüência da incapacidade do pâncreas de manter os níveis normais de glicose no sangue. Há dois tipos de diabete: o tipo 1 se manifesta quando o pâncreas produz apenas pequenas quantidades (ou nenhuma) de insulina. Este tipo está associado a uma infecção viral que causa a destruição das células produtoras de insulina e precisa ser tratado com injeções de insulina, dieta e exercícios.

O tipo 2 ocorre quando o pâncreas produz um mínimo de insulina ou quando as células são menos receptivas aos efeitos da insulina. Este tipo está associado à idade e à obesidade e é tratado com dieta apropriada, exercícios e em alguns casos com medicamentos para estimular a produção de insulina. Altos níveis de stress, exaustão supra-renal e sobrecarga prolongada (por hábitos alimentares inadequados) imposta ao pâncreas e ao fígado são as principais causas do diabete.

Recomendação: Evite o stress e a exaustão. Mantenha uma dieta saudável à base de produtos integrais e vegetais, legumes, frutas naturais e cozidas, feijão verde, alho, aveia e óleo de linhaça. Evite alimentos ricos em gordura animal, derivados de leite, açúcar, farinha e arroz brancos. Caminhadas diárias regulares (20 a 30 minutos) melhoram a circulação, mas evite esportes competitivos.

Tratamento

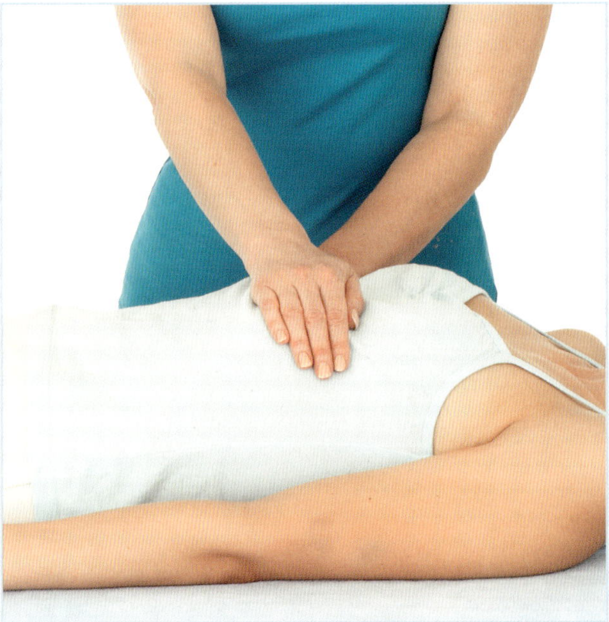

1 Coloque as mãos logo abaixo dos seios, uma do lado direito e a outra do lado esquerdo de modo que os dedos de uma das mãos toquem a base da palma da outra. Essa posição trata o pâncreas.

2 Coloque as mãos, uma à frente da outra, os dedos de uma tocando a base da palma da outra, sobre a região intermediária das costas, quase na base das escápulas.

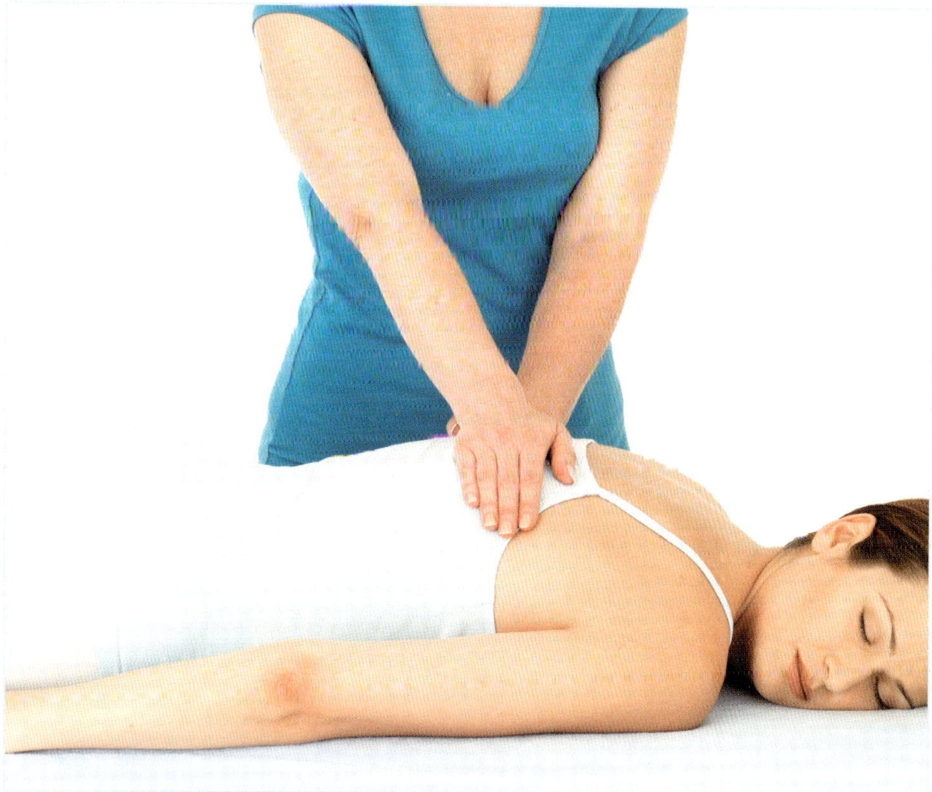

3 Desloque as mãos para baixo, à distância correspondente à largura da mão, logo acima da linha da cintura, os dedos de uma mão tocando a base da palma da outra.
Essas duas posições tratam as glândulas supra-renais e a região superior dos rins, ambas importantes para liberar o stress.

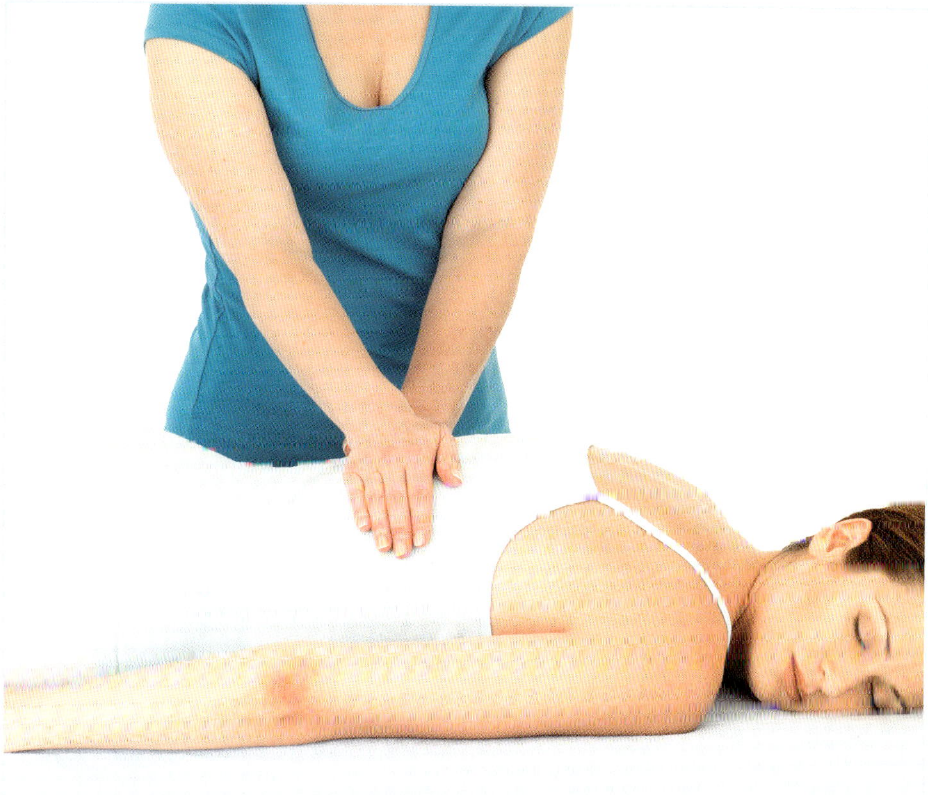

Dor e inflamação nos ouvidos

A dor de ouvido tem origem dentro da orelha ou nas áreas próximas. As infecções ocorrem no ouvido médio, no canal do ouvido e no osso atrás do ouvido, ou ouvido interno. Outras formas de dor de ouvido podem ser conseqüência de tonsilite, de gripe, de câncer da garganta, de dor na mandíbula ou no músculo do pescoço. Uma causa comum de problemas de audição em crianças é o acúmulo de cera no ouvido em conseqüência de alguma infecção. Uma dieta rica em alimentos formadores de muco (como derivados do leite) também pode causar infecção de ouvido. O tinido (zumbido nos ouvidos) é um distúrbio desagradável tradicionalmente associado a pessoas idosas, embora atualmente pessoas jovens também sofram desse mal.

Recomendação: Evite ingerir trigo, derivados do leite, carnes, óleos hidrogenados e açúcar. Coma cenouras, vegetais refogados, arroz e frutas cítricas, e beba suco de cenoura. Use óleo da árvore do chá como antiinflamatório (massageie em torno da orelha externa e na região do pescoço).

Todas as posições tratam o ouvido interno e externo e os órgãos do equilíbrio.

ESTUDO DE CASO **TINIDO**

PERFIL DA CLIENTE

Anna, com 74 anos, procurou tratamento de Reiki porque sofria de tinido havia 14 anos.

TRATAMENTO DE REIKI

Depois de uma série de quatro sessões de tratamento completo de Reiki, com especial atenção dedicada à cabeça e às orelhas (ver Passos 1 a 5 à direita e página oposta), ela percebeu que o zumbido aos poucos foi diminuindo, e depois de outras quatro sessões ele desapareceu totalmente durante o dia e às vezes à noite. Ela resolveu aprender Reiki e hoje se aplica pelo menos um tratamento completo por dia. Depois de oito semanas do início desses autotratamentos, o tinido desapareceu por completo.

Tratamento

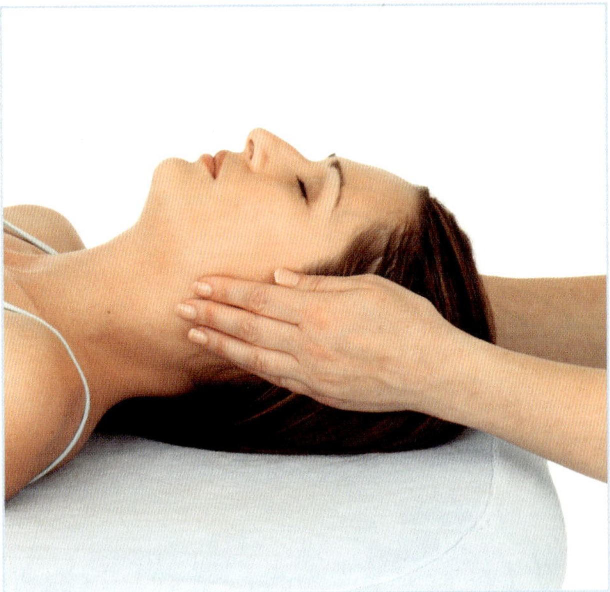

1 Coloque as mãos sobre as orelhas, na Posição da Cabeça Três, para tratar problemas do ouvido externo e interno, dificuldades de audição e ruídos ou zumbidos nos ouvidos.

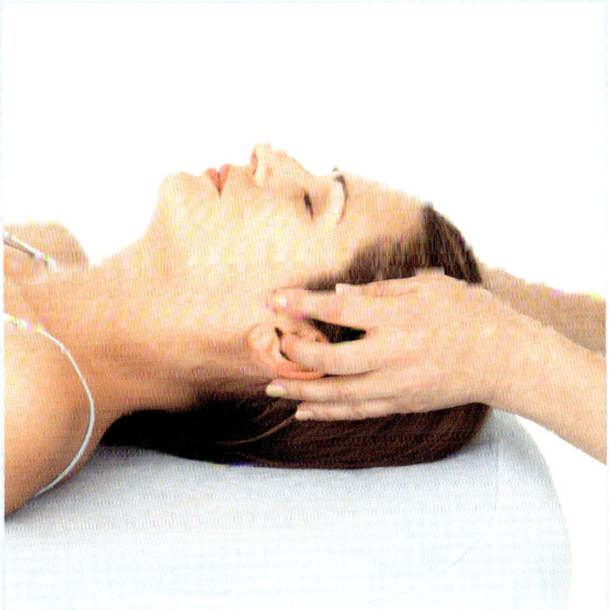

2 Coloque delicadamente o dedo médio na abertura da orelha. Apóie o indicador na frente da orelha e deixe o anular e o mínimo atrás da orelha.

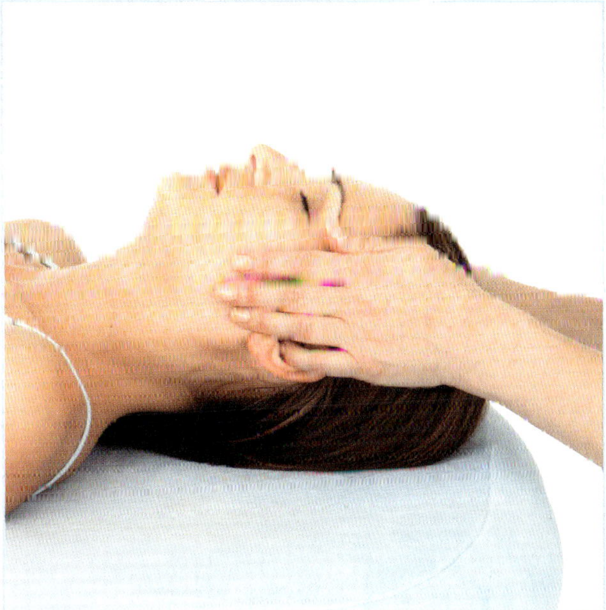

3 Como alternativa, trate as orelhas diretamente colocando o dedo mínimo de cada mão na entrada das orelhas.

4 Coloque as mãos nos lados da mandíbula, cobrindo as orelhas.

5 Termine posicionando as palmas atrás das orelhas, com os polegares acima e ligeiramente na frente das orelhas.

Doenças dos olhos

Ondas de luz entram nos olhos e são transformadas em impulsos elétricos que se deslocam pelos nervos até o cérebro, que por sua vez os converte em imagens. Problemas de visão estão relacionados com a curvatura da luz ao passar pela lente dos olhos. Temos a ocorrência da miopia quando imagens distantes são focalizadas na frente da retina. A hipermetropia ocorre quando objetos distantes são focalizados na retina e objetos próximos depois dela; objetos distantes aparecem normais, objetos próximos, borrados. A catarata é uma perda de transparência do cristalino, que parece opaco. Todas as doenças dos olhos estão associadas a um desequilíbrio no fígado, porque este órgão alimenta os olhos e o meridiano do fígado passa pelos olhos. A distorção pode começar a manifestar-se quando o fígado está fraco.

Recomendação: Evite ingerir proteína animal, derivados do leite, chá preto, café, açúcar e álcool. Em vez disso, alimente-se com produtos integrais e vegetais ricos em betacaroteno, como cenoura, abóbora do inverno, abóbora-moranga, damasco e brócolis. Beba suco de cenoura e de vegetais. Tome suplementos, como betacaroteno e vitaminas B e C. Recorra à medicina tradicional chinesa para fortalecer o fígado e coma alimentos que estimulam e que removem a estagnação do fígado, como gengibre, suco de toranja, limão e verduras amargas, como alface-romana, aspargo, folhas de rabanete, agrião e alfafa. Recomendam-se exercícios para os olhos e para o pescoço, especialmente para quem trabalha muitas horas na frente do computador.

ESTUDO DE CASO **VISÃO BORRADA**

PERFIL DO CLIENTE

Mike sofria de visão borrada causada pela permanência prolongada na frente do computador.

TRATAMENTO DE REIKI

Ele foi tratado com Reiki por sua namorada (aluna do Segundo Grau de Reiki), que aplicou as Posições Frontais Um, Dois e Três (ver à direita e na página oposta). Depois de receber o tratamento de Reiki todas as noites durante uma semana, ele se sentiu muito melhor e o problema desapareceu.

Tratamento

1 Coloque as mãos sobre os olhos, na Posição da Cabeça Um, para relaxar os olhos e abrandar problemas nesses órgãos.

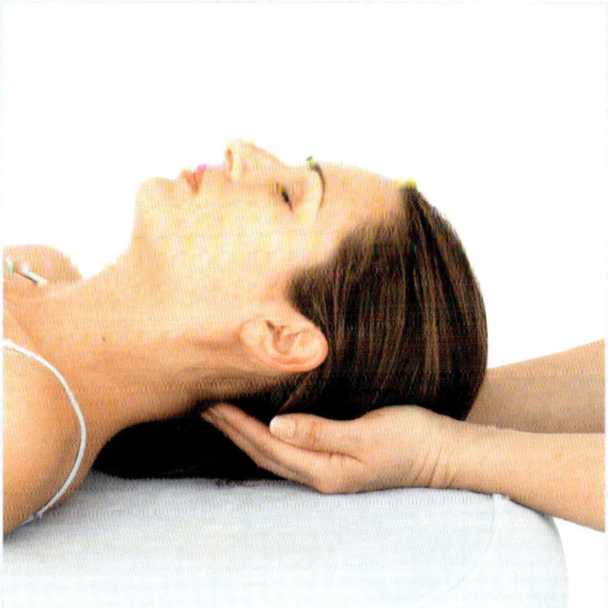

2 Sustente a parte posterior da cabeça com as mãos em concha, as pontas dos dedos tocando a medula oblonga, na Posição da Cabeça Quatro. Essa posição também ajuda a aliviar problemas nos olhos.

3 Coloque suavemente as pontas dos dedos das mãos sobre os globos oculares. O dedo indicador toca o canto interno e o dedo mínimo o canto externo do olho. As pontas dos dedos enviam raios de energia diretamente para os olhos, facilitando a recuperação de problemas oculares.

4 Como alternativa, trate o fígado na parte anterior do corpo. Coloque as mãos sobre a porção inferior da caixa torácica e a linha da cintura, no lado direito, na Posição Frontal Dois.

Reiki para curar o espírito

A energia Reiki cura, harmoniza e equilibra a pessoa toda: mente, corpo e espírito. Este capítulo trata do uso do Reiki para a cura no nível espiritual. Aqui você se deparará com diferentes aspectos e temas espirituais, desafios de crescimento e etapas da vida pelas quais todos nós passamos para realizar o nosso potencial e alcançar consciência e sabedoria, desenvolvendo uma relação amorosa e agradável com nós mesmos e com a vida. Finalmente, você pode despertar para a sua própria verdade, para "quem você é realmente".

O Reiki como disciplina espiritual

O sistema Usui guia todo Mestre de Reiki "sincero" numa jornada de toda a vida: ele é uma arte de viver e de curar. Como toda arte, o método do Reiki também exige disciplina. Essa disciplina em particular consiste em fé, comprometimento, foco, paciência, responsabilidade, honestidade e autocontrole. Um dos aspectos do processo de crescimento pessoal de um Mestre é o seu desenvolvimento espiritual através do Reiki como prática por toda a vida. Toda disciplina que nos leva à plenitude é uma prática em que milagres de intuição e transformação acontecem ao longo do caminho, quando aprendemos a aceitar tudo o que acontece na vida, o desejado e o indesejado, com humildade e gratidão.

Cura espiritual

Com o Reiki temos condições de nos desenvolver de formas espiritualmente criativas, tornando-nos conscientes de padrões de energia e de sistemas de crenças antigos, de processos de pensamento negativos e de comportamentos que dificultam a conquista da liberdade pessoal e a autorrealização. Precisamos curar a nós mesmos e nos tornar "plenos" novamente, para que a "bagagem" se dissolva e nós possamos nos sentir vivos e cheios de vida, vivendo uma vida simples e realizada.

Transformação da energia tóxica

Diante de acontecimentos inesperados e indesejados – como uma redundância, uma separação ou uma mudança num relacionamento, uma carreira perdida, uma troca de cidade, uma redução dos padrões de vida ou qualquer outro incidente inquietante – tendemos a reagir com emoções negativas intensas e nos opomos veementemente à mudança. Depois de algum tempo, cansamos de ficar remoendo o problema e achamos que o superamos. Na maioria dos casos, porém, a verdade é que apenas confinamos o episódio desagradável no "porão" da mente, reprimindo-o, evitando lembrá-lo. Mas a energia de cada emoção "envenenada" continua lá, presa no corpo físico

O Reiki possibilita-lhe desenvolver-se espiritualmente, tratar e revitalizar pensamentos e emoções, e receber novas intuições. Como disciplina, porém, ele exige fé e foco.

(tecidos, órgãos, músculos e ossos). Essas emoções são muito fortes e não devem ser subestimadas; elas são a verdadeira causa da "má saúde espiritual". Somente a inspiração e a determinação de enfrentar essas emoções para que se transmutem em amor, compreensão e perdão podem transformar essa energia tóxica.

Reassumindo o poder

Precisamos observar a nossa vida como se fôssemos um professor. Precisamos ser inteligentes e compreender as mensagens da vida para aprender com as nossas experiências. Essa atitude nos dá condições de entrar em contato com novas qualidades dentro de nós, como paciência, compreensão, tolerância, flexibilidade, coragem e disposição para abandonar ou desistir do controle. A vida sempre flui mais suavemente quando agimos conscientemente para a mudança positiva, compreendendo que a "má doença espiritual" não precisa ser o nosso destino, mas pode ser resultado das nossas emoções e pensamentos negativos. Reassumimos o poder em nós mesmos e sabemos que podemos tomar as decisões corretas para mudar a vida. Isso acelera o processo de cura e mantém um sentimento de confiança e vigor em nós mesmos.

Prática diária

Um aspecto importante do Reiki como disciplina espiritual é usá-lo como prática diária na forma de autotratamento. Também faz parte dessa disciplina a meditação sobre os Princípios do Reiki (ver pp. 20-3) e a aplicação desses princípios como diretrizes de vida. O Mestre "desenha" ou visualiza o Símbolo do Mestre (ver p. 118) com a intenção de que o Reiki preencha seu ser o tempo todo. Essa é uma contribuição importante para a sua jornada espiritual e contribui para a sua cura pessoal. Quanto mais você usa o Reiki, mais o seu canal energético se purifica e expande. Você recebe quantidades crescentes de Energia Vital Universal, de modo que através do seu campo de energia expandido outras pessoas são tocadas por essa vibração. Você consegue relaxar profundamente e ter a experiência da unicidade. Esse é um processo contínuo e uma aventura com o Reiki e com você mesmo, distribuindo cura e harmonia aonde quer que você vá. Você vive a experiência da plenitude de quem você é: um ser divino (espírito) vivendo uma experiência humana (física) preciosa.

Como suporte em sua jornada espiritual pessoal, é importante você comprometer-se com a prática do autotratamento diário e com a meditação sobre os Princípios fundamentais do Reiki.

Meditação

Meditação é um estado de ser em que nos sentimos unidos a todas as coisas; ela é um recurso importante na sua jornada de vida com o Reiki. Não podemos "fazer" esse estado de união acontecer; ele acontece por si mesmo, quando a mente está serena e em meditação. As técnicas de meditação são uma maneira precisa, científica, de mergulhar mais profundamente no seu ser esvaziando-se de tudo o que não é "você".

Meditação da paz interior

O coração é uma fonte natural de paz. Com esta meditação você volta à sua fonte pessoal de paz e relaxamento. A emissão suave do som "hum" harmoniza o quarto chakra e o põe em contato com o amor e a paz que dele emanam. Ao concentrar-se no coração, você entra em contato com a paz interior. O coração transmite vibrações harmoniosas que você capta como amor e paz. Faça esta meditação quando você se sentir angustiado ou inquieto, durante 15 a 20 minutos.

Instruções

1 Sente-se (ou deite-se) com os olhos fechados e as mãos pousadas no colo ou sobre as coxas. Inspire naturalmente e emita o som "hum" ao expirar, prolongando-o o quanto for possível. Mantenha a mesma nota. Faça isso durante 5 minutos, ou um pouco mais, se quiser.

2 Cesse a emissão do som "hum" e coloque a mão esquerda sob a axila direita e a mão direita sob a axila esquerda, com os polegares expostos. Concentre a atenção na região do peito e sinta o seu coração acalmar-se, com um sentimento de amor e paz fluindo dele. Faça isso durante 10 minutos. Como alternativa, descanse as mãos no centro do peito.

Meditação com o mantra "om"

Mantras são sílabas, palavras ou frases do sânscrito que elevam o nosso estado de consciência. Eles são antigos e em geral de origem desconhecida. Por tradição, os mantras fazem parte da prática diária dos rituais devocionais budistas. Sons e mantras são usados na meditação para mover a energia nos centros energéticos superiores (chakras) com o objetivo de alcançar vibrações mais elevadas e conseqüentemente um nível mais elevado de consciência.

O mantra "om" (ou "aum") contém o som primordial do universo, que está presente em todas as coisas. Ao entoá-lo em voz alta, você tem a sensação de que ele entra no seu corpo e você se torna uma coisa só com ele e com tudo o que está à sua volta.

Conforme descrito a seguir, esta meditação requer de 40 a 60 minutos.

Instruções

1 Sente-se confortavelmente, com a coluna reta e as mãos apoiadas no colo ou sobre as coxas. Entoe o mantra "om" em voz alta, começando cada letra com a boca bem aberta – "o-m" – e terminando num sussurro, com a boca fechada. Faça isso na expiração, prolongando o som o máximo possível.

2 Sinta o som "om" vibrar em todo o seu corpo. Concentre-se no segundo chakra (região da barriga) e sinta ali essas vibrações, entrando em sintonia com você mesmo. Depois de alguns minutos você sentirá que cada célula do seu corpo está repleta com essas vibrações. Quanto mais profundamente você entrar em sintonia com o som, mais se sentirá preenchido por uma sutil suavidade. Faça isso de 20 a 30 minutos.

3 Interrompa o canto do "om" e sente-se em silêncio durante outros 20 a 30 minutos. Sinta o espaço interior e a vibração criados pela meditação. Você se sentirá cheio de energia, puro, rejuvenescido e mais consciente.

Grounding

Para elevar-nos às esferas superiores e "tocar o céu" precisamos estar enraizados na terra, com os pés no chão. Um ditado espiritual diz: "Se quer voar alto, tenha as raízes enterradas no chão." É um ditado cheio de sabedoria. Se a nossa energia se eleva, mas não conseguimos segurá-la ou canalizá-la do modo correto, ela pode prejudicar o sistema nervoso e os corpos energéticos. Precisamos estar preparados para lidar com as energias superiores e com o êxtase "divino". Você precisa estar bem alicerçado e firme ao realizar um tratamento com energia e ao aplicar Reiki, pois energias intensas passam por você. Estar centrado dentro de você (no segundo chakra) e bem enraizado (conectado com o primeiro chakra) é um pré-requisito para qualquer trabalho de cura.

Quando o *grounding* é necessário

Faça este exercício de "aterramento" quando se sentir desligado de si mesmo, passando muito tempo na cabeça (pensando ou preocupando-se) e praticamente não tendo contato com o seu corpo físico (não sentindo que os seus "pés estão no chão") e com a Mãe Terra. Faça-o também antes de aplicar tratamentos de Reiki. Ele fortalecerá a sua presença e as suas raízes, e purificará e energizará os seus chakras. São necessários de 10 a 15 minutos para realizá-lo por inteiro. Faça-o três vezes com cada chakra, ou mais se quiser, limpando e energizando todos os chakras.

Ao visualizar a energia da terra, procure vê-la na cor marrom e absorva-a com todo o seu corpo na inspiração. Ao expirar, visualize a energia da terra descendo pelo corpo até as pernas e os pés e daí voltando ao centro da terra. Para o exercício completo, siga as instruções na página oposta.

***Grounding* é um** exercício que restabelece a ligação com as suas raízes e com a Mãe Terra, absorvendo a energia da terra para todo o corpo através dos chakras.

Instruções

1 Fique de pé, corpo relaxado, pés separados pela distância correspondente à largura dos ombros, olhos fechados. Respire profundamente algumas vezes; ao expirar, solte e relaxe os ombros, sempre um pouco mais a cada expiração. Repita essa seqüência duas ou três vezes, sempre liberando as tensões do corpo e direcionando a energia da cabeça para os pés.

2 Em seguida, concentre-se nos pés. Visualize uma abertura no centro da sola de cada pé. Com a atenção, penetre na terra, até o seu centro, e imagine estar absorvendo energia da terra (na cor marrom). Ao inspirar, sinta a energia da terra entrando no corpo pelo pé esquerdo.

3 Visualize a energia subindo pela perna esquerda e passando pela região inferior da pelve, a sede do primeiro chakra. Veja esse chakra abrindo-se para a terra.

4 Ao expirar, imagine a energia da terra descendo pela perna direita, passando pelo pé direito e penetrando na terra. Envie essa energia de volta para o centro da terra. Repita o procedimento três vezes.

5 Continuando, visualize a energia fluindo para o segundo chakra, primeiro entrando pelo pé esquerdo e subindo pela perna esquerda, na inspiração, e em seguida descendo pela perna direita até o pé direito e daí voltando novamente ao centro da terra, na expiração.

6 Trate todos os demais chakras do mesmo modo.

7 Para finalizar, você pode continuar um pouco mais e visualizar uma corda (ou uma grande raiz), como extensão do cóccix, descendo até o centro da terra. Imagine a energia da terra subindo pela corda e fluindo para o primeiro chakra, depois para o segundo, terceiro, quarto, quinto, sexto e sétimo, e ainda mais além, durante a inspiração. Na expiração, imagine a mesma energia descendo e passando novamente pelos chakras, um a um, de volta à terra, pela corda, até o centro. Repita o procedimento três vezes.

Concentração no hara

O "hara" (ou segundo chakra), uma palavra japonesa, é o centro energético mais conhecido na tradição oriental. O ponto do hara localiza-se logo abaixo do umbigo. Ele é um centro de energia importante, pois é através dele que recebemos a energia vital do cosmos. Você pode fazer esta meditação a qualquer hora do dia, especialmente quando se sentir um pouco "fora do centro" ou nervoso ao tomar uma decisão. Os efeitos da meditação são tranqüilidade, autoconfiança e autocentramento. Reserve em torno de 20 a 30 minutos para a seqüência completa.

Instruções

1 Sente-se confortavelmente numa cadeira ou no chão, com a coluna reta. Mantenha os pés bem plantados no chão e, se possível, sem apoiar as costas. Descanse as mãos sobre as coxas, palmas para cima, olhos fechados. Se quiser, ponha uma música suave para facilitar o relaxamento.

2 Leve a atenção para o ponto do hara, logo abaixo do umbigo, e visualize uma linha desse ponto até o sexto chakra, entre as sobrancelhas. Coloque uma mão sobre o hara para manter a atenção nesse ponto.

3 Em seguida comece a girar o corpo no sentido anti-horário, continuando o movimento de 10 a 15 minutos. Durante o movimento, mantenha o tronco em linha reta desde o hara (segundo chakra) até o sexto chakra.

4 Reduza o movimento aos poucos, até cessá-lo totalmente. Fique parado e descansando durante uns 5 minutos, sempre com a coluna reta e concentrado na energia do hara.

5 Para terminar a meditação, deite-se de costas, braços soltos ao longo do corpo, palmas voltadas para cima, pernas ligeiramente abertas e a boca levemente entreaberta, mandíbula relaxada. Fique nessa posição de 5 a 10 minutos.

Preservando a energia do coração

Nestes tempos de mudanças aceleradas, seguidamente precisamos enfrentar muitos problemas ao mesmo tempo. Com isso nos sentimos sob pressão e esmagados, e conseqüentemente agitados e impacientes, uma situação que afeta sobremodo a nossa saúde física, principalmente o coração.

O coração energético

Como órgão físico, o coração nos mantém vivos enquanto bombeia o sangue através das veias. No entanto, temos também um "coração energético" que corresponde ao chakra do coração (quarto chakra). Este dispõe de um espaço enorme onde podemos relaxar e reabastecer-nos. Aqui podemos encontrar paz, alegria e amor a qualquer momento. Quando o coração relaxa, ele está no máximo da saúde e da satisfação, refletindo nossa fonte de sabedoria e compreensão. Se considerarmos a vida como uma experiência de aprendizado, podemos aceitar todos os desafios e dádivas que nos amadurecem e que enriquecem a nossa vida. Através do coração recebemos inspiração e encontramos a força e a coragem interiores para agir desde um espaço de sabedoria, paz e aceitação para enfrentar qualquer situação nova e incomum ou desafiadora.

Para relaxar o coração

Este exercício, muito simples, mas eficaz, ajuda a desfazer bloqueios e tensões do coração; ele é especialmente proveitoso para os momentos em que você se sente pressionado, preocupado ou sobrecarregado. E isso porque o ato de suspirar é uma forma muito fácil de eliminar a pressão do coração e liberar qualquer coisa a que você esteja se prendendo, mental ou emocionalmente. A energia negativa se dissipa na fase da expiração. A aplicação de Reiki ao coração promove sua abertura e ajuda a energia de cura a fluir para essa região. Dedique de 10 a 15 minutos para o exercício completo.

Instruções

1 Sente-se confortavelmente ou deite-se, respire profundamente e relaxe os maxilares ao expirar pela boca. A cada expiração, suspire profundamente, produzindo o som característico desse ato. Repita várias vezes, relaxando completamente a cada expiração. Enquanto suspira, deixe as mãos sobre os olhos, aplicando Reiki. Esse procedimento o ajudará a entrar novamente em contato consigo mesmo.

2 Em seguida, expulse com a expiração cada acontecimento passado, cada pensamento ou sentimento a que você esteja se prendendo. Peça ao que estiver preocupando a sua mente que se afaste e o deixe em paz; expire essas coisas num nível mental. Facilite o procedimento produzindo um som ao suspirar e expirar. Coloque as mãos no peito e preste atenção ao coração. Procure sentir se você está diferente agora – por exemplo, se está mais leve ou mais livre.

"Coração de alegria", meditação de Atisha

Quando o corpo, a mente e o coração trabalham em harmonia, o coração se abre e transborda de alegria. A alegria contém prazer e felicidade sem motivo aparente. É como um extravasamento de energia vital – sempre que "a taça está cheia", você é preenchido com alguma coisa maior do que você mesmo (ego). Num nível profundo, a chave para encontrar essa alegria está ligada ao coração, pois o coração sabe naturalmente como relaxar, usufruir e celebrar a vida.

Esta meditação foi desenvolvida por Atisha, um místico tibetano da antiguidade. Ela se baseia no entendimento de que quanto mais nos dissolvemos no coração (ou chakra do coração), mais desaparecemos como um "eu" separado.

Esta técnica nos ensina a absorver no espaço vazio do coração tudo o que nos causou e causa sofrimento. Todos esses "fantasmas" – medos, preocupações, ansiedades, conflitos, sentimentos de autodepreciação e julgamentos – são acolhidos. À medida que entram no chakra do coração na inspiração, eles se dissolvem e desaparecem no espaço vazio do coração. E depois de absorvidas e transformadas essas energias negativas, podemos expirar energias positivas, como amor, alegria e paz, enviando-as de volta para o mecanismo corpo-mente-coração. A combinação do Reiki com esta meditação aprofunda a experiência de cura. Faça este exercício durante aproximadamente 15 minutos, ou o tempo que preferir.

"Gostei muito de todas as meditações, mas especialmente a do coração de alegria. Senti um contato muito forte com os meus sentimentos; comigo, na verdade. Conhecer a meditação do coração de Atisha me dá confiança e possibilidades de entrar mais profundamente dentro de mim mesma. Agora sinto que posso confiar."

Michaela

Instruções

1. Sente-se relaxado, olhos fechados. Respire profundamente algumas vezes e suspire a cada expiração. Coloque as mãos sobre o peito (chakra do coração) e entre em sintonia com o coração.

2. Traga à mente uma situação atual ou passada que lhe tenha causado ou esteja causando sofrimento ou dor. Inspire e acolha esse sentimento. Se tiver vontade de chorar, chore. Aceite toda emoção que emergir e deixe-se levar profundamente pela energia do sentimento, sem qualquer julgamento da mente.

3. Abrace o sentimento e fique com ele durante alguns momentos, reconhecendo-o. Pergunte-lhe: "O que você precisa de mim neste momento?" Aguarde uma resposta.

4. Depois de algum tempo (talvez de 5 a 10 minutos), na expiração, entre novamente em sintonia com sentimentos de paz, amor e alegria que fluem do coração. Deixe que a expiração leve essas bênçãos.

Tratamento para relacionamentos

Todos nos relacionamos com outras pessoas: família, amigos, colegas e conhecidos. Podemos desenvolver uma proximidade especial e intimidade com um parceiro ou parceira. Apesar do nosso profundo desejo de manter um relacionamento de amor, porém, isso nem sempre é fácil, pois nossas necessidades e expectativas muitas vezes divergem. Um dos segredos para restabelecer a harmonia num relacionamento é a disposição para compreender a outra pessoa e aceitá-la como ela é. Todos nós precisamos sentir-nos amados, e para que haja intimidade temos de estar abertos ao nosso parceiro ou parceira, dispostos a compartilhar os nossos pensamentos, sentimentos e energia. A abertura do coração possibilita a ocorrência de um fluxo natural de dar e receber.

Aprofundamento da proximidade

Faça este exercício com alguém que lhe seja próximo, como seu parceiro ou parceira. Procure fazê-lo quando sentir que a convivência enriquecedora se transformou em rotina vazia ou que vocês estão distantes um do outro. Se tiveram uma discussão e estão prontos a reencontrar-se, este exercício os ajudará a recuperar a intimidade e a aprofundar os laços que os unem. Como alternativa, façam o exercício como fase preparatória para o jogo amoroso, com a intenção de sentir sua sexualidade em níveis mais profundos, infundida com sentimentos de amor, ternura, confiança, cuidado e unidade. Façam o exercício sentados ou deitados, face a face, mas em silêncio. Programem de 15 a 20 minutos para realizá-lo. Embora não seja essencial, uma música suave pode facilitar o relaxamento.

Instruções

1 Sentem-se confortavelmente, voltados um para o outro, próximos o suficiente para que um possa alcançar o peito do outro. Usem almofadas para apoiar as pernas e as costas.

2 Ambos posicionam a mão direita no centro do coração (no meio do peito) um do outro e a mão esquerda sobre a mão direita do companheiro. Mantenham a respiração regular e solta, deixando o queixo cair. Sintam a energia Reiki fluindo para a região do coração.

3 Olhando-se nos olhos, deixe que "o outro" veja você; e veja "Buda" (Deus ou Cristo) no outro. Continuem assim de 2 a 4 minutos. Se lágrimas ou riso surgirem, chorem ou riam, mas mantenham a sintonia de coração a coração.

4 Em seguida fechem os olhos. Fiquem abertos para receber e sentir o amor e a unidade entre vocês. Permaneçam assim durante o tempo que quiserem, talvez de 10 a 15 minutos ou mais. Alternativamente, vocês podem mudar de olhos abertos para olhos fechados, o que parecer mais adequado.

Falando com o coração e escutando-o

O coração é a nossa principal fonte de sabedoria e compreensão. Ele nos põe em contato com a nossa intuição e conhece as nossas necessidades. Você pode falar com o seu coração como se falasse com um velho amigo da maior confiança e pode perguntar-lhe a respeito de tudo o que preocupa você ou de alguma coisa que precisa ser resolvida. A aplicação de Reiki ao coração faz com que ele se abra, e falar com ele ao longo do tratamento pode ser uma experiência de cura profunda. Este exercício ajuda você a entrar em contato com os seus sentimentos mais íntimos e é também uma boa maneira de dissipar as preocupações e tensões do dia antes de se preparar para dormir. O exercício pode ser feito em 15 minutos.

Instruções

1 Sente-se ou deite-se e respire profundamente algumas vezes. Se sentir alguma tensão no corpo ou opressão no coração, procure suspirar para ter algum alívio.

2 Coloque as mãos sobre o centro do coração (meio do peito) e sinta as batidas do coração durante alguns instantes, concentrando a atenção no quarto chakra e aplicando Reiki nesse ponto.

3 Comece a falar com o seu coração como se ele fosse um velho amigo. Faça-lhe perguntas como: "Como você está?", "Posso fazer alguma coisa por você?", "O que você precisa de mim neste momento?" ou outras perguntas para as quais você precisa de uma resposta.

4 Observe possíveis sentimentos que possam emergir. Deixe-os onde estão, apenas observe-os, esperando as respostas que hão de chegar.

Alterações de humor

Quando uma pessoa está de mau humor, ela normalmente tem dificuldade de sair desse estado, embora todos saibamos que de algum modo "isso também vai passar". Tratar com Reiki a cabeça do receptor aumenta a produção de endorfinas, os "hormônios da felicidade" do corpo, e aplicar Reiki ao terceiro chakra (região do plexo solar) e ao meio das costas fortalece sua confiança e auto-estima. Este tratamento requer de 15 a 20 minutos.

Instruções

1 Coloque as mãos nos lados da cabeça do receptor, as pontas dos dedos tocando as têmporas, na Posição da Cabeça Dois. Essa posição acalma a mente e as emoções.

2 Sustente a cabeça com as mãos em concha, as pontas dos dedos tocando a medula oblonga, na Posição da Cabeça Quatro. Essa posição abranda emoções fortes, aguça a intuição e favorece a clareza mental.

3 Coloque as mãos, uma à frente da outra, sobre cada lado da porção inferior da caixa torácica do receptor. Essa posição trata a região do plexo solar, onde terminam muitos nervos. Ela também reduz o medo e favorece o relaxamento.

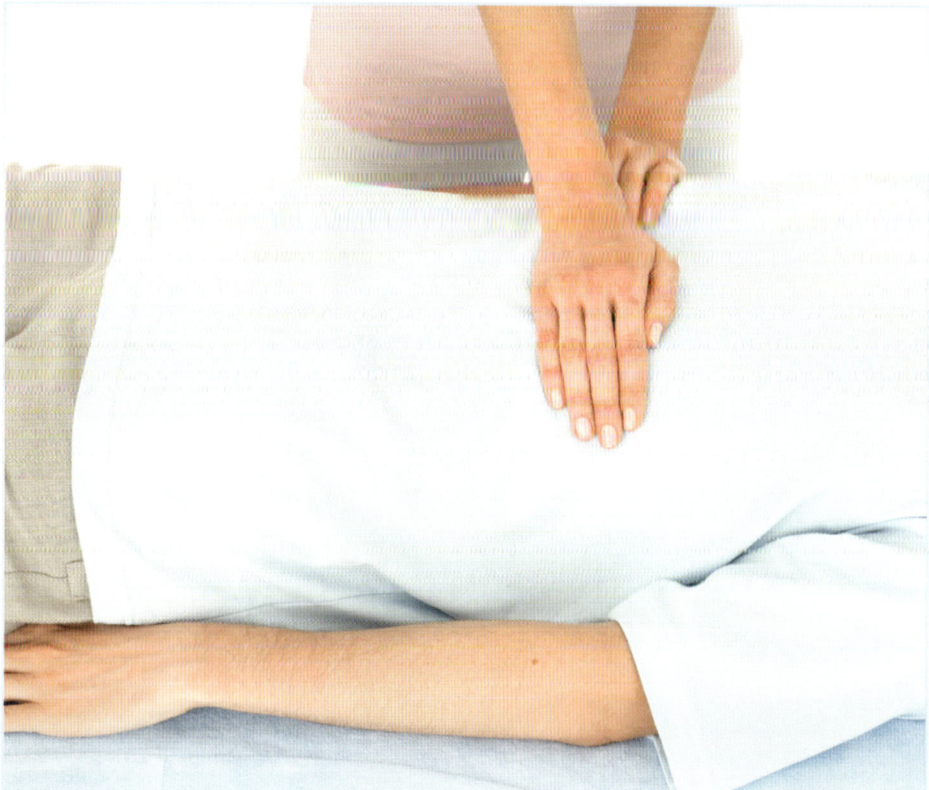

4 Por fim, coloque as mãos nas costas do receptor, uma à frente da outra, um pouco acima da cintura, na altura dos rins, na Posição Dorsal Três, para tratar os rins, as glândulas supra-renais e os nervos, e para aliviar o stress, o medo e a dor.

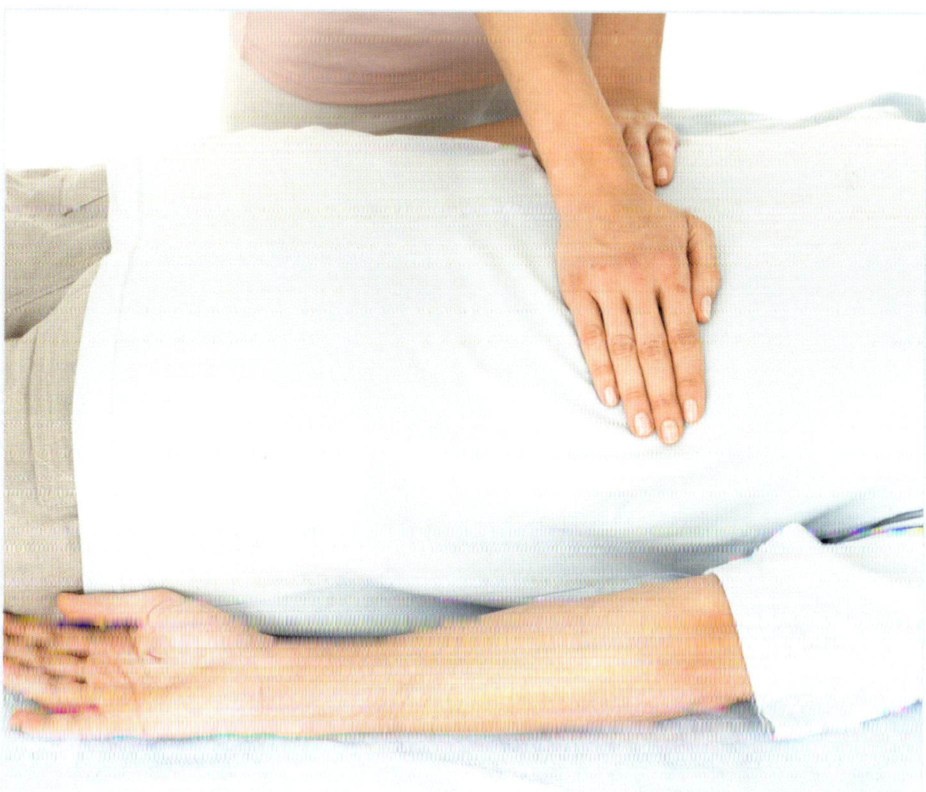

Para intensificar a concentração

Este exercício é especialmente proveitoso antes de um exame, porque ele ajuda a concentrar-se melhor e ativa as memórias de curto e de longo prazo. Ele também ajuda a reduzir o stress e a atividade mental excessiva. Permaneça em cada posição em torno de 5 minutos, ou pouco mais.

Instruções

1 Com o receptor deitado ou sentado, coloque as mãos sobre os olhos, a testa e as maçãs do rosto dele, na Posição da Cabeça Um. Essa posição movimenta a energia dentro do crânio e relaxa os olhos, o que por sua vez promove o relaxamento de todo o corpo.

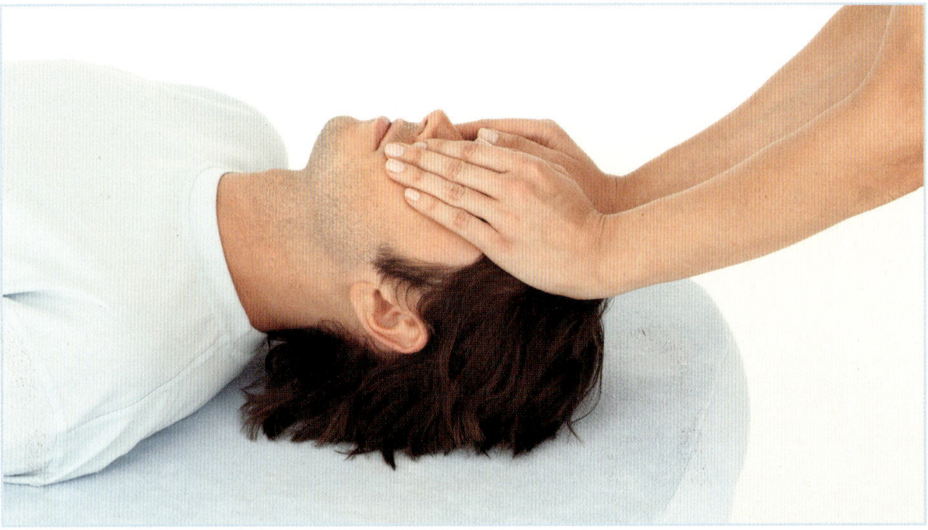

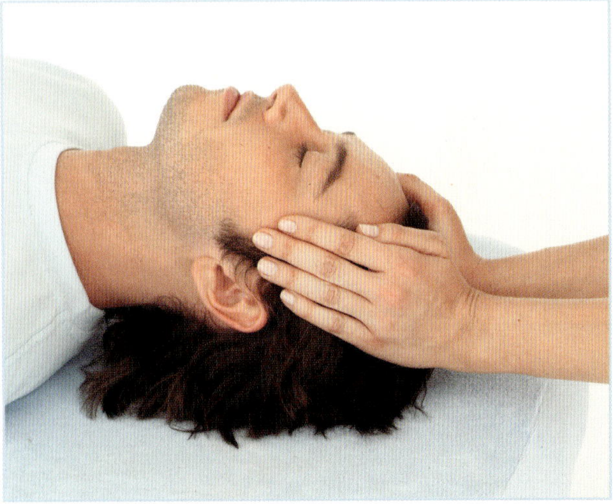

2 Coloque as mãos nos lados da cabeça do receptor, com as pontas dos dedos tocando as têmporas, na Posição da Cabeça Dois.

3 Sustente a cabeça com as mãos em concha, as pontas dos dedos tocando a medula oblonga, na Posição da Cabeça Quatro. Essas duas últimas posições equilibram os lados direito (intuitivo) e esquerdo (lógico) do cérebro e ajudam a memória.

Emoções: tratamento e equilíbrio

Este é um tratamento eficaz quando a pessoa se sente com energia baixa ou deprimida, emocionalmente perturbada ou preocupada. As posições de mãos equilibram emoções fortes, como medo, confusão, choque e preocupação. Mantenha cada posição de 3 a 5 minutos. O tempo total do tratamento é de 40 a 60 minutos.

Instruções

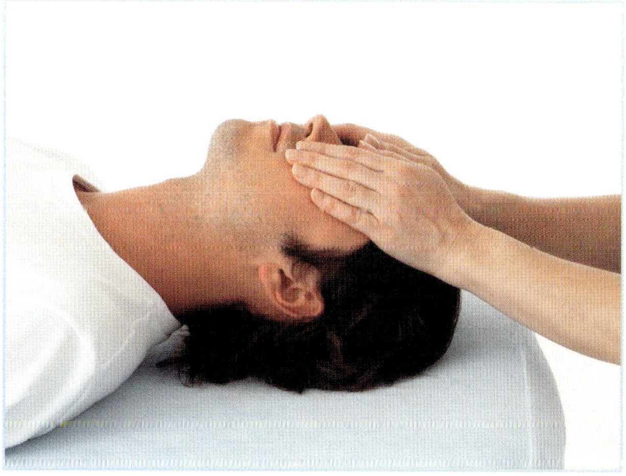

1 Coloque as mãos à direita e à esquerda do nariz do receptor, cobrindo a testa, os olhos e as maçãs do rosto, na Posição da Cabeça Um.

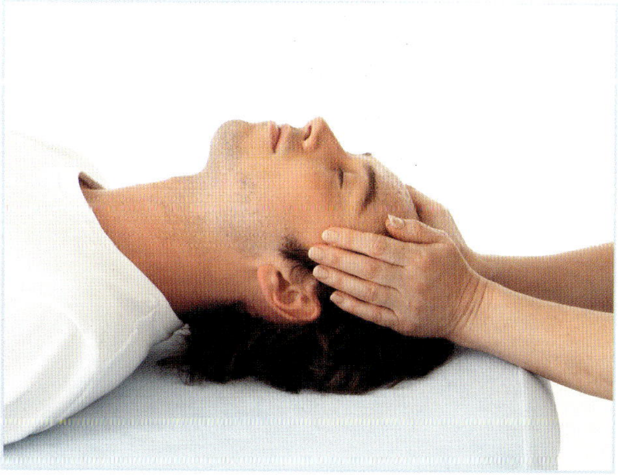

2 Coloque as mãos nos dois lados da cabeça, acima das orelhas, as pontas dos dedos tocando as têmporas e as palmas acompanhando o contorno da cabeça, na Posição da Cabeça Dois.

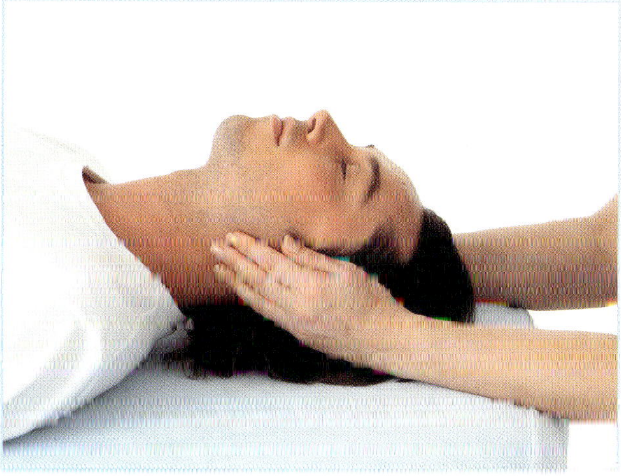

3 Coloque as mãos nos dois lados da cabeça do receptor, sobre as orelhas, na Posição da Cabeça Três.

4 Sustente a parte posterior da cabeça com as mãos em concha, as pontas dos dedos tocando a medula oblonga, na Posição da Cabeça Quatro.

5 Coloque uma das mãos horizontalmente sobre a glândula timo, logo abaixo da clavícula, e a outra formando um ângulo reto com a primeira no meio do peito, na Posição Frontal Um. Essa posição fortalece o coração e aumenta a capacidade de amar e desfrutar a vida.

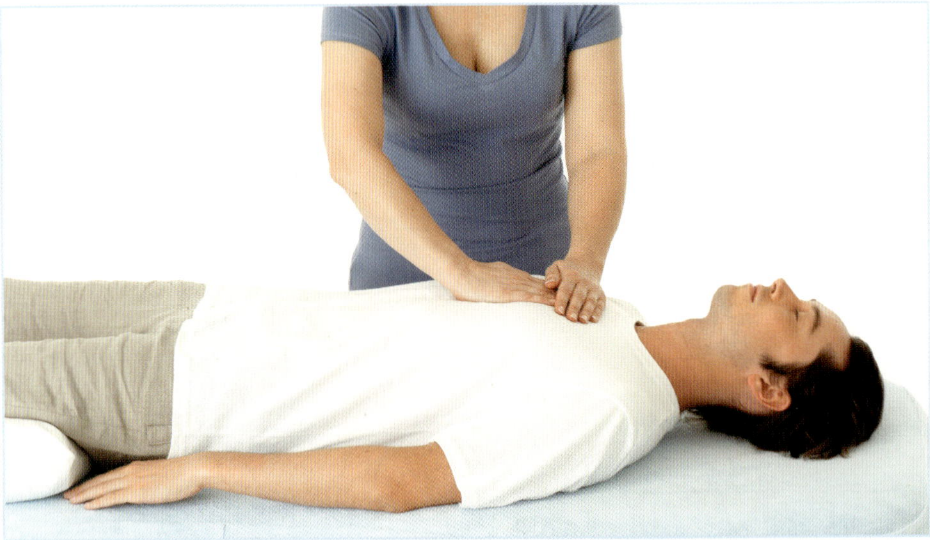

6 Coloque uma das mãos no baixo-ventre, logo abaixo do umbigo, e a outra sobre a testa. Essa posição alivia medos profundos e ajuda o receptor a dissipar pensamentos, trazendo a energia de volta para o centro do corpo, o hara. Faça lentamente um movimento circular em torno do umbigo, uma ou duas vezes, para aprofundar o relaxamento.

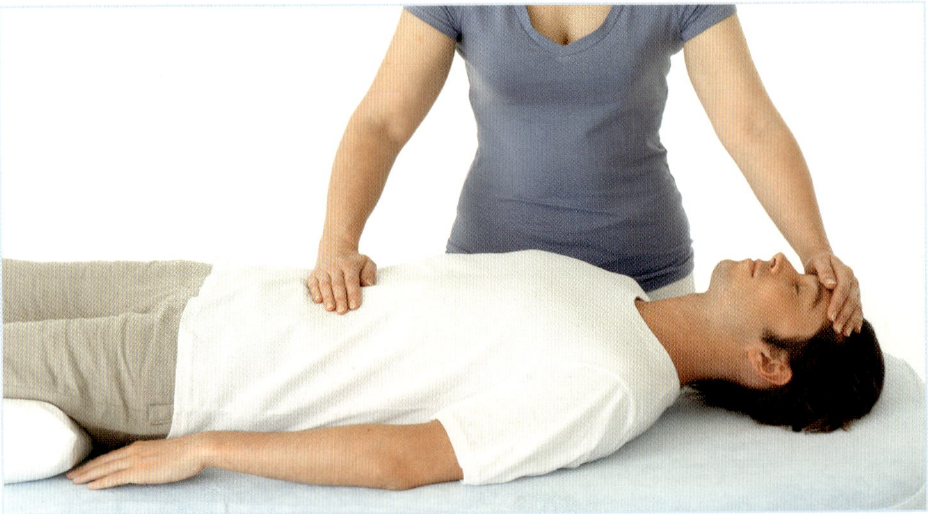

7 Coloque as mãos na face interna das coxas do receptor, com os dedos apontando em direções opostas. Essa posição ajuda a liberar emoções e medos arraigados acumulados na região do estômago.

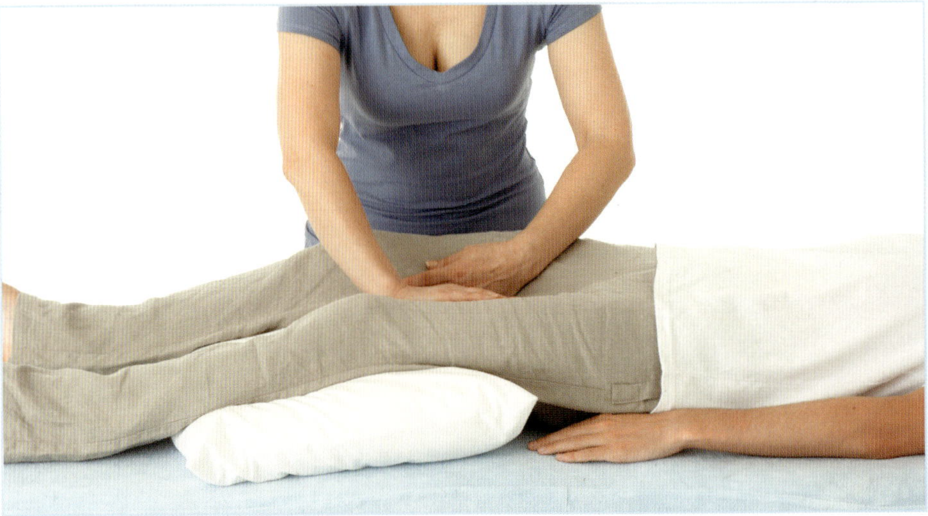

8 Coloque as mãos sobre os joelhos do receptor. Aqui o Reiki libera tensões e medos que podem estar presos nessas articulações.

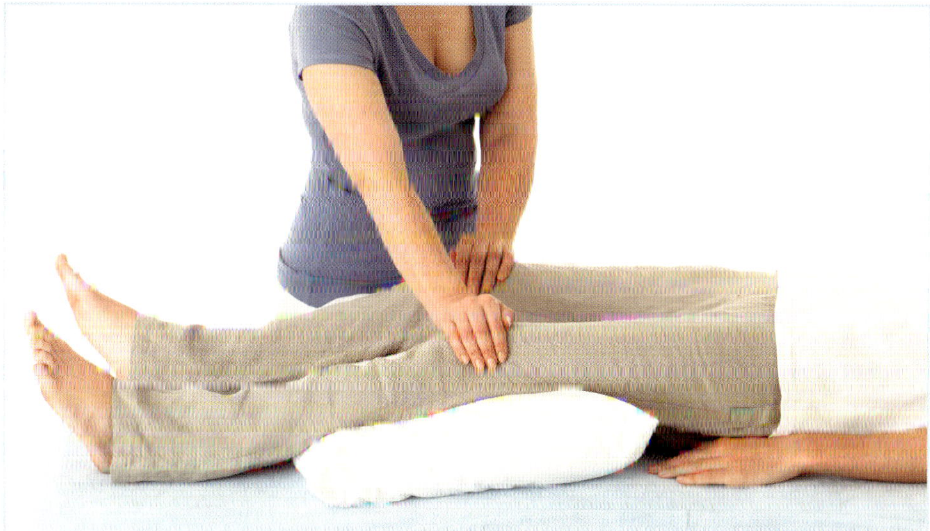

9 Trate as costas posicionando as mãos sobre as costelas inferiores, na altura dos rins, na Posição Dorsal Três. Aqui o Reiki ajuda o receptor e desembaraçar-se do passado e alivia o stress e a dor.

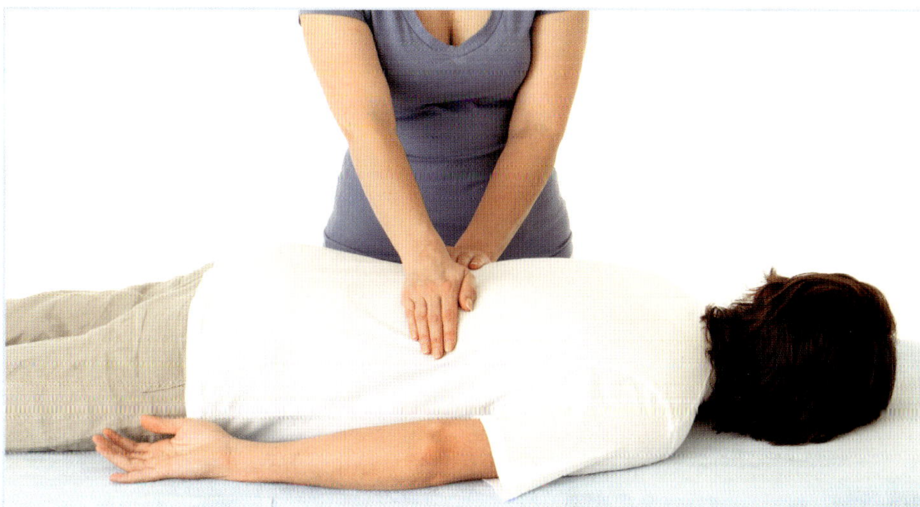

10 Coloque uma das mãos sobre a região lombar e a outra sobre a medula oblonga (entre a cabeça e o pescoço). Essa posição passa uma sensação de segurança e amparo

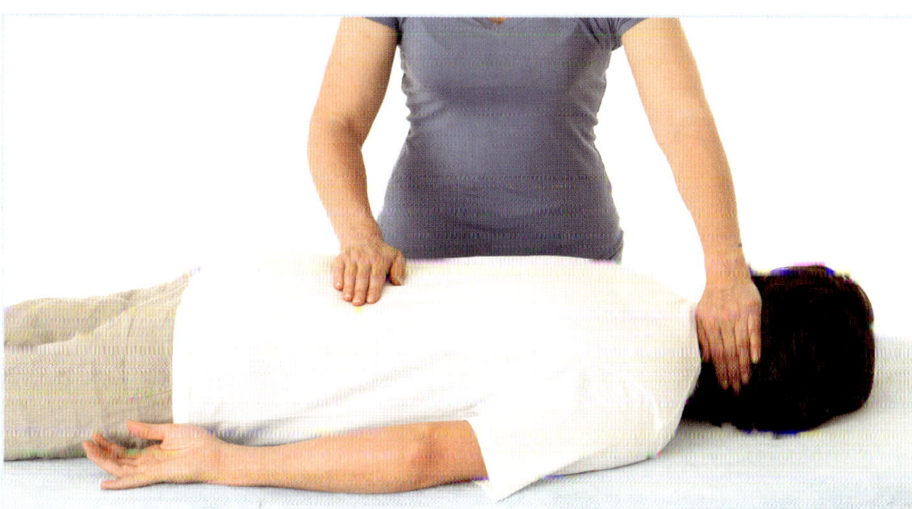

11 Coloque as mãos sobre a sola dos pés, com os dedos das mãos cobrindo os dos pés, na Posição da Sola dos Pés (A). Ou então posicione a base das palmas sobre os dedos dos pés, com os dedos das mãos apontando para o calcanhar, na Posição da Sola dos Pés (B). Nessa posição, o Reiki fortalece o primeiro chakra e dá firmeza a todos os outros.

12 Ao terminar o tratamento, alise a aura do receptor da cabeça aos pés duas vezes. Em seguida trace uma linha de energia (com os dedos apontando para a coluna) desde a base da coluna até o alto da cabeça. Esse procedimento fortalece todo o sistema. Deixe o receptor descansar durante alguns minutos.

Distúrbios emocionais

Este é um exercício breve para tratar distúrbios emocionais, especialmente durante a menopausa, pois as posições descritas também afetam a liberação de hormônios no corpo. As glândulas pineal e pituitária estão ligadas ao hipotálamo, que controla a liberação de hormônios por impulso nervoso. As posições de mãos a seguir equilibram essas glândulas, ajudando assim em casos de perturbações emocionais e de problemas com a temperatura do corpo (boas para as ondas de calor da menopausa). O tratamento dura de 10 a 15 minutos.

Instruções

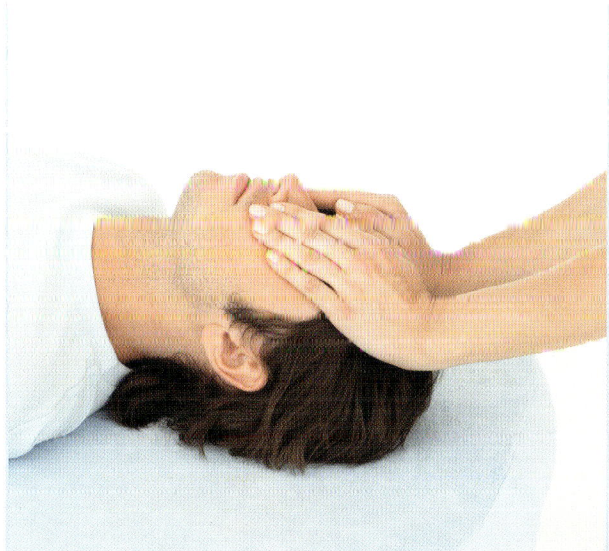

1 Cubra a testa, os olhos e as maçãs do rosto do receptor para que ele relaxe o corpo, aplicando a Posição da Cabeça Um.

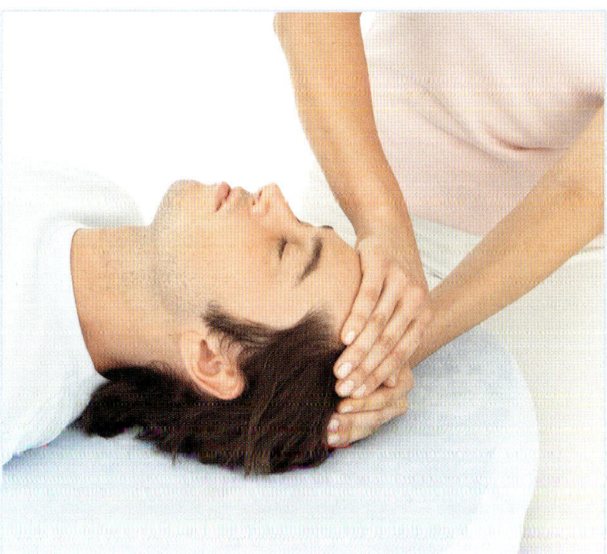

2 Coloque as mãos no topo da cabeça, horizontalmente, a lateral externa da mão mais baixa toca a curvatura posterior da cabeça.

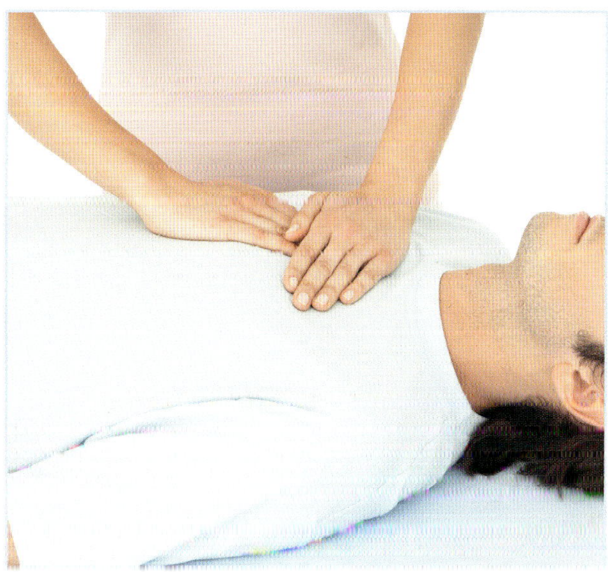

3 Para finalizar, coloque uma das mãos sobre a glândula timo do receptor, abaixo da clavícula, e a outra sobre o esterno, formando um ângulo reto com a primeira na altura da clavícula, no meio do peito (formando um T com as mãos). Esta Posição Frontal Um leva o receptor a sentir a alegria de viver.

Para lidar com a raiva, a frustração e a depressão

Para muitas pessoas, um dos sentimentos mais difíceis de enfrentar é a raiva. A raiva é uma reação defensiva, quase sempre com relação às expectativas ou exigências de terceiros. A resposta habitual é ceder à frustração e culpar os outros. Se a raiva não tem uma saída ou não é aceita, tendemos a reprimi-la e depositá-la no corpo como uma emoção de tristeza ou depressão.

Depressão é raiva retida e dirigida de forma distorcida contra o eu. O Reiki pode ajudar a pessoa, primeiro, a reconhecer as emoções latentes, e em seguida, a equilibrar e transformar esses sentimentos negativos em positivos. Se o receptor se emocionar e chorar, fique em silêncio e deixe-o chorar. Mantenha as mãos na posição que desencadeou o sentimento até que ele se dissolva; ou então mantenha cada posição de 3 a 5 minutos.

Instruções

1 Coloque as mãos no topo da cabeça do receptor, deixando uma pequena abertura entre elas para evitar o contato direto com o sétimo chakra. Essa posição facilita a concentração e abranda o stress.

2 Em seguida, coloque as mãos em torno da garganta, na Posição da Cabeça Cinco, sem tocá-la diretamente. Essa posição é recomendada para raiva reprimida e frustração e para favorecer a auto-expressão.

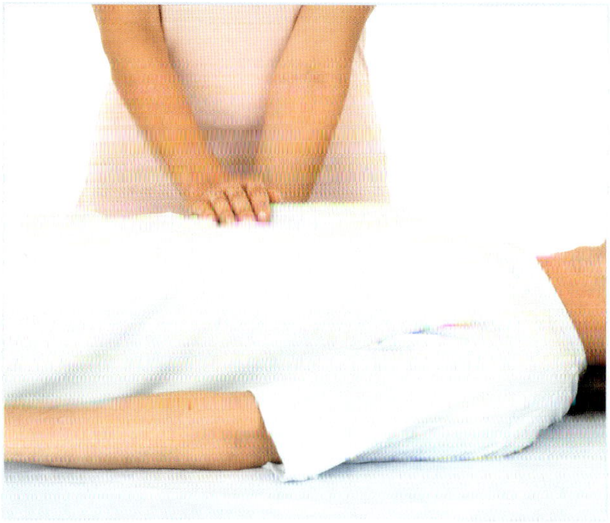

3 Na parte anterior do corpo, coloque uma das mãos sobre o lado inferior esquerdo da caixa torácica e a outra, nas costas, na região correspondente à primeira ("sanduíche"), onde se localizam as supra-renais e os rins. Essa posição acalma o sistema nervoso e emoções fortes e alivia o stress e a dor. Em seguida aplique a mesma posição no lado direito do corpo: coloque uma das mãos sobre o lado inferior direito da caixa torácica e a outra no meio das costas. Essa posição equilibra emoções como a raiva e a depressão e ajuda a reduzir o medo e a frustração.

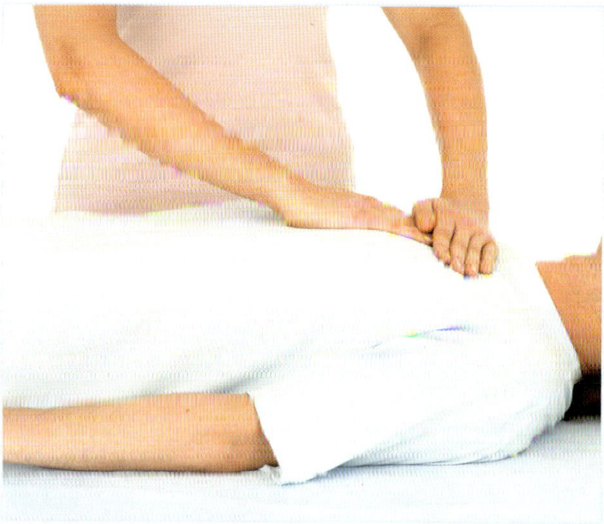

4 Coloque uma das mãos sobre a glândula timo do receptor, abaixo da clavícula, e a outra sobre o esterno, formando um ângulo reto com a primeira no meio do peito (configurando um T), na Posição Frontal Um. Essa posição recupera o equilíbrio para as energias emocionais e aumenta a capacidade do receptor de amar e de alegrar-se com a vida.

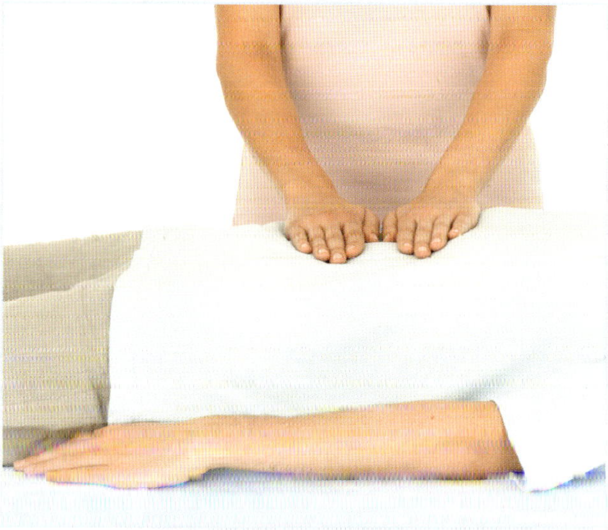

5 Coloque uma das mãos acima do umbigo e a outra abaixo, na Posição Frontal Quatro. Essa posição exerce um forte efeito calmante e libera emoções fortes, como medo, depressão e choque.

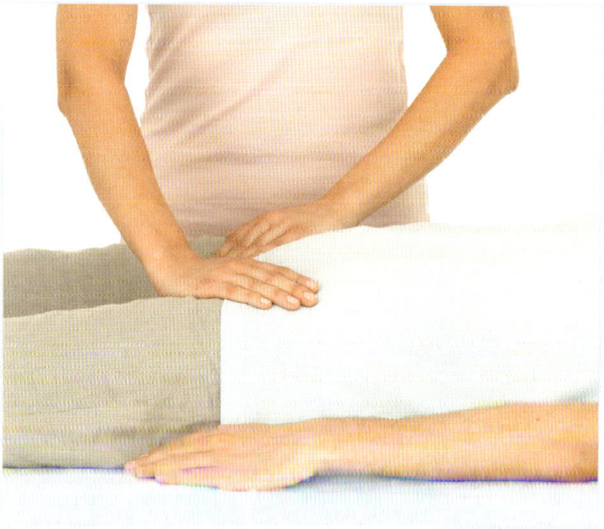

6 Coloque as mãos no baixo-ventre, formando um V, com as mãos sobre o osso pubiano ao tratar uma mulher, ou um pouco mais abertas, sobre a região da virilha, ao tratar um homem (Posição Frontal Cinco). Essa posição favorece um bom aterramento e ajuda a superar o medo da sobrevivência.

Desafios da vida

Tudo muda continuamente na vida, e nós passamos por diferentes etapas entre o nascimento e a morte. Nada é certo em nossa existência, a não ser a mudança e o fato de que tudo o que é material não tem substância permanente. Quando estamos numa fase difícil, como a menopausa, uma crise da meia-idade ou a separação, precisamos estar abertos e aceitar o desafio da mudança. Todas as perdas e mudanças nos oferecem oportunidades valiosas para que aprendamos a abandonar velhos hábitos, padrões e processos de pensamento.

Quando vivemos um acontecimento inesperado na nossa vida, como a perda de um cônjuge, tendemos a reagir negativamente. Essas emoções negativas são como toxinas no corpo e podem causar "doenças". Precisamos tomar consciência das emoções negativas e transformá-las em qualidades positivas, como compreensão, paciência, tolerância e perdão. O Reiki pode ajudar nesse processo tratando as áreas que precisam de mais atenção, nos níveis físico, emocional, mental e espiritual, transformando assim nossas reações à mudança e ao sofrimento. Os sofrimentos da vida e o amor são os pontos de sustentação do nosso amadurecimento em direção à libertação do sofrimento.

Para amenizar a separação

O fim de uma relação geralmente produz uma enorme mudança e muita incerteza. Podemos nos sentir perturbados por sentimentos de abandono, amargura, raiva, culpa, medo do futuro, tristeza e dor. Mas essas experiências profundas de sofrimento e perda podem também estimular-nos a dar o primeiro passo no caminho do desenvolvimento espiritual.

O Reiki não nos ajuda necessariamente a evitar uma separação, mas pode oferecer-nos suporte durante o processo para que este se desenvolva de forma amorosa. É importante, e saudável, deixar que se dissipe todo sentimento de condenação e raiva que ainda possamos guardar, e perdoar a outra pessoa pelo que ela nos fez, ao mesmo tempo em que pedimos que ela nos perdoe o mal que lhe fizemos. O Reiki ajuda-nos a transformar sentimentos negativos numa disposição para ver a beleza, o amor e a singularidade do nosso parceiro ou parceira.

Se a separação for inevitável, é importante que você seja generoso e amoroso consigo mesmo. O Reiki o ampara em sua tristeza e sofrimento. Dentro do possível, aplique-se um autotratamento completo todos os dias, durante algum tempo. Do contrário, adote a seqüência abaixo.

Mantenha cada posição de mãos em torno de 3 a 5 minutos. As mesmas posições também podem ser aplicadas a outras pessoas.

Instruções

1 Coloque as mãos à direita e à esquerda do nariz do receptor, cobrindo a testa, os olhos e as maçãs do rosto, na Posição da Cabeça Um. Essa posição proporciona clareza de pensamento e intuição.

2 Sustente a parte posterior da cabeça com as mãos em concha, as pontas dos dedos tocando a medula oblonga, na articulação entre a cabeça e o pescoço, na Posição da Cabeça Quatro. Essa posição abranda o medo e outras emoções fortes.

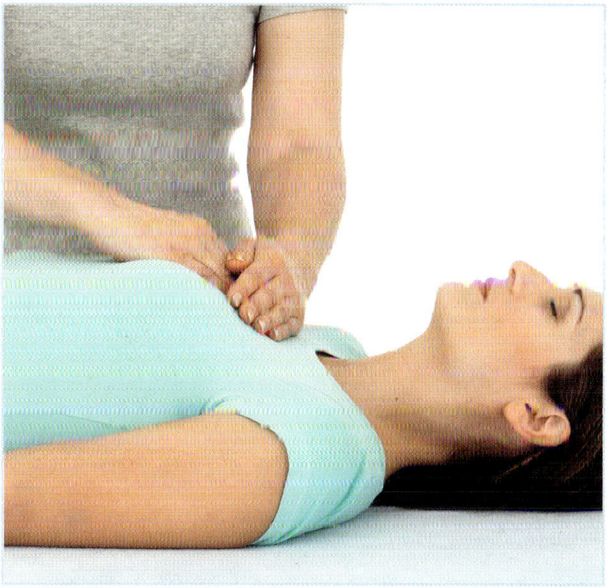

3 Coloque uma das mãos sobre a glândula timo do receptor, abaixo da clavícula, e a outra sobre o esterno, formando um ângulo reto com a primeira, no meio do peito (configurando um T com as mãos), na Posição Frontal Um. Essa posição promove a alegria de viver e a capacidade de perdoar.

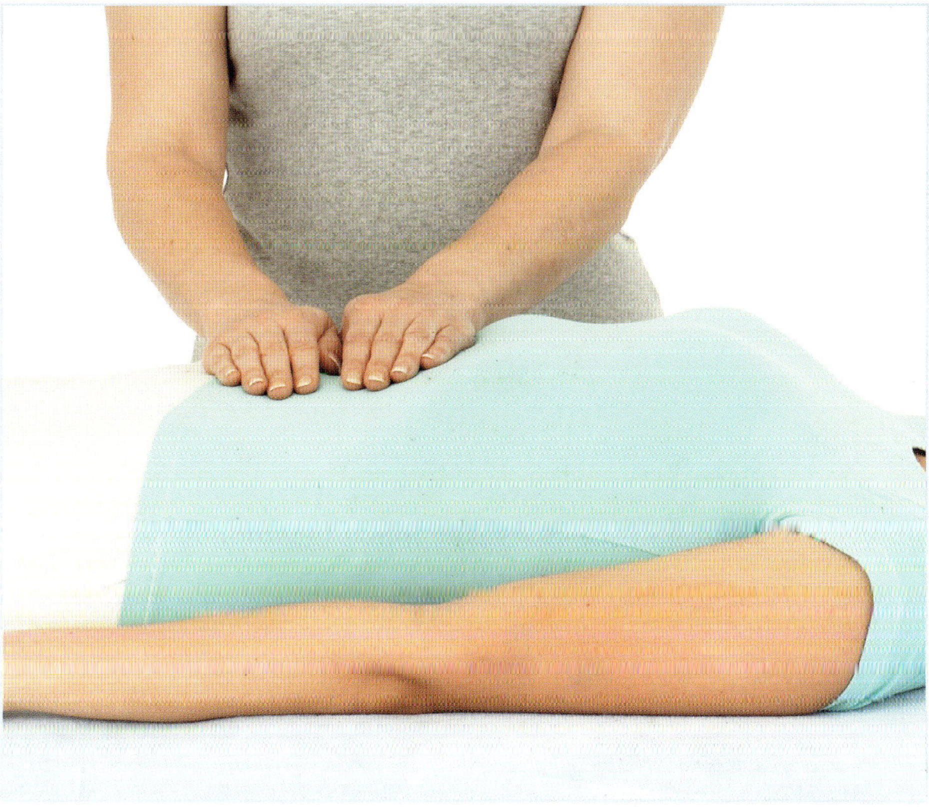

4 Coloque uma das mãos acima do umbigo e a outra abaixo, tratando o segundo e o terceiro chakras. Essa posição abranda o medo, equilibra emoções fortes e estimula a confiança.

Para suavizar uma crise da meia-idade

Os anos intermediários constituem um momento decisivo da vida e representam uma etapa em que todos temos de enfrentar os desafios mais variados. Essa etapa pode começar a qualquer momento entre os 40 e 50 anos, quando nos damos conta de que metade da nossa vida na Terra já passou. Por isso, começamos a olhar para trás, reavaliando o modo como vivemos. Isso nos dá a oportunidade de alterar a nossa perspectiva. Podemos querer ser mais verdadeiros com relação a nós mesmos e talvez resolvamos usar o tempo e a energia que nos restam para dedicá-los ao que realmente nos interessa, inspira e alimenta – as coisas que sempre quisemos fazer. O Reiki pode propiciar-nos a energia correta, a força e a confiança para fazer mudanças significativas. Quando você precisar de orientação interior para tomar as decisões corretas, use a técnica do Autotratamento com *Mental Healing* (ver p. 92).

Quando você se sentir inquieto, trate-se imediatamente com Reiki para melhorar o humor, a autoconfiança e as perspectivas. Mantenha cada posição de mãos de 3 a 5 minutos. As mesmas posições também podem ser usadas para tratar outras pessoas.

Instruções

1 Coloque as mãos sobre a região do osso pubiano, na Posição Frontal Quatro, para enviar energia para o primeiro chakra, formar uma base sólida e aliviar possíveis medos relacionados com a sobrevivência.

2 Coloque as mãos nos lados do umbigo, dedos tocando-se no centro, na Posição Frontal Três, para tratar o segundo chakra. Essa posição aumenta a confiança e ameniza emoções fortes.

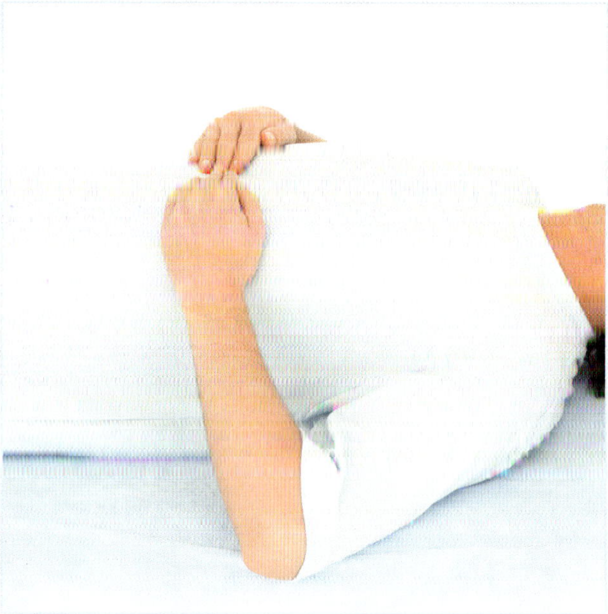

3 Coloque as mãos sobre cada lado da região inferior da caixa torácica, dedos tocando-se no centro, na Posição Frontal Dois. Essa posição reduz medos e frustrações e favorece o relaxamento.

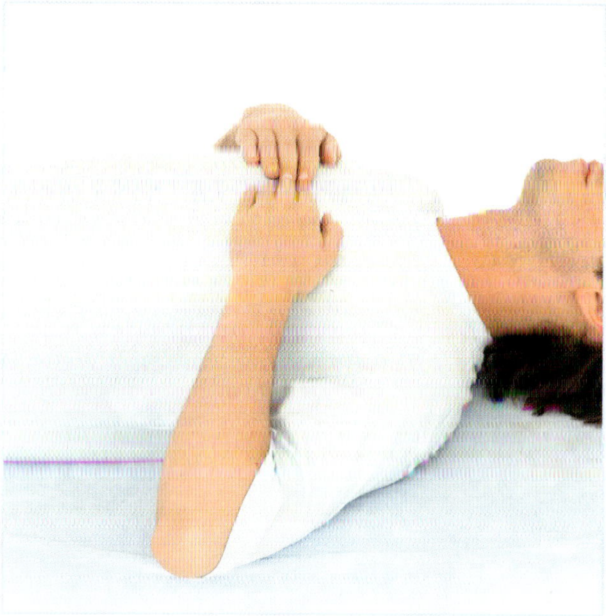

4 Coloque as mãos nos lados direito e esquerdo da região superior do peito, dedos tocando-se logo abaixo da clavícula, na Posição Frontal Um, tratando o quarto chakra. Essa posição aumenta a capacidade de amar a si mesmo e de desfrutar a vida.

5 Coloque as mãos na parte posterior da cabeça, na Posição da Cabeça Quatro, para acalmar a mente e possíveis sentimentos de medo e ansiedade.

6 Coloque as mãos sobre os olhos, cobrindo a testa, na Posição da Cabeça Um. Com essa posição você reduz o stress, aumenta a clareza de pensamento e aguça a intuição.

Para facilitar o relaxamento

Muitas pessoas acham difícil relaxar completamente. O relaxamento não pode ser forçado; ele acontece por si mesmo. No processo de cura pessoal, o relaxamento do corpo, da mente e das emoções exerce um papel fundamental. Como o corpo está perto do Eu, o relaxamento consciente do corpo é o primeiro passo. Com ele fica mais fácil dar o segundo passo, aquietar os pensamentos, e o terceiro, alimentar sentimentos positivos de amor e paz que nos levam a um relaxamento profundo e ao contentamento. No momento do relaxamento você simplesmente está ali, repousando em sua própria energia. A mente está em silêncio e os pensamentos não vão para o futuro nem para o passado. Toda a sua energia está no presente, no momento. O Reiki é um método que o ajuda a relaxar profundamente. O fluxo da energia Reiki relaxa o corpo e a mente, ao mesmo tempo em que rejuvenesce o corpo.

Aplicando-se diariamente um tratamento completo de Reiki, seu efeito rejuvenescedor será perceptível. É muito provável que você pareça e se sinta mais vibrante. Você também ficará menos suscetível ao stress e terá uma sensação profunda de bem-estar. O autotratamento completo leva de 45 a 60 minutos (ver p. 128). Se você não dispuser de todo esse tempo, aplique a versão simplificada descrita a seguir para tratar a si mesmo ou outra pessoa.

"Sempre que me trato com Reiki, tenho uma sensação profunda de paz interior e relaxamento. O Reiki é muito relaxante para a mente e para o espírito, dando-me condições de entrar mais profundamente dentro de mim mesmo."

Nigel

Instruções

1 Coloque as mãos sobre os olhos, descansando as palmas sobre os ossos malares, na Posição da Cabeça Um. Relaxando os olhos, relaxamos o corpo inteiro.

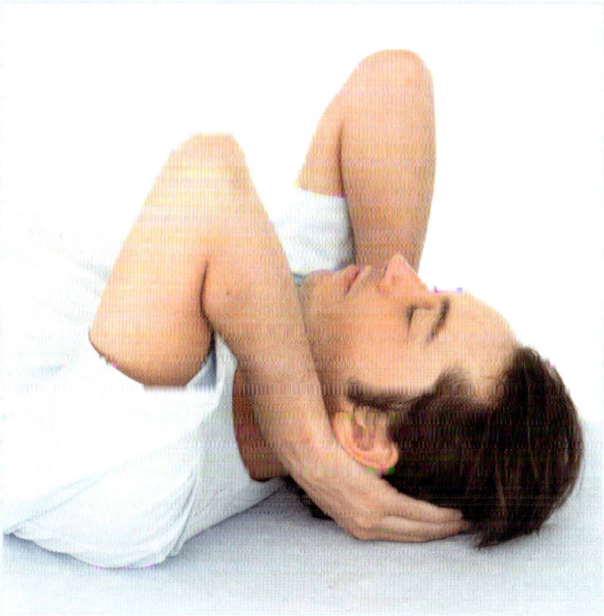

2 Coloque as mãos nos lados da cabeça, acima das orelhas, na Posição da Cabeça Dois. Essa posição harmoniza os lados direito e esquerdo do cérebro, exercendo um efeito calmante sobre a mente consciente e aliviando a depressão.

3 Sustente a cabeça com as mãos em concha, dedos apontando para cima, na Posição da Cabeça Quatro. Com isso você acalma emoções fortes, como medo, preocupação, ansiedade e choque.

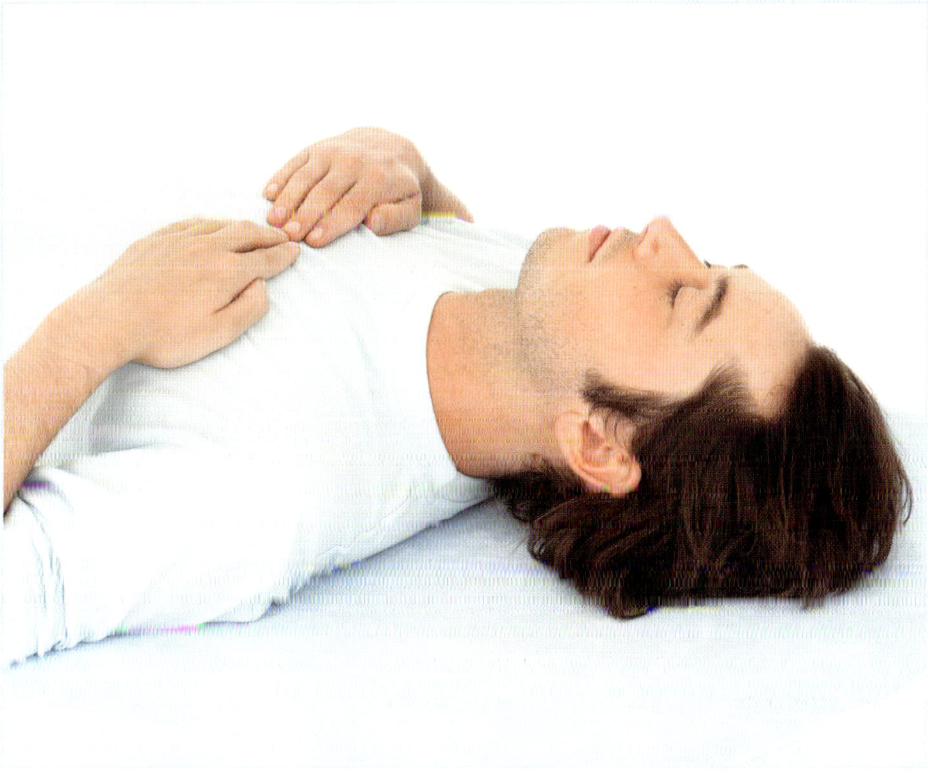

4 Coloque as mãos à direita e à esquerda do peito, dedos tocando-se logo abaixo da clavícula, na Posição Frontal Um. Essa posição dissipa sentimentos negativos quando você está fraco ou deprimido. Também aumenta a sua capacidade de amar e de usufruir a vida. (Ao tratar outra pessoa, aplique a posição em T, na frente – ver Passo 5, p. 224.)

Prevenção do stress

As situações estressantes são muito comuns em nossa vida corrida de cada dia. As exigências que fazemos a nós mesmos e aos outros, bem como a responsabilidade que sentimos, podem causar sintomas de stress, como dores de cabeça, enxaquecas, dores nos ombros e no pescoço, distúrbios estomacais, insônia e acessos de ansiedade. Em qualquer situação estressante, as glândulas supra-renais secretam hormônios no sangue, que os transporta para todo o corpo, com efeitos prejudiciais. O Reiki equilibra as suas energias, fortalece o seu sistema imunológico e recarrega as suas baterias rapidamente. Ele neutraliza sentimentos de preocupação, inquietação e desânimo. Você pode fazer este tratamento sentado numa cadeira ou deitado. Este tratamento leva de 15 a 20 minutos.

Instruções

1 Coloque uma das mãos sobre a testa do receptor e a outra na região da nuca, sobre a medula oblonga. Essa posição ajuda a reduzir o stress e facilita a meditação.

2 Coloque as mãos nos dois lados da cabeça, acima das orelhas, na Posição da Cabeça Dois, com os dedos tocando as têmporas e as palmas acompanhando o contorno da cabeça. Essa posição trata os músculos e nervos oculares e equilibra os dois lados do cérebro.

3 Sustente a cabeça com as mãos em concha, as pontas dos dedos tocando a medula oblonga, na Posição da Cabeça Quatro. Essa posição abranda emoções fortes, aguça a intuição e favorece a clareza mental.

4 Para finalizar, trate as costas, posicionando as mãos sobre a região inferior das costelas na altura dos rins, na Posição Dorsal Três. Com isso, o receptor dissipa o passado e alivia o stress e o sofrimento.

Fortalecimento da autoconfiança

Aplique este tratamento sempre que precisar sentir-se seguro e confiante. Você pode fazê-lo simplesmente para pôr-se numa disposição de espírito positiva no início do dia. Use as mesmas posições para tratar outras pessoas. Fique em cada posição em torno de 3 a 5 minutos.

Instruções

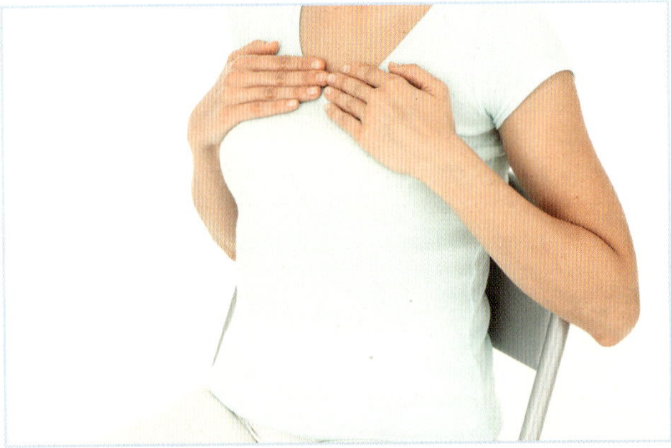

1 Coloque as mãos nos lados direito e esquerdo da parte superior do peito, dedos tocando-se logo abaixo da clavícula, na Posição Frontal Um. Essa posição estimula o centro cardíaco, que pode transformar emoções negativas em positivas, como amor, confiança e alegria de viver.

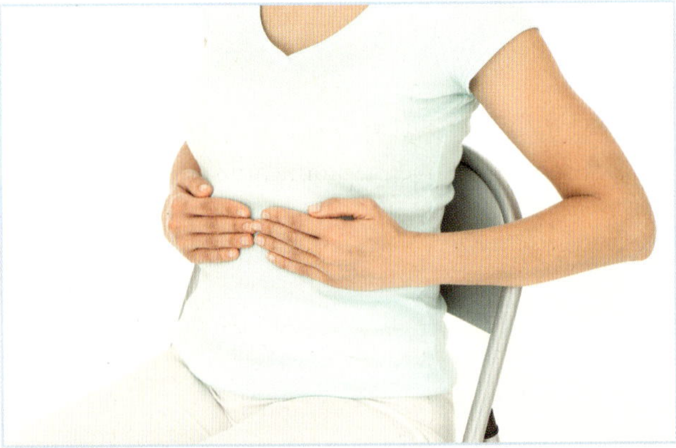

2 Coloque as mãos sobre a região inferior da caixa torácica, acima da linha da cintura, dedos tocando-se no centro, na Posição Frontal Dois. Essa posição facilita o relaxamento e lhe transmite uma sensação de confiança diante de situações novas.

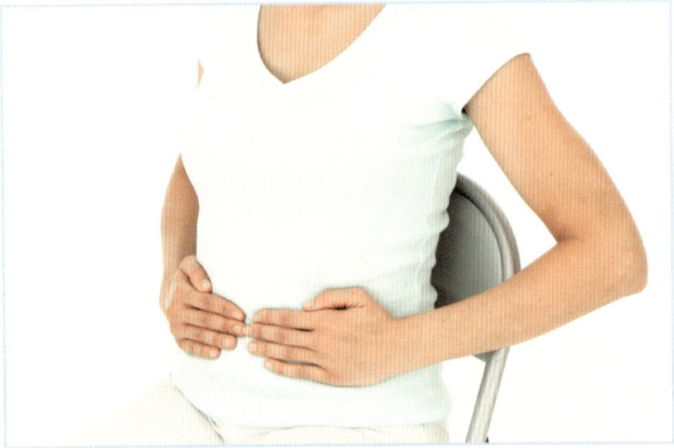

3 Coloque as mãos nos lados do umbigo, dedos tocando-se no centro, na Posição Frontal Três, para equilibrar emoções fortes, como medo, depressão e frustração e também para aumentar a autoconfiança.

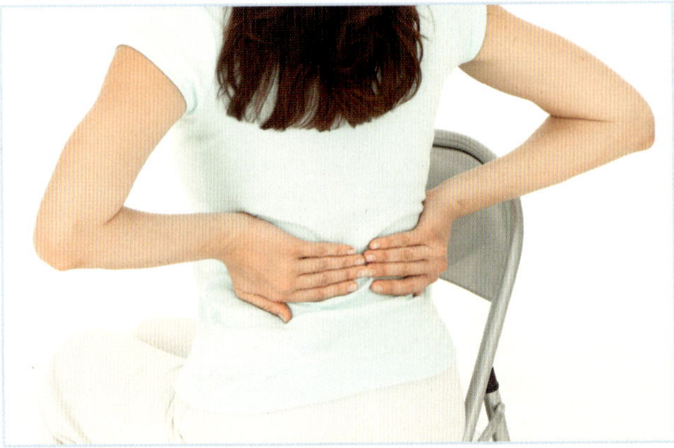

4 Coloque as mãos em torno da cintura, na altura dos rins, dedos apontando para a coluna, na Posição Dorsal Três. Essa posição alivia o stress e reforça a auto-estima e a confiança.

Proteção energética e psíquica

A energia Reiki protege você contra energias negativas, mas à medida que avança em sua caminhada espiritual com o Reiki, você se torna mais sensível às energias externas e mais vulnerável e aberto à drenagem energética e psíquica. Isso acontece porque as frequências vibracionais do corpo de energia aumentam, atraindo com isso algumas energias inferiores. Uma possível conseqüência é você "pegar" energias negativas de outras pessoas e do seu ambiente. Por isso, é bom saber como se proteger.

Como criar um campo de energia protetora

Tanto o doador como o receptor ficarão dentro desse campo de energia áurico, envolvidos pela energia protetora do Reiki. Se o receptor liberar energias negativas durante o tratamento, elas não se prenderão ao campo energético do doador, mas serão tratadas e transformadas pela energia Reiki. Essa prática leva apenas 5 minutos.

Instruções

1 "Desenhe" o Símbolo de Poder (ver p. 80) à sua frente. Em seguida entre dentro do símbolo e repita seu mantra (ver p. 70) três vezes. Tenha a intenção de ficar protegido contra energias negativas.

2 Imagine-se dentro de uma bolha translúcida de luz branca ou dourada. Visualize a energia Reiki saindo de suas mãos, enchendo o espaço com luz branca ou ouro, e que a bolha está envolvida por uma fina malha de ouro que só o amor, a luz e o Reiki podem penetrar.

A prática profissional do Reiki

Depois de desenvolver algumas habilidades com o Reiki até um determinado nível – até o Primeiro, o Segundo ou o Terceiro Grau – talvez você queira dar um passo adiante e tornar-se um praticante profissional de Reiki. O objetivo deste capítulo é ajudá-lo a refletir sobre todos os aspectos que você precisa levar em consideração e sobre todas as providências que precisa tomar antes de assumir essa responsabilidade.

Como estabelecer-se profissionalmente

Se está pensando em ganhar a vida como profissional de Reiki, você precisa ter sido iniciado pelo menos até o Segundo Grau e ter acumulado no mínimo 70 horas de experiência ao longo de um período de seis meses. Também é importante ter experiência com o tratamento de uma grande variedade de doenças e problemas, sejam de ordem física ou mental. Você pode ter reunido essa experiência de forma modesta (tratando amigos e familiares, digamos), mas o seu objetivo agora é tratar em caráter profissional pessoas que você não conhece, necessariamente. Não é essencial ser Mestre de Reiki para se estabelecer como praticante profissional de Reiki.

Qualificações suplementares

Como o Reiki age sobre a pessoa toda, sobre a mente, o corpo e o espírito, você precisa aprender a fazer as perguntas certas (ver também p. 32) e a ser um bom ouvinte. Talvez seja interessante participar de um curso de aconselhamento para melhorar suas habilidades de ouvinte. Co-aconselhamento e Programação Neurolingüística são disciplinas úteis que valeria a pena investigar. Você poderia também pensar em fazer algum curso orientado para a energia – como trabalho com chakras, cura psíquica, prática da meditação, abertura do coração e aterramento (*grounding*) – pois todos contribuirão para fortalecer a sua confiança e o seu valor como praticante de Reiki. Você certamente será mais eficiente em suas atividades e abordagens.

Grupos informais

Uma boa maneira de reunir experiência é organizar um grupo informal de Reiki entre amigos. Você pode fazer isso em sua própria casa ou em alguma sala alugada. Você precisa de no mínimo 4 a 6 pessoas preparadas para trabalhar umas sobre as outras, seja aos pares ou em grupo, e você pode programar um encontro semanal (quinzenal ou mensal) em que todos realizam exercícios de Reiki em grupo (ver p. 152) e tratamentos aos pares. Você pode organizar um encontro social mais descontraído com música de fundo relaxante e alguns comes e bebes (se apropriado) para troca de idéias e experiências entre os participantes. A prática do Reiki em grupo propicia-lhe sentir-se mais em sintonia consigo mesmo e com os outros e também alimenta o seu coração.

O Reiki e a medicina convencional

É importante lembrar que o Reiki é uma prática complementar, e por isso você não deve usá-lo como um método de tratamento único (ver Precauções, p. 246). Se alguém precisa consultar um médico ou receber um tratamento médico, e ainda não fez isso, você deve estimulá-lo a tomar essa decisão o mais rápido possível.

Que tipo de prática?

Dependendo da sua disponibilidade e meios, você precisa decidir que tipo de prática quer empreender. Você quer começar praticando em casa ou prefere alugar algum local desde o início? Talvez você conclua que trabalhar em casa é mais adequado e lhe facilita atender aos outros compromissos. Talvez seja uma boa maneira de começar para ganhar experiência como profissional, e também pode ser a opção mais econômica. Se esse for o caso, então você precisa dispor de uma sala apropriada – de maneira ideal, um espaço que não seja usado para outros fins. É importante que esse local seja limpo e silencioso, e apresente uma atmosfera "profissional". Não esqueça que se você destina uma sala em casa para atividades profissionais, essa decisão implica alterações no seu contrato de seguro residencial.

Limpeza energética das instalações

Use o Reiki energeticamente para carregar e purificar salas e outras dependências, especialmente se você aluga um imóvel e acha que ele está tomado de energias negativas. Amplifique a energia Reiki com o Símbolo do Poder (ver p. 80) para eliminar influências negativas e preencher

Antes de estabelecer-se como profissional de Reiki, você precisa ter as habilidades e a experiência necessárias para tornar-se um agente de cura confiante e eficaz.

o ambiente com vibrações harmoniosas. Esse também é um procedimento recomendado para purificar a sala antes de iniciar um tratamento. Além disso, aplique o Símbolo do Poder em pontos específicos da sala onde você quer intensificar o fluxo da energia.

Avaliação do mercado

Antes de decidir trabalhar profissionalmente, você precisa analisar cuidadosamente se a região onde você se localiza tem necessidade das suas habilidades. É recomendável dedicar certo esforço para pesquisar que outros profissionais da saúde já estão estabelecidos nas proximidades e se a população local é receptiva ao que você tem a oferecer. Visite clínicas médicas, centros comunitários, creches, grupos de mães, jardins-de-infância, academias, piscinas, *spas* e centros de lazer, hotéis e pousadas, repartições públicas, como a prefeitura e a biblioteca, colégios locais e instituições assistenciais, além de sanatórios e hospitais, para ver se eles autorizam anúncios em seus quadros murais.

Divulgação dos seus serviços

Pense com carinho sobre como você entrará em contato com clientes em potencial para formar uma base sólida. Você terá um site na internet, desenhado por um profissional, ou imprimirá prospectos para deixar em lugares como o centro comunitário, a universidade local e lojas de produtos naturais? Preste atenção à formatação e composição desses recursos. Eles passam a impressão correta? Saiba que, em última instância, você construirá sua reputação pela palavra, transmitida de boca em boca.

Cobrança apropriada

É importante estipular o mesmo valor cobrado por outros agentes de cura profissionais da área. Não há motivo para querer superá-los cobrando taxas menores, pois do contrário o seu trabalho será desvalorizado pelos clientes e os outros profissionais ficarão ressentidos.

Aspectos administrativos

Para estabelecer-se profissionalmente, até certo ponto você precisa ter "cabeça para os negócios". No mínimo você precisa ser organizado e eficiente, além de bom praticante de Reiki. Talvez compense contratar uma secretária para cuidar da sua agenda e das fichas dos clientes, atender o telefone enquanto você aplica Reiki e manter o ambiente limpo e organizado.

Você está administrando um pequeno negócio, por isso talvez seja necessário contratar os serviços de um contador, que precisará ter acesso aos seus documentos e livros de contabilidade no fim do ano financeiro. Você deve manter registros correntes de todos os custos havidos, como eletricidade, aluguel, despesas com equipamentos e materiais de escritório, publicidade e gastos imprevistos, transporte, taxas dos clientes, encargos trabalhistas e despesas com correio e telefone, e ainda investimentos em cursos de aperfeiçoamento pessoal e qualificações, se relevantes. Além disso, você precisa ter o alvará de funcionamento expedido pelas autoridades competentes, bem como a aprovação dos órgãos de saúde locais e um contrato com uma seguradora.

Equipamentos e ambiente

A sala de tratamento não precisa ser grande, mas deve ter os seguintes equipamentos: uma mesa de massagem profissional (existem versões dobráveis/portáteis); duas cadeiras (uma para você e a outra para o cliente); uma mesinha para o computador e para escrever; almofadas e travesseiros; um xale; um cobertor; uma caixa de lenços. Lembre-se de que a confidencialidade é essencial para um relacionamento de confiança com o cliente, por isso todas as anotações e registros devem ser mantidos em segurança. Deixe todos os seus certificados de qualificação profissional expostos na sala de tratamento ou de espera.

A sala deve ser confortável e conservar uma temperatura amena, talvez com o assoalho recoberto por um tapete colorido. Se quiser, você pode acender velas perfumadas para produzir uma iluminação suave e ter algumas plantas caseiras para acrescentar um pouco de verde. A decoração das paredes, como mandalas para meditação, por exemplo, deve ser de bom gosto e discreta, e a música de fundo deve ser relaxante e mantida em volume baixo. De preferência, tenha também exposta uma fotografia de Usui ou de um mestre ou guru espiritual de sua preferência. Você pode consultar um especialista em Feng Shui para que todos os elementos da sua sala estejam em posições favoráveis com relação à sua forma e disposição. Se o espaço permitir, tenha também uma sala de espera.

Quer você trabalhe em casa ou num espaço alugado, escolha uma decoração calmante, com cores harmoniosas e componentes simples para criar uma atmosfera acolhedora, mas ao mesmo tempo comercial. Se trabalhar em casa, providencie para que nem você nem o cliente sejam perturbados por animais de estimação, crianças, telefones tocando, e assim por diante. Se você cobra pelos serviços, os clientes esperam um alto grau de profissionalismo. Se os recursos permitirem, talvez você possa alugar instalações apropriadas, seja individualmente ou em parceria com outros agentes de cura.

Demonstrações, cursos e encontros de saúde

Talvez você tenha oportunidade de proferir palestras, ministrar cursos e realizar demonstrações. Essas são habilidades que vale a pena adquirir, pois o ajudam a alcançar

Crie um ambiente apropriado para a sua prática – ele precisa ser acolhedor, confortável e relaxante, mas ao mesmo tempo transmitir a sensação de eficiência e profissionalismo.

um público maior promovem-no como agente de cura e ampliam a sua clientela. Estar assim "exposto" pode assustar inicialmente, mas algumas habilidades de apresentação simples e bastante prática em pouco tempo o transformarão num especialista. Planeje bem a sua palestra e prepare um esboço que possa consultar rapidamente, se necessário, enquanto fala, para logo em seguida voltar a olhar as pessoas nos olhos de modo natural e descontraído. Fale com o coração e você estará demonstrando que tem conhecimento de causa e é autêntico e confiável.

Destaque os aspectos fundamentais do modo como o Reiki opera: é uma habilidade de cura natural de imposição das mãos que aumenta e se intensifica com a aplicação de símbolos especiais e que age sobre o corpo energético através do sistema de chakras. Relacione as doenças comuns que o Reiki pode ajudar a aliviar.

Faça uma breve demonstração com um voluntário para ilustrar às pessoas como o Reiki funciona. Seja o mais aberto possível com relação ao que o Reiki é e responda todas as perguntas com franqueza e honestidade. Encare possíveis perguntas esquisitas com atitude amigável. Recorra ao humor se os presentes reagirem favoravelmente. No fim, distribua prospectos e/ou cartões de visita aos interessados e disponha-se a responder perguntas individuais.

O seu cliente e você

A relação cliente/praticante (agente de cura) é muito especial. Quando essa relação se estabelece, você passa a ocupar uma posição de confiança e por isso deve agir, sempre, segundo os padrões mais elevados de integridade. Você não deve, jamais, tocar um cliente de modo inapropriado ou sem necessidade. Lembre que algumas posições de mãos do Reiki são aplicadas em partes íntimas do corpo. Nesse sentido, várias páginas deste livro oferecem orientações quanto ao modo de aplicar corretamente essas posições tanto em homens como em mulheres (ver pp. 133, 137, 150, 174 e 184). O cliente não precisa despir nenhuma peça de roupa, apenas tirar sapatos, cintos e jóias.

Seja claro com relação aos limites entre cliente e praticante. Jamais tire vantagens dessa relação nem inicie um relacionamento de natureza sexual com um cliente. Isso implica um "uso errôneo do poder" e sempre terá um reflexo negativo sobre você, mostrando falta de integridade e profissionalismo.

É possível que ocasionalmente algum cliente fique perturbado durante o tratamento, especialmente quando emoções são despertadas (tristeza, raiva, pesar, etc.). Mantenha-se concentrado e calmo, e continue o tratamento na mesma posição de mãos que você aplicava quando a emoção veio à tona. Estimule o cliente a expressar seus sentimentos e crie um espaço seguro para que ele se sinta aceito e amado como ele é nesse exato momento. A discrição e a confidencialidade fazem parte do seu papel como praticante profissional. Nunca fale com outra pessoa a respeito de nada que se refira a questões pessoais e à privacidade do seu cliente.

Para proteger-se da drenagem de energia durante o tratamento, faça o exercício relacionado com a criação de um campo energético protetor (ver p. 239). A energia Reiki em si o protege de energias negativas, mas à medida que você sutiliza os seus campos energéticos, você também se torna mais receptivo a drenagens energéticas e psíquicas. Isso significa que você pode absorver energia negativa do seu cliente. Terminado o tratamento, lave sempre as mãos até os cotovelos com água fria, porque a água fria também limpa energias.

PRECAUÇÕES

- Não faça diagnósticos sobre possíveis doenças – deixe isso para um médico habilitado.
- Durante um tratamento, sempre que perceber que um órgão ou área no corpo do cliente revela debilidade ou absorve mais energia do que o normal, avalie a necessidade de recomendar uma consulta médica para obter um parecer mais exato.
- Não prometa nenhuma espécie de cura como decorrência de tratamentos de Reiki.
- Não faça nenhuma recomendação que estimule o cliente a receber só Reiki ou a abandonar totalmente a idéia de consultar um médico convencional para só praticar Reiki.
- Em vez disso, sugira outros cuidados médicos ou disciplinas de cura que você acredita possam ser proveitosas e apropriadas para o cliente.
- Pergunte sempre ao cliente se ele verificou com seu médico se não há nenhum problema em receber tratamento de Reiki.

Duração das sessões/séries de tratamentos

Tenha como objetivo tratar cada cliente durante uma hora aproximadamente, acrescentando 15 minutos para uma sessão de perguntas e respostas no início, e mais 15 para anotações, atualização do fichário e uma sessão de orientações após o término do tratamento (totalizando assim um máximo de uma hora e meia). É importante que o cliente se sinta relaxado e despreocupado com relação a pressões de tempo. Você pode recomendar que ele se apresente para uma série de quatro tratamentos iniciais ao longo de algumas semanas, mas ele não deve se sentir obrigado a fazer todos esses tratamentos, pois isso poderia representar uma despesa que ele teria dificuldades de assumir. Idealmente, depois das quatro sessões iniciais, o cliente deve continuar com tratamentos até que a energia fique equilibrada e ele se restabeleça satisfatoriamente, o que pode precisar de 6 a 12 tratamentos.

O Reiki e outras disciplinas

Podemos combinar o Reiki com inúmeras outras terapias, de modo especial com aquelas que envolvem técnicas de imposição das mãos. Ele intensifica a força curativa de qualquer técnica de toque e flui automaticamente do doador ao receptor. Podemos associá-lo de modo excelente com massagem, shiatsu, acupuntura, acupressura, quiroprática, Terapia da Cor Aura Soma, Florais de Bach, homeopatia, terapia da respiração, polaridade, Rolfing, terapia craniossacral, hipnose, reflexologia, aromaterapia, massagens cosméticas e muitas outras técnicas de cura complementares. Alguns praticantes de Reiki que são também massagistas e aromaterapeutas relatam que seu trabalho nessas áreas mudou positivamente e se intensificou desde que foram iniciados no Primeiro Grau de Reiki.

Massagem

O Reiki é ideal para ser usado em conjunto com a massagem. Por si só, porém, ele não é uma técnica de massagem, e você não deve fazer nenhuma pressão nem usar movimentos circulares ao aplicá-lo.

Se você for massagista profissional, trabalhe com as técnicas que passo a descrever. Inicie com a Posição da Cabeça Um (ver p. 134) para relaxar o receptor e dirigir a energia para dentro. Em seguida, massageie os lados da garganta e a nuca durante alguns minutos. Massageie também a região da medula oblonga e, com movimentos circulares, a região posterior da cabeça. Aplique a Posição da Cabeça Quatro (ver p. 135) e segure a cabeça. Você perceberá que depois de alguns minutos o receptor relaxa profundamente e solta as tensões. Em seguida, faça uma massagem completa no rosto e na cabeça com as técnicas apropriadas.

Aplique então as Posições da Cabeça Dois e Três (ver pp. 134-35) e deixe a energia Reiki fluir. Na seqüência massageie a frente do corpo, da cabeça aos pés. Entre os movimentos da massagem, posicione e mantenha as mãos em pontos que necessitam de energia. Prossiga até os pés. Pe-

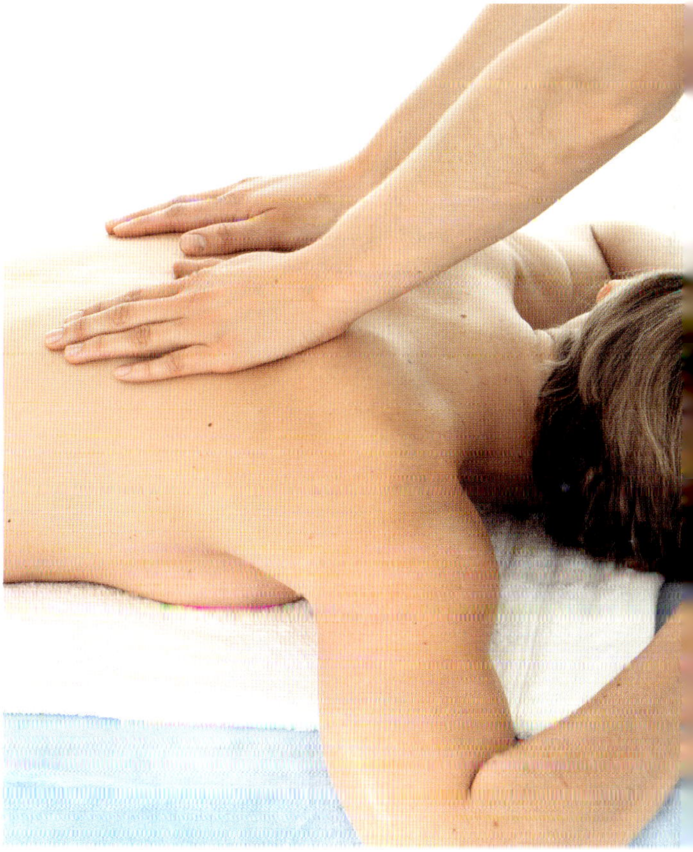

O Reiki combina bem com outras técnicas de cura de imposição das mãos, como a massagem. Muitos terapeutas complementam e intensificam seu trabalho com a energia Reiki

ça ao receptor que se deite de barriga para baixo. Massageie os pés e as pernas, de baixo para cima, e continue até a cabeça, intercalando movimentos de massagem com posições de Reiki. Aplique as Posições Dorsais de Um a Cinco (ver pp. 138-39). Para finalizar, trate os joelhos e posicione as mãos na sola dos pés.

Hipnose

A hipnose e o Reiki também se complementam muito bem. Podemos fazer uma aplicação de Reiki antes, durante ou depois da sessão de hipnose, o que simplifica a consciência de eventos do passado, do presente e do futuro. Inversamente, a hipnose também intensifica um tratamento de Reiki completo, pois a pessoa relaxa mais rápida e profundamente no estado hipnótico. Conhecendo a técnica da auto-hipnose, você pode viver uma experiência totalmente nova com o Reiki. Grave uma auto-indução à hipnose e trate-se diretamente com Reiki. Outra possibilidade é usar os efeitos combinados da hipnose e do Reiki para concentrar-se em tópicos específicos. O conjunto Reiki-hipnose é especialmente apropriado para abordar temas como depressão, síndrome de abstinência de drogas, traumas da infância, distúrbios alimentares e várias doenças psicossomáticas.

Meditação

O Reiki é um ótimo recurso para se alcançar um excelente estado meditativo. Ele chega a camadas profundas e leva o praticante ao âmago do seu ser. Nesse espaço íntimo, você entra em contato com a sua fonte e se sente unido ao todo. Use o Símbolo do Poder (ver p. 80) para estar mais presente em sua meditação. Com ele, você cria uma vibração mais elevada de energia de luz em você mesmo e ao seu redor, aumentando assim o seu nível de consciência e a observação do corpo, dos pensamentos e dos sentimentos. Na meditação, você se entrega e relaxa, mergulhando em seu ser profundo. Nesse estado, não há querer nem fazer.

Terapia Floral de Bach

Esta terapia foi desenvolvida na década de 1930 pelo médico inglês dr. Edward Bach, que pesquisou e descobriu o efeito curativo das flores de certas plantas. Ele comprovou que as essências florais podem suavizar conflitos no plano mental-espiritual. Por meio de um método simples e natural, o dr. Bach conseguiu extrair as freqüências de energia dessas flores e conservá-las numa essência floral. Suas observações revelaram que doenças causadas por desequilíbrios emocionais ou por atitudes mentais equivocadas desapareciam pouco depois da ingestão dessas essências florais.

O Reiki favorece esse processo enriquecendo a essência com Energia Vital Universal. Como a energia Reiki (do mesmo modo que a essência floral) consiste em vibrações sutis, esses dois métodos se complementam perfeitamente bem. Segure o frasco com o floral entre as mãos. Deixe a energia Reiki fluir para a essência durante alguns minutos. Aplique o Símbolo do Poder (ver p. 80) para aumentar ainda mais a eficácia da combinação.

Terapia da cor Aura Soma

Esta forma de terapia holística combina os efeitos curativos de cores, plantas, pedras preciosas e perfumes; ela foi criada pela farmacêutica inglesa Vicky Wall, que era cega. Vicky teve a idéia das primeiras essências Aura Soma enquanto meditava. Mesmo não podendo ver as cores brilhantes que surgiam com a mistura dos ingredientes, ela descobriu que o processo produzia vibrações intensas.

O Reiki e a Aura Soma formam uma boa parceria. Escolha uma essência apropriada no início do tratamento de Reiki para alisar a aura do receptor (ver p. 62). Depois do tratamento, purifique-se energeticamente com uma essência. Em cursos de Reiki, especialmente antes de uma transmissão de energia, é proveitoso limpar a aura com essências Aura Soma.

SIGNIFICADO DAS DIVERSAS CORES DAS ESSÊNCIAS AURA SOMA

Escolha a essência (Sachê ou Quintessência) intuitivamente ou de acordo com o que corresponde às necessidades do receptor.

Verde Para paz interior, limpeza e concentração
Branco Para trazer luz, renovação e limpeza
Vermelho Para *grounding*, revitalização e proteção
Amarelo Para trazer de volta a centelha (quando com medo)
Laranja Para absorver choque e favorecer a intuição
Turquesa Para a comunicação criativa do coração
Azul Para a paz e visão interiores
Rosa Para amar a si mesmo, afeto e cuidado
Dourado Para retomar o contato com a sabedoria inata
Violeta Para acalmar-se e curar
Magenta forte Para compaixão e dedicação profunda
Vermelho forte Para *grounding* e proteção profunda

O Reiki ajuda a meditação, dando-lhe condições de entrar em contato com o seu ser mais íntimo. Com o Símbolo do Poder você amplia a sua consciência ainda mais.

Epílogo

O sistema de cura Reiki serve-se da transmissão de energia para elevar a freqüência vibratória dos nossos corpos físico e energéticos. Com ele, uma força energética superior flui através do nosso ser, influenciando-nos pessoalmente, imbuindo tudo o que nos rodeia e elevando a freqüência vibratória do planeta.

Reiki e a evolução da consciência

Estamos vivendo num tempo muito importante em nosso planeta Terra. É uma perspectiva terrível a da possibilidade de não conseguirmos sobreviver caso persistamos em nossas hostilidades atuais e em nossa atitude e comportamento de exploração, orientados para o lucro, entre países, religiões e pessoas. Precisamos despertar para uma nova consciência que vibre num nível superior de energia – a energia do amor e da cura. Podemos optar por trabalhar juntos, apoiar-nos uns aos outros e não explorar a Mãe Terra. É tempo de livrar-nos de velhas crenças e padrões de pensamento, do comportamento isolado e hostil. Podemos decidir ser mais cuidadosos uns com os outros para sentir que somos um só mundo.

Até agora, a maioria da humanidade esteve presa da disfunção; um sentimento de separação de nossa essência divina. O poder do Reiki é um instrumento essencial que pode reconduzir-nos aos nossos recursos e à nossa verdadeira essência. Num nível mais profundo, cada ato de cura significa um "retorno"; e o significado da cura de nós mesmos é retornar à nossa verdadeira natureza – à nossa essência.

O Reiki aguça a nossa intuição e intensifica o vínculo com o nosso Eu Superior, possibilitando-nos obter uma visão mais ampla e mais pura. Podemos vislumbrar que não somos separados – nem da nossa essência divina nem da essência divina do outro; todos somos um. Esse saber traz imenso conforto e bênçãos, e cura o mundo inteiro.

O meu desejo é que este livro tenha lhe proporcionado intuição, inspiração e orientação para a sua vida e também para a cura do nosso planeta. Somos todos parte da sua vitalidade, que se expressa através dos seres humanos, dos animais, das plantas e da natureza. Precisamos reconhecer que pertencemos à natureza e à vida em si e que somos parte dessa maravilha transbordante.

"O seu nível de espiritualidade não tem nada a ver com o que você acredita, mas tudo a ver com o seu estado de consciência. Este, por sua vez, determina o modo como você age no mundo e interage com os outros."

Extraído de A New Earth, *de* Eckhart Tolle, *mestre espiritual contemporâneo*

Por meio do Reiki podemos despertar para uma nova consciência e redescobrir recursos preciosos – os que temos dentro de nós e também os que estão à nossa volta.

Apêndices

Leitura Recomendada

Inner Reiki – A practical guide for healing and meditation, Tanmaya Honervogt, Gaia Books (2001). [*Reiki Interior – Guia Prático para Cura e Meditação*, publicado pela Editora Pensamento, São Paulo, 2004.]

A New Earth – Awakening to your life's purpose, Eckhart Tolle, Dutton (2005).

Reiki for Emotional Healing, Tanmaya Honervogt, Gaia Books (2001). [*Reiki para a Cura Emocional*, publicado pela Editora Pensamento, São Paulo, 2006.]

Reiki: Healing and harmony through the hands, Tanmaya Honervogt, Gaia Books (1998). [*Reiki: Cura e Harmonia Através das Mãos*, publicado pela Editora Pensamento, São Paulo, 2000.]

Reiki to Go – Simple routines for home, work and travel, Tanmaya Honervogt e Carol Neiman, Gaia Books (2005).

Músicas Recomendadas & CDs Dirigidos

Tanmaya criou uma série de CDs para autotratamento de Reiki e meditações dirigidas:

Heal yourself with Reiki – 18 estágios para autotratamento

Inner Healing (com música de Deva & Miten) – 11 estágios para autotratamento

Reiki-Wellbeing (com música de Deuter) – 3 autotratamentos breves de Reiki (energia de rejuvenescimento; equilíbrio dos chakras; para facilitar o sono)

Endereços & websites úteis

International House of Reiki, PO Box 9, Glebe 2037, Sydney NSW, Australia

Morning Peninsula Reiki Centre, www.geocities.com/tradreikivic

The Reiki Alliance – Germany, www.reiki-alliance-deutschland.de/

The Reiki Alliance – USA, www.reikialliance.com/

The Reiki Association, www.reikiassociation.org.uk/

Reiki Outreach International, PO Box 191156, San Diego, CA 92159-1156, USA, www.annieo.com/reikioutreach

Reiki Outreach International, PO Box 326, D-83090 Bad Endorf,
Germany, www.roi_d@topmail.de

The UK-Reiki Federation, PO Box 71, Andover, Hampshire SP11 9WQ, UK, www.reikifed.co.uk

Índice remissivo

Q

R

S

Agradecimentos

Agradeço a Rajen – Peter Campbell (meu amigo de sempre) a disponibilidade sempre generosa de dar-me atenção todas as vezes que tive dúvidas sobre o texto e de me oferecer avaliações pertinentes durante o processo de escrita. Agradecimentos a Jo Godfrey-Wood (minha editora com quem venho trabalhando há muitos anos), que compreende tão bem o método, a dimensão espiritual e a profundidade do Reiki. Agradeço também a todos os meus alunos de Reiki na Inglaterra (especialmente Krissie, que serviu de modelo) e na Alemanha, que confiaram em mim, compartilharam comigo suas experiências com o Reiki e me autorizaram a usar seus depoimentos neste livro.

Para contato com Tanmaya:
P.O. Box 86
Crediton
EX17 6WU
Tel: 01363-83870
www.tanmaya.info

Para contato com a The UK Reiki Federation:
P.O. Box 71
Andover
Hants
SP11 9WQ
Tel: 0870-8502209
www.reikifed.co.uk

O Editor deseja agradecer a Bonnie Fraser, da Alternative Products Limited, a mesa de massagem e a banqueta de terapeuta Starlight usadas nas fotografias. Para mais informações visite: http://www.apl-starlight.com/.

Fotografias Especiais:
© Octopus Publishing Group Limited/Ruth Jenkinson
Modelos Michelle Liebetrau e Tony Craig da Modelplan e Kristina Streatfield.

Outras Fotografias:
Alamy/JTB Photo Communications Inc. 13; /Pedro Del Rio 20.
Corbis/Bloomimage 158, 208; /Michael A. Keller 162; /Scott Wohrman 21.
Getty Images/Martin Barraud 29; /Tony Metaxas 22; /Walther Bear 23.
Octopus Publishing Group/Frazer Cunningham 65; /Mike Good 72, 73, 153, 154, 155; /Mike Prior 133; /Paul Bricknell 117; /Peter Pugh-Cook 50; /Russel Sadur 51, 67; /Russell Sadur 71, 115, 204,
Photolibrary/Rebecca Emery 250.
Science Photo Library/Francoise Sauze 18.
Página 15 cortesia de **www.shiva-parvati-institut.de**